面 向 “新 商 科” 校 企 双 元 规 划 教 材
“十四五”高等职业教育财经商贸类新形态一体化系列教材

商业文化与素养

孙 欣◎主 编
郭 玮 贾妍心◎副主编

中国铁道出版社有限公司
CHINA RAILWAY PUBLISHING HOUSE CO., LTD.

内容简介

本书是黑龙江省精品在线课程“商业文化与素养”的配套教材，展现了大国商业的繁荣景象和灿烂的中华商业文化。全书以学生认知规律为主线，分成六个模块进行编写，分别为初识商业文化、走近商业文化、传承商业文化、提升商业道德、遵守商业法规以及养成商业素养。本书内容理论联系实际，知识、趣味、情致相结合，同时融入现代商业价值观念和职业要求，突出课程思政，为新时代商人提出了拓展商业知识、传承文化精髓、遵守商业道德、养成职业素养的成长目标。

本书适合作为高等职业院校电子商务、市场营销、工商企业管理、现代物流管理、会计等商科专业的教材，也可作为企业营销、管理人员的培训用书。

图书在版编目（CIP）数据

商业文化与素养 / 孙欣主编 .—北京：中国铁道出版社有限公司，2024.5

面向“新商科”校企双元规划教材 “十四五”高等职业教育财经商贸类新形态一体化系列教材

ISBN 978-7-113-29988-0

Ⅰ. ①商… Ⅱ. ①孙… Ⅲ. ①商业文化 - 中国 - 高等职业教育 - 教材 Ⅳ. ① F72

中国国家版本馆 CIP 数据核字（2023）第 040931 号

书　　名：商业文化与素养
作　　者：孙　欣

责任编辑：潘星泉　　**编辑部电话：**（010）51873090
封面设计：刘　颖
责任校对：苗　丹
责任印制：樊启鹏

出版发行：中国铁道出版社有限公司（100054，北京市西城区右安门西街 8 号）
网　　址：http://www.tdpress.com/51eds/
印　　刷：三河市国英印务有限公司
版　　次：2024 年 5 月第 1 版　2024 年 5 月第 1 次印刷
开　　本：787 mm×1 092 mm 1/16　**印张：**16.25　**字数：**387 千
书　　号：ISBN 978-7-113-29988-0
定　　价：55.00 元

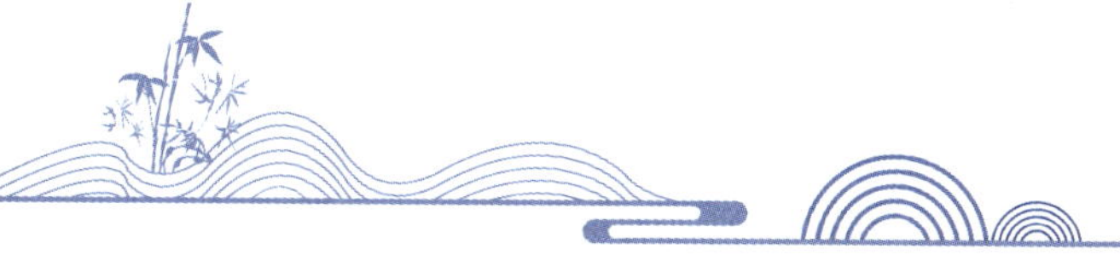

前　言

随着经济社会的不断发展，在第三次社会大分工以后，一个不从事生产，只从事商品交换的职业——商业正式分离出来，商人阶层产生。在我国，“文化”一词早已出现，它是与“武功”“武威”相对立的“文治”和“教化”的总称。“文化”作为一个社会历史范畴，概括了人类社会一切时代的文化现象，但是，对于不同时代和不同民族，文化总是通过历史的具体形式表现出来，并在社会活动中引导人、教育人。

商业文化是人类文化系统中的子系统，是人类在与商业相关联的活动历程中，创造的物质财富和精神财富的总和，贯穿商业发展的始终。在几千年的商业经营过程中，中国人民在积累了丰富的社会物质财富的同时，形成了富有民族特色的商业文化，养成了诚实守信、互惠互利、勤于思考、克勤克俭等优秀的商业素养。

世界形势风云变幻，深刻复杂，改革开放之后中国发展成就举世瞩目，商业也以前所未有的新姿态迈入新时代。随着“一带一路”倡议的提出，中国商业发展的领域和空间更加广阔，各国的文化交流更加深入，在这种形势下，社会需要更多高端复合型商科人才，尤其是商贸企业的管理人员和实操人员。商科专业在培养现代商业人才时更需要担负起传承商业文化的责任，发挥文化对人和社会的教化作用。黑龙江职业学院作为双高计划院校，十分重视学生技能和素质的培养，2015 年在商业专业率先开设商业文化课程，受到学生的好评和企业的认可，在线课程“商业文化与素养”被评为黑龙江省精品在线课程，理论和实践基础较好。基于此份责任，我们完成了本书的编写和在线资源的建设。

本书梳理了中国商业各要素的发展历程及其蕴含的商业文化，用生动形象的方式阐释了中国优秀的商业文化及其传承发展，引导学生树立商业意识，遵守商业规范，提升商业道德，传承中华商道，把民族共有的优秀文化精神贯彻、熔铸到商业实践中，达成了解商业文化、提升商业素养的成长目标。教材采用模块—单元—任务编写模式，每个模块都设有素质目标、知识目标和能力目标，并通过引导案例引出思考、拓展阅读增加商业知识、视频资源丰富教学内容，在模块学习结束后辅之以测试和实训安排，使学生清晰认知要学习和掌握的内容，并在学习后自我检验是否达成学习目标，形成学习闭环，

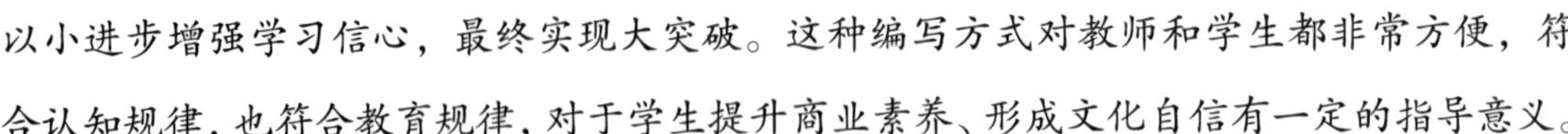

以小进步增强学习信心，最终实现大突破。这种编写方式对教师和学生都非常方便，符合认知规律，也符合教育规律，对于学生提升商业素养、形成文化自信有一定的指导意义。

本书由孙欣任主编，由郭玮、贾妍心任副主编，姜世一、陈莹莹、唐海婷、李春雨参与编写。具体分工为：孙欣负责全书的框架和结构设计，指导具体写作、统稿、定稿，并编写模块一、模块二；郭玮编写模块三；陈莹莹、唐海婷编写模块四；贾妍心编写模块五；姜世一、李春雨编写模块六。另外，中国商业史学会会长王茹琴教授、山东商业职业学院王鑫教授对本书的编写给予了大力支持和帮助。在本书的编写过程中，我们查阅、参考了大量研究成果，在此向有关研究者致谢。

作者团队在智慧树网（https://www.zhihuishu.com/）建有“商业文化与素养”数字课程，包括微课、动画、图片、视频等丰富的数字资源，并选取优质资源做成二维码，在书中标注。

由于中华商业文化博大精深、内容广泛，加之编者水平有限，因此书中难免有所疏漏，恳请读者不吝赐教，以便今后修订、完善。

编　者

2023年5月

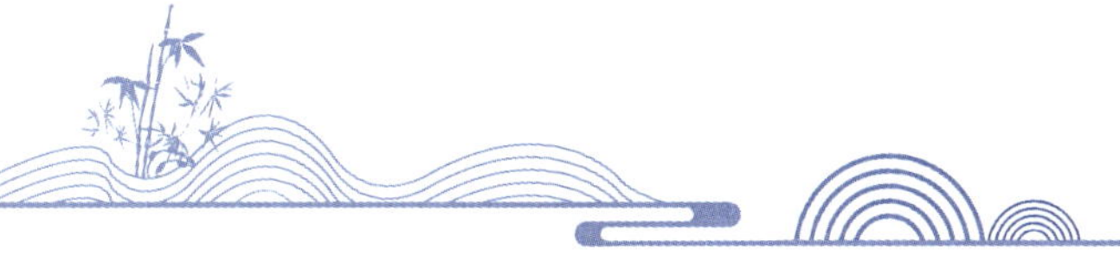

目　录

模块一

初识商业文化

素质目标

◎具备一定的商业意识，能客观地分析商业提供的价值。

◎培养较强的学习能力，激发创新意识和创新欲望。

知识目标

◎理解商业的产生、定义、内涵，了解中国商业的起源、发展和变迁。

◎理解商业文化的含义，了解商业文化的功能和作用。

能力目标

◎能够根据商业的形成要素，判断商业产生的时间。

◎能够从时间维度上厘清中国商业推进过程中各阶段的典型特征。

模块导读

商业存在于一定历史阶段，商业的发展在一定程度上也反映了一个国家和民族的发展历程。中国是世界上最早产生商业的国家之一，在商业经营活动中，商业文化逐渐形成，并不断传承和发展，同时也影响着中国商业的发展进程，本模块旨在让学习者了解商业和商业发展历程、商业文化形成，以及商业功能和作用，从而构建商业意识，形成学商懂商的氛围。

引导案例

陶朱公的“大商之道”

范蠡，字少伯，春秋时期楚国宛邑（今河南省南阳市）人，他个性独特、天资聪颖，曾为楚国名士，后辅佐越王勾践，帮助越国富强，最终消灭吴国。灭吴后，范蠡功成身退，转而经商，到达陶地（今山东省菏泽市定陶区），见此地为贸易要道，于是留在此地，自称陶朱公（图 1-1）。范蠡在此种植、经商，由于经商有道，很快就积累了万贯家财，被后世人尊为“商圣”。他的《陶朱公商训》也广为流传。

关于经商，范蠡认为：“于己有利而于人无利者，小商也；于己有利而于人亦有利者，大商也；于人有利，于己无利者，非商也；损人之利以利己之利者，奸商也。”在经商过程中，陶朱公三度致富，又三散家财，他每到一处都能闻名天下。在名利面前，他始终保持清醒，进退自如，诚信为本，勇于决断，这不仅是为人的品德，更是经商的秘诀。

图 1-1　陶朱公——范蠡

案例思考

1. 在今天，陶朱公的“大商之道”能带给你什么启示？

2. 陶朱公的经商之道体现了怎样的商业文化？他的商业原则为什么到今天仍为人尊崇？

单元一　商　　业

任务一　商业概述

一、商业的含义

人类产生以后，在漫长的时间里是没有商业的。在原始社会后期——母系氏族社会时，产品偶然有了剩余，就有了偶发的、个别的物物交换。到了父系氏族社会，生产力进一步发展，手工业从农业中分离出来，生产的物品丰富起来，交换越来越频繁，而且涉及丰富的生活用品。为了解决物物交换的不便，人们开始用货币充当等价物，使交换物品的价值具备了可衡量性，商业雏形形成。直到第三次社会大分工，一个不从事生产，只从事商品交换的职业出现后，商业才正式被分离出来。可以说，商业源于原始社会以物易物的交换行为，是以买卖方式实现商品流通的经济活动，它的本质是交换，而且是基于人们对价值认识的等价交换。具体而言，商业是以货币为媒介进行交换从而实现商品流通的经济活动。时至今日，商业作为独立的产业，已经和农业、工业一样成为支柱产业，随着市场经济的发展，其作用也越来越大。要理解商业的内涵，可从以下 4 个方面入手：

（1）商业行为以营利为目的。商人从业的目的在于直接或间接地获取利润，追求营利的活动都可称之为商业行为，社会工作、慈善事业、文化事业、教育事业等不以营利为目的的活动都不是商业行为。

（2）经营商业的主体具有独立的经济地位。在各个历史时期，商业作为一个行业，虽然长期处于被轻视、被抑制的地位，但其经营主体始终具有独立的经济地位，并形成一定的组织形式。

（3）商品买卖业务完全专业化。商业劳动与物质生产劳动相分离，在此基础上形成社会分工的基本体系，随着商业的发展，商业模式不断变化，趋向完善。

（4）商业流通中的货币资金相对独立，并有运动规律性。商人预付的货币资金专门执行商品交换的职能，实现价值和使用价值，它不生产商品；而商业资金运动也遵循着先买再卖、反复买卖的规律。

拓展阅读

货　　币

货币是衡量价格的工具，是用于交换其他商品的一种特殊商品。它本质是一般等价物，体现了一种所有者之间的契约。当商品交换需要一般等价物时，货币就出现了，货币就是买卖过程中的约定，它反映的是个体与社会的经济协作关系。从最初的海贝（图 1-2）到铜贝，贝作为实物货币一直沿用到春秋时期，因此中国汉字中和财富、价值有关的字大多与“贝”字有关，如贵、资、贪、贫、财、购等。后来，铜钱、金银、纸币等货币形式相继出现，国家对货币也有了明确的规定和管理，以约束其使用。

图 1-2　早期的货币——海贝

二、商业存在的意义

所谓“无农不稳，无工不富，无商不活”，商业作为独立的经济部门存在着深刻的含义：

第一，商业的独立存在可以缩短商品流通时间，加速社会的再生产过程。在商品经济条件下，社会再生产过程是生产过程和流通过程的统一，因而流通时间越短，社会再生产周期的更新就越快，为社会提供的物质财富也就越多。

第二，商业的独立存在可以节约流通领域的社会劳动。商业部门不只是为一个生产部门和企业推销商品，而是会整合资源，为许多生产部门和企业进行商品购销活动，它可以快速、多次地在生产部门和企业的一个资金周转周期内完成若干次资金周转，节省了大量的人力、物力和财力。

第三，商业的独立存在可以提高生产（各行业）的效率和专业化程度。无论是物物交换时代，还是金融业的出现，都进一步提高了各行业的效率和成功率。在商品经济条件下，商业把生产和生产、生产和消费之间连接起来，通过为不同的生产者和消费者提供其所需要的流通、交换媒介，满足各自的需求，来促进社会分工的发展和生产专业化程度的提高。

视 频

商业

三、商业的形态

人们常用“商贾”形容商人，历史上描绘商贾云集的商业盛世的作品也非常多，比如被誉为中国十大传世名画之一的《清明上河图》，它是北宋画家张择端所做的风俗画，以长卷形式，采用散点透视构图法，生动记录了中国 12 世纪北宋都城东京的城市面貌和当时社会各阶层人民的生活状况，是北宋时期商业繁荣的见证。杨衒之《洛阳伽蓝记》中记载，洛阳有大市，市东的通商、达货二里，住的都是工商业者，其中最富有的是刘宝。他在“州郡都会之处皆立一宅，各养马十匹”，经营商业，凡“舟车所通，足迹所履，莫不商贩焉”，因此，“海内之货，咸萃其庭。产匹铜山，家藏金穴，宅宇逾制，楼观出云，车马服饰拟于王者”。刘宝在非常大的地域范围内建立了自己的商业经营网络，这种大规模经营在古代是不多见的。由于古代商人地位一直较为低下，因此商人称谓通常用一修饰词来表明特征，如良贾、诚贾，指在经营中能够坚守商业伦理的商人，而奸商、市井之徒、市侩则定义的是不遵守商业伦理的人，或者是人们对商人贬低和蔑视的一种表达。

古代常见的商业形态主要有以下几种。

(一) 行　商

行商是一种流动性的交易方式，“商”和“商人”，最早就是专指行商。《白虎通义》载：“商之为言，商其远近，度其有亡，通四方之物，故谓之商也。”行商可以分为两大类。一类是规模较大的商队，这类行商通常有较为固定的交易商品和运输方向，例如，贩运粮食、茶和盐等；在贩运方向上，通常是将某地需求的商品运到该地，或是由内地贩运到边陲地带。这类行商往往资金雄厚，长途跋涉，进行的是大宗的商品交易。另一类是小本经营的货郎小贩，其日常经营形式是乡间货郎或街头小贩。这类行商在经营方式上，一般也比较灵活，对现金收入较缺乏的村民，也可以进行赊卖或以实物换货。这就大大方便了人们的生活，颇受民间欢迎，成为商业领域的一支重要力量。无论是大规模的商队，还是小本经营的货郎小贩，作为行商，其基本的特点是：以卖方向买方主动会合为特征，即经营者将商品主动运送到需要该商品的地方或人们手中。

视 频

行商

行商活跃在整个商业历史中，为了互助互惠，维护行业规则，常常因为某种联系结成帮会。有些是以同乡关系结成的，如广东帮、福建帮、山西帮。有些是因所贩运的货物种类结成的，如盐帮、粮食帮。也有因运输工具而结成的，如车帮、马帮、船帮。帮会中，由首领指挥一切。虽然也经营店铺，但仍以流动贩运为主，帮内也有各自的规矩。

拓展阅读

陕西粮食帮

明清时期，陕西西部的农民，常以村庄为单位，结成粮食帮，在陕、甘两省之间贩运粮食。他们把陕西的小麦运到甘肃，再把甘肃的荞麦、谷子、食盐等贩回陕西。他们推着独轮的“狗脊梁车”，彼此照应，结队而行。当队伍离开家乡时，要在村口烧一堆火，人们依次从火上跃过，据说这样会保佑商队一路平安。商队常在天刚蒙蒙亮时上路，直到半夜三更才到旅店投宿。他们说："不怕慢，单怕站（停），一站就是二里半。"所以宁可在路上走慢些，也要尽量缩短途中休息时间。当粮食运到目的地后，卖给当地的庄主（坐商），由庄主零售。之后，便踏上回乡的路。

（二）坐　商

坐商又称"坐贾"，是由市场交易发展而来的固定的经营方式。在中国商业发展历程中，商人从走街串巷挑担子，到在"市"的固定店铺中经营，经营方式经过了由行商到坐商的过程。《白虎通义》释"贾"为："贾之为言固，固其有用之物，以待民来，以求其利者也。"因此，坐商在其经营方式上的特点，首先表现在"固"上，即坐而售卖，有固定的地点、固定的时间和固定的经营商品。在坐商中，无论是大商号还是小摊点，都具有买方向卖方主动会合的特点，也就是说消费者只能到商品售卖地去买。因此，坐商必然会采取各种方式招徕顾客，由此也形成了坐商的各种民俗。例如，店铺招幌、店家字号、商品包装、商业楹联等形式。就其本质而言，这些民俗都是为了向消费者传递商品信息，以达到推销产品的目的。

当然，行商和坐商也不是完全对立的经营方式，他们同时存在，相互融合。以明清时期山东商帮为例，在商帮发展初期，很多商人实力还不够雄厚，经商方式以长途贩运贸易为主，随着商人财力、物力、人力的增长，他们开始由行商逐渐转变为坐商。可以贩卖商品，也可以就地开店，这就免去了长途贩运面临的旅途遥远、行情变换的风险。随着经济的发展和市场的需要，坐商也开始走出去主动营销，比如在繁华的地方搞促销、开拓销售渠道、维护市场等，围绕市场和消费群体，由被动变主动，更灵活地去营销产品和服务。在社会主义市场经济快速发展的今天，行商和坐商相互协作，同生共长。随着新零售的崛起，阿里巴巴、小米这些企业，多数都有固定经营地点，消费者会主动来体验，类似过去讲的"坐商"。他们除了做好店铺和产品，也开始通过线上线下多种渠道主动出击，依靠大数据，精准定位、拓展、服务自己的客户。同时，行商也出现了"新销售"的方式，更加重视用户体验的"颗粒度"，让大数据 +AI 有了更好的发挥空间。激发客户某些非主动性需求，来"创造顾客"，行商和坐商两种经营形式正走向融合发展之路。

视频

坐商

（三）牙　商

牙商又称居间商，民间多称其为"掮客""居间商""说和人"等，类似于现代的"经纪人"，是一种纯媒介性的商业类型。他们自身一般没有什么可交易的商品，只为交易双方做中间人，通过协助买卖双方达成交易而从中收取一定的报酬或佣金。他们组织往来客商的交易，或换货，或买卖，有的甚至发展到代买、代卖、代运。后来，随着牙商行业组织的出现，一些大的牙商往往组织各种帮系，划分地域范围，利用优势采取垄断交易，从而获取较高的利润。

事实上，在古代，能做成"牙商"的人也的确不简单，其中不乏文武全才之辈，当然，也必然有着“恶”。在“恶”的问题上，古时候的“牙商”是比较凸显的。在农业社会，人们认为没有产出产品，就是没有劳动，从事不劳而获的职业就是作恶。牙商与其他行当相比，连采购成本、仓储成本和相应的财务风险都省了。表面上看什么都没付出的牙商，会很快“发财”。历史上，牙商往往被描绘成卑鄙、奸诈的形象，所以对其管理也相对较严。东晋时期，牙商称“牙人”，被规定在市场上，必须标示姓名和职业，一只脚穿白鞋，一只脚穿黑鞋。唐代，牙商非常活跃，几乎渗透到商品流通的各个领域，国家要通过控制牙商来控制商品贸易。首先要审查任职资格，再者要找到三个保人，还必须佩戴一块由官府颁发的写明行为规范的木牌。木牌上写明，交易时必须先出具木牌；不得交易未交税的商品；不得抬高物价、赊买货物、拖延留滞顾客，买卖者当面自成交易，不得阻碍。由于能够起到监督商税、监督贸易和稳定物价的作用，牙商凭借其管理市场贸易的职能逐渐演变成半官方商人，到了清代，部分演化成拥有市场管理特权的商贾。

视 频

牙商

（四）十 三 行

广州十三行是对广州洋货行的总称，它是清政府指定专营对外贸易的垄断机构。明清时期，广州的对外贸易全属官营，洋货行获利丰厚。清初诗人屈大均在《广州竹枝词》中有云：“洋船争得是官商，十字门开向二洋；五丝八丝广缎好，银钱堆满十三行”，足见当年十三行的兴隆旺景。康熙二十四年（1685 年），清廷分别在广东、福建、浙江和江南四省设立海关，管理外贸事宜。1757 年，乾隆皇帝宣布撤销原设的沿海各关，仅留广东的粤海关对外通商。粤海关名义上专管对外贸易和征收关税事宜，实际上税收营生都是由十三行出面主持，承接包揽的项目，包括代办报关纳税等业务。粤海关设立并通商的当年，广州商人经营华洋贸易二者不分，开放海禁之处，并没有设置专营外贸商行。次年四月间，两广总督吴兴祚、广东巡抚李士祯和粤海关监督宜尔格图共同商议，将国内商税和海关贸易货税分为住税和行税两类。住税征收对象是本省内陆交易一切落地货物，由税课司征收；行税征收对象是外洋贩来货物及出海贸易货物，由粤海关征收。为此，建立相应的两类商行，以分别管理贸易和税饷，前者称金丝行，后者称洋货行，即十三行。作为粤海关属下的中外交易场所，十三行成为清政府唯一合法的外贸特区，中国与世界的贸易全部聚集于此，至鸦片战争为止，十三行独揽中国外贸长达 84 年。

视 频

十三行

任务二　商　　品

一、商品的含义

商品是用来交换的劳动产品，是为了出售而生产的劳动成果。它是社会发展到一定阶段的产物，存在于一定的历史范畴。

原始社会初期，生产力水平极低，人类生产的东西仅能勉强维持生存，剩余物品无从谈起。到了夏朝，商部落第七任首领王亥积极发展农牧业，使得商部落强大起来。王亥在商丘服牛驯马发展生产，用牛车拉着货物到外部落进行交易，开创了华夏商业贸易的先河，久而久之，人们就把从事贸易活动的商部落人称为“商人”，把用于交换的物品称作“商品”，把商人从事的职业称作“商业”。

据《尚书·禹贡》所记，天下分为九州——冀、兖、青、徐、扬、荆、豫、梁、雍，并且“相地宜所有以贡”。规定各州都以定量的方物土产经各条水道向王都入贡。因此，“贡”是一种特殊意义的交换方式。物物交换还曾作为政治斗争的“武器”之一——汤采用伊尹的策略用“文绣”（就是精美的织锦）交换夏的大量粮食，用以削弱对方实力。从一开始的单纯需求，到强弱部落间的不平等交换，再到部落内部因为交换关系的发展而出现的“各司其职”——社会分工和私有制应运而生。社会生产进一步发展，社会分工进一步扩大，交换也更加广泛，而且很大程度上一些产品是为了交换而生产，因此货真价实的“商品”出现了。

二、商品的特征

任何社会经济形态中的商品，都是使用价值和价值的矛盾统一体。一种具有使用价值的劳动产品，如果只是用来满足商品生产者自己的需要，或只是无偿地交付给别人使用，都不能成为商品；只有通过商品交换把商品卖出去，才能使商品生产者实现商品的价值，使消费者得到使用价值。

第一，作为商品，首先必须是劳动产品。比如，自然界中的空气、阳光等，虽然是人类生活所必需，但都不是劳动产品，所以它们不能称作商品。

第二，作为商品，还必须要用于交换。比如，在古代，传统的男耕女织式的家庭生产出来的粮食和织出来的布，尽管都是劳动产品，但只是供家庭成员自己使用，并不是用来与他人交换的，因而也不是商品。

三、商品的作用

商品是社会发展的必然产物，它的出现为人类社会的进步和发展提供了必要的物质条件和发展环境，满足了人类生活的种种需求。它体现了经济的发展形势，甚至反映到生活的每个角落，每一个物质的价值都能通过商品直接或间接地反映出来，每一个国家和民族的文化也都在商品上留有痕迹。

第一，商品交易的作用不仅表现在对国民经济的贡献上，它对孕育市场关系、完善市场机制以及解决劳动力就业问题均有重要作用。商品流通业与经济发展呈正相关关系，商品流通的发展是推动经济发展的根本原因。

视 频

商品

第二，频繁流通和融合又推动了工艺的发展和完善，质与量的不断提升更加快了远方对于名产的渴求。茶、瓷器、丝绸、中药材，这些作为中国的“名片”流芳各国，同时，漆器、陶器、铁器等的精工细作也诠释了商品流通过程中的“大国工匠”精神。

第三，商品流通可以满足不同国家、地域、行业等人群的需要，为人们从事科学、艺术、卫生、体育等方面的活动及享受提供极大的便利条件，提高了人的生活水平和幸福感，大大促进了不同文化的传播和繁荣。

四、著名商品代表

（一）丝　绸

中国是世界上最早利用蚕丝的国家，上古传说中，黄帝的妻子嫘祖发现蚕茧壳上可以抽出丝来，就用热水浸泡蚕茧，把抽出的丝织成了丝绸。丝绸以穿着舒适、透气性好、抗紫外线的保健功能著称，作为室内装饰还有吸音、吸尘、阻燃作用，数千年来备受推崇。在汉朝时，丝绸传入欧洲，成为欧洲贵族必不可少的奢侈品，价格堪比黄金。

视 频

锦绣中华——丝绸

丝绸是中华文明的重要标志之一，与中国的礼仪制度、文化艺术、风土民俗、科学技术等有极大的关联。在中国古代，丝织品的形制色彩、质地花纹都有明文规定，可以说，中国古代服饰是“分尊卑、别贵贱”的礼仪制度工具之一，是封建宗法制度的物化表现。帝王用丝绸彰显皇家权威；百官用丝绸标识身份等级；文人墨客在丝绸制成的绢帛上题诗作画；百姓向各路蚕神祭祀，祈求蚕丝丰产；而朝廷则下达劝课农桑的政令，并以此来评价地方官的政绩。在很长时间里，丝绸并不仅是一种昂贵的服装原料，还承担着重要的货币功能，用来封赏有功劳的人、支付戍卒的薪水、购买马匹等大宗商品等。

丝绸在对外发展中起着十分重要的作用。自先秦时代，中国的丝绸就传入了西方，成为中西贸易的主要商品。到了秦汉时期，丝绸贸易达到空前的繁荣，形成了陆、海多条商路，统称“丝绸之路”，极大推动了中国内地与边疆和东西邻邦的经济、文化、技术等交流的进一步深化，因而，丝绸是贯穿中国各朝代时间序列和中外各国各地区空间的商业文化产物，不但记录了勤劳智慧的中国人民生产技术的不断发展和进步，更促进了中国与世界各地文化经济的交流与发展。

（二）瓷　器

中国被誉为瓷之国，是全世界第一个烧出瓷器的国家。中国人在科学技术上的成果以及对美的追求与塑造，在许多方面都是通过陶瓷制作来体现的。

进入中世纪后，伴随着中国瓷器的外销，中国又开始以“瓷国”享誉于世。英国考古学家惠勒曾说：“10 世纪以后的坦噶尼喀地下埋藏的历史，是用中国瓷器写成的。”在英文中“瓷器（china）”与中国（China）同为一词，充分说明中国瓷器的精美绝伦完全可以作为中国的代表。从 8 世纪末开始，中国陶瓷开始向外输出。经唐末、五代到宋初，达到了一个高潮。宋人赵汝适撰写的《诸蕃志》，记有近 20 个国家与中国交易瓷器。宋元到明初是中国瓷器输出的第二个阶段，外销瓷器输往的国家遍布亚欧非各洲。明代郑和开辟了横渡印度洋通往非洲东海岸的航路，中国瓷器行销更广。明代中晚期至清初的 200 余年是中国瓷器外销的黄金时期，17 世纪每年输出约 20 万件，18 世纪最多时每年约达百万件。输出地有东亚的朝鲜半岛和日本、东南亚及欧美诸国。在 17 世纪和 18 世纪，中国瓷器通过海路行销全世界，成为世界性的商品。

视 频

白色金子——瓷器

瓷器在国外盛行的同时，中国的制瓷技术也随之交流传播。最早传播到朝鲜和日本，11 世纪传到波斯，又从波斯传到阿拉伯，15 世纪传到意大利及欧洲其他各国。同时中国也学习两河流域的低温彩釉技术和烧制琉璃技术，创造了新的陶瓷品种。由于

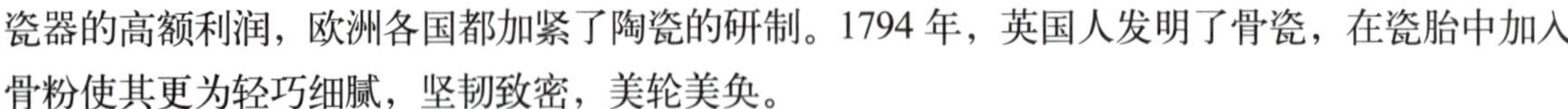

瓷器的高额利润，欧洲各国都加紧了陶瓷的研制。1794年，英国人发明了骨瓷，在瓷胎中加入骨粉使其更为轻巧细腻，坚韧致密，美轮美奂。

拓展阅读

“南海一号”还原了800年前南宋繁华的贸易盛况

“南海一号”是南宋初期一艘在海上丝绸之路向外运送瓷器时失事沉没的木质古沉船，沉没地点位于中国广东省，是迄今为止世界上发现的海上沉船中年代最早、船体最大、保存最完整的远洋贸易商船，它复原了海上丝绸之路的历史、陶瓷史，打捞出了不少价值连城的国宝级文物。

在出水的数千件完整瓷器中，汇集了德化窑、磁灶窑、景德镇、龙泉窑等宋代著名窑口的陶瓷精品，品种超过30种。很多瓷器极具异域风格，被认为是宋代接受海外订货“来样加工”的产品。由此可见，宋瓷的光芒远播海外，外国人对宋瓷趋之若鹜，中外文化交流融合也达到了相当高的程度。

（三）茶

茶在中国文明历史长河中发挥着独特作用。最早的饮茶之习可追溯到先秦时期，主要为药用，相传“神农尝百草，遇毒得茶而解”。在文化的起源上，茶和其他植物一样，归结于神农氏。武王伐纣时，茶叶已作为贡品。西汉时的“烹茶尽具、武阳买茶”说明四川一带已经把茶叶作为流通商品，“买”字无不体现了茶叶的商用价值。茶还被商人贩运到西南边疆的茶马互市，进而被带到了印度、波斯等国家，茶马古道就此繁荣起来。至唐朝中期，饮茶之风风靡全国，各个产茶地开始进行大规模专业化生产。此时兴起了茶马法，即以内地出产的茶业与塞外少数民族交换马匹的制度，在此后的历朝历代得以沿用，直至乾隆元年才告终。

佛教的兴盛对于茶的发展起到了极大的推动作用。佛教禁酒且需坐禅，而茶的提神醒脑的作用恰恰与佛教文化契合，因此也有了“哪里有名山，哪里就有寺院，有寺院就有名茶”的说法。中国人饮茶注重一个“品”字，凡来了客人，沏茶、敬茶的礼仪是必不可少的。茶道创始人陆羽撰写的《茶经》是中国乃至世界现存最早、最完整、最全面介绍茶的一部专著，被誉为“茶叶百科全书”，包含茶叶生产的历史、源流、现状、生产技术以及饮茶技艺，并将普通茶事升格为一种美妙的文化艺能，推动了中国茶文化的发展。

视频

品茗悟通——茶业

唐代中期，官府对茶实行征税、管制和专卖等措施，到唐后期，茶税日益加重，“天下税茶，增倍贞元”，茶税成为仅次于盐税的重要税种之一。面对越来越多的私茶，官府予以重罚但仍无法禁止，可见当时茶的市场之大。宋朝完善了贡茶制度，皇室还创造了斗茶，制定出严格而统一的斗茶标准，创造了后世瞩目的茶业高峰。贡茶奉予皇室，散茶满足普通老百姓。由于散茶制作简单、携带方便、茶道多样，使得茶在城镇间大规模普及，并形成了特有的茶俗文化，真正融入了普通老百姓的生活。明代改良和简化了茶道程序和烹煮工具，在一定程度上带动了制陶业的发展。郑和七次下西洋，远及南亚、印度洋、非洲东海岸、红海沿岸等国家，促进了世界范围内茶的交流与发展。清代是现代茶道的先端，同时清代茶业的国际贸易日趋频繁，茶业真正走出中国，风靡世界。中华人民共和国成立后，茶叶生产得以恢复，在政府的重视和支持下，各地大力恢复旧茶园，建立新茶园，改进新品种，推行科学种茶，茶叶经济走向稳定发展之路。

（四）漆　器

用生漆涂在各种器物的表面所制成的日常器具及工艺品、美术品等，一般称为漆器。漆器是中国古代在化学工艺及工艺美术方面的重要发明。人们将漆树割取的天然液汁做涂料，使器具有防水、耐高温、耐腐蚀等特殊功能，后逐渐变得颜色绚丽、工艺精湛，成为实用美观的艺术品。

从新石器时代起，中国人就认识了漆的性能并用以制作器具。夏朝之后，漆器逐渐流行，品种也逐渐增多。战国时期，漆器的生产规模不断扩大，成为国家的重要经济来源，并设有专门人员进行管理。庄子年轻时就曾做过管理漆业的小官。汉朝时期是漆器发展的鼎盛时期。汉朝的漆器以红黑为主色调，品种更加多样，像耳环、唾壶、匣案、棋盘等均为精美的漆器作品，同时出现了很多创新的工艺，如多彩、铜扣、镶嵌、堆漆、玳瑁片等装饰手法，使得做工更加精美。至唐代，漆器达到了空前的水平。镂刻錾凿，精妙绝伦，与漆工艺相结合，成为代表唐代风格的一种工艺品，剔红漆器在唐代也已出现。唐朝时期佛教盛行，人们将漆的工艺与雕塑相结合，创造出很多佛教雕像的艺术作品，为后世惊叹。明清时期，对外交流和贸易日益频繁，中国将物品出口的同时，一些阿拉伯国家和欧洲的工艺也被引入进来。这一时期，漆器工艺与建筑、家具相辅相成，实现了由实用转向陈设装饰领域的发展。现代漆器工艺主要分布于北京、江苏扬州、上海、重庆、福建、山西平遥、贵州大方、甘肃天水、江西宜春、陕西凤翔等地。

中国漆器历经商周到明清直至近代，其工艺不断发展，元素更加多样，手法更加细腻，艺术价值也不断提升，漆器发展达到了相当高的水平。中国的炝金、描金等工艺品，对日本等地具有深远影响。中国漆器的发展，带动了经济和文化的进步，同时对于中西方不同民族间的交流也起到了重要的桥梁纽带作用。

（五）中药材

我国中药材的起源可追溯到原始社会时期。《帝王世纪》中提到“伏羲氏乃尝味百药而制九针，以拯夭枉焉”；《史记纲鉴》写道“神农尝百草，始有医药”。这一时期，先民们对动植物进行甄别，避免中毒，同时对动植物的治病效果加以利用，积累形成早期的药物疗法。秦汉时期的中医典籍《黄帝内经》，系统论述了人的生理、病理、疾病以及“治未病”和疾病治疗的原则及方法，确立了中医学的思维模式，标志着从单纯的临床经验积累发展到了系统理论总结阶段，形成了中医药理论体系框架。东汉时期的《神农本草经》是中国现存最早的本草著作，为中药学理论体系的形成与发展奠定了基础。唐代孙思邈提出的“大医精诚”体现了中医对医道精微、心怀至诚、言行诚谨的追求，是中华民族高尚的道德情操和卓越的文明智慧在中医药中的集中体现，是中医药文化的核心价值理念。明代李时珍的《本草

纲目》在世界上首次对药用植物进行了科学分类，创新发展了中药学的理论和实践，是一部药物学和博物学巨著。近代以来，一些学者开始探索中西医药学汇通、融合。直至今日，中医药仍然发挥着十分重要的治病救人的作用。

中药材经营是中药发展到一定历史阶段的产物。《后汉书》中有名医进山采药和到市场上行医“悬壶”（悬挂装药葫芦）卖药的记载，反映当时正处于医、药一家的历史发展阶段，但中药材已开始作为商品进入市场。同时还有些商人贩运大黄等药材沿丝绸之路到阿拉伯国家和欧洲进行交换。到唐、宋时，有扬州、祁州等药市的记述，说明中药材经营已从中医事业中分化出来，宋代已是官营和民营两种体系并存，明代以后的安国（祁州）、樟树、百泉及禹县是最著名的四大药市。中国与朝鲜、日本、东南亚诸国和阿拉伯国家的医药交流可追溯到公元 5 世纪到 8 世纪。同时这些国家的药物也流入中国市场。中药文化作为中华传统文化的重要部分，广泛渗透于文学、民俗等各个方面，并将为全人类做出更为重要的贡献。

任务三　商业城市

一、城　　市

“城”，《说文解字》曰：以盛民也。《康熙字典》释：城，成也。一成而不可毁也。这些都是讲“城”是一种容纳居民的建筑群，保护居民不受侵害。《新华字典》中有关城的第一个解释就是城墙。这些都说明了“城”这个概念是一种保护性质的事物。在古代，野兽、土匪遍行郊野，而在城内，居民的生命能够被城墙和护城士兵有效地保护，所以“城”这个字所表示的“城市”是一种能够为居民提供公共服务的场所。

“市”，《说文解字》曰：买卖之所也。即是一个交易的场所。《康熙字典》把这个解释直接搬了过来。在《新华字典》中，这一解释一直延续至今。市就是一种汇集物资的场所。相比于草市等不固定的集市，城内或城边的“市”有固定的交易场所，同时也能够享受安全的保护。另外，道路网络一般以城为中心修建，这也使得城拥有更加方便的交通，交易倾向于向城集中，人流、物流等就在“市”中转。

所以，“城市”一词可以从以下两方面理解：

第一，城市是容纳居民的场所，居民同时享受城市的公共服务，被公共服务“保护”起来。

第二，城市是一个物资、信息汇聚的场所，城市内外存在人流、物流、信息流的交往。

城市是聚落发展的高级阶段，是人口和消费的集中地，自古就是商业的主要活动空间。商业城市是担负一定区域商品流通的中心城市，一般拥有较大的商品生产基地、完善的商品流通体系、信息交换的设施和手段，以及便利的交通运输条件，是一定区域内的物资集散中心和商品消费中心。商业城市的发展演变，是社会经济发展的结果，是人类文明进步的反映。

二、中国城市的发展

在我国古代，“城”与“市”是彼此分开、相互独立的两个不同概念。城就是城，是统治阶级居住的地方；市则是人们交易的场所，开始并不在城内。作为军事堡垒、统治阶级政治中心而发展起来的“城”具有浓厚的自然经济色彩。这种城的布局往往以王宫或官行为中心，两翼辅以东西两市、文武双庙。城市的居民以达官贵人以及为之服务的衙役、奴仆、军队等为主体。城市的商业主要供王室官府消费，也为奴仆和军队提供生活必需品。春秋战国时期是我国古代城市蓬勃兴起的阶段。这一时期，诸侯国纷纷建立自己的都城，如战国时期的临淄、邯郸、大梁、郢等。这些都城既是政治中心，又是经济和文化中心。城内商业兴盛，交换的商品大多数都是贵族地主用的奢侈品，如北方的马匹、南方的象牙、东方的鱼盐、西方的皮革等，与人民的日常生活不是很密切。各个诸侯国中流通的货币品种不一，反映了封建社会初期的经济特征。

隋唐时期，我国的军事政治中心仍在关中，而经济中心已移到江淮流域。因此修通大运河的主要目的是解决政治中心与经济中心的联系问题。大运河的开凿促进了国内商业的流通，成为封建国家的经济命脉。长江中下游地区、四川盆地和东南沿海地区，成为当时瞩目的主要城市发展区。如当时号称四大都市的淮安、扬州、苏州、杭州都在运河沿线，隋朝东都洛阳因位于大运河的中心，商业盛极一时。唐代长安城，建筑规模宏大，布局合理，既是全国的政治中心，又是亚洲各国经济文化交流的中心，是一座国际性大都市。城市建设既反映了唐朝的国力和科技水平，也体现了唐朝前期封建统治的井然有序。

宋代城市的发展有两大突出特点。一是城市商业布局打破了“坊”“市”界限。北宋时的东京，商业繁荣，店铺林立，出现了娱乐场所“瓦肆”，反映了北宋经济在唐朝的基础上继续发展。二是镇的兴起和发展。镇的设置始于北魏，主要出于军事目的。北宋时期，重文轻武，很多这样的军事据点转变为商业城市。这些新兴镇主要集中在水陆交通要道、沿海口岸、商旅聚集的地方，如密州板桥镇、江西景德镇等。

明代城市有较大的发展，工商业发达的城市前期有30多处，中叶以后发展到50多处。这些城市主要分布在江南、东南沿海、江北运河区等地区。如苏州、杭州的丝织业发达；松江是棉织业的中心；景德镇是著名的瓷都；成都为茶叶市场；武昌是木材市场；扬州是食盐集散地；广州、宁波、泉州、福州为对外贸易港口。由此看来，明朝中后期的城市已不仅是封建统治中心，商品经济开始侵蚀自然经济，农民与市场的联系开始逐渐密切起来。明清时期，随着手工业的进一步发展，全国各区域城市均得到不同发展，东南沿海的资本主义萌芽催生了部分中心城市开始形成。直至晚清各个城市也伴随着不平衡性的持续存在开始了近代化进程。到了当代，很多国际大都市都建立了具有一定规模的商业中心，这些商业中心不但有效推动了所在城市的发展进程，而且带动了周边城市，乃至全国经济的发展，在国际范围内的经济体系中处于主体地位。

三、城市经济对区域经济发展的作用

城市经济具有强大的聚集、扩散、辐射和带动功能，是整个区域经济的龙头，在区域经济的发展上有着重要作用。

（一）聚集、扩散作用

城市吸收、聚合各类生产要素，在其经济活动中能够实现商品和要素的集聚与扩散，是区域内资金、商品、技术、人才和信息的中心和产业聚集点。中心城市具有雄厚的产业基础，聚集了许多优势行业和大量竞争力较强的企业，总体经济实力明显强于周边其他地区，能够较快地开发出新的产品以及新的技术，不但加强了该区域的整体经济对外的竞争力，也增加了区域内部的经济收入，带来了巨大的集聚效益和商业机会。

同时，城市也是一些政府的所在地，具有相关的行政管理职能，能够保证城市按照规划合理发展，维护城市现有各项市政公用设施的完好，促进城市及区域经济和社会功能的发挥。当城市发展到一定程度，生产生活成本过高，为了提高经济效益，商业逐渐向边缘经济区扩散，边缘经济区的发展随之加快。

（二）辐射作用和带动作用

城市具有规模优势和经济实力，是区域内先进生产力的典型代表。同时，城市的基础设施完备，金融、商贸、运输以及中介等服务机构配套完善，综合服务功能极强，对周边地区产生很强的辐射力，起着导向与示范作用，带动了整个区域整体经济实力的发展。尤其是超大城市，能形成较高生产力，使生产要素达到最佳组合，形成新技术产业，对整个区域经济有辐射和带动作用。城市的精神文明成果也能传递到区域内的各个地区，甚至是国内外更广阔的区域，对文化的交流传播具有重要作用。

（三）创新功能

城市具有较强的综合创造能力，是各种新观念、新思想的诞生地或首播地，是新体制、新机制的发祥地或示范地。城市强大的经济实力能为各项创新提供坚实的物质基础。城市聚集了研究机构和各类高素质的人才，他们信息渠道通畅，创新意识很强，对全面创新和快速发展形成有力支撑。在我国城市化的加速发展时期，城市化战略成为国家和区域发展的基本战略之一，特别是后工业社会的日渐来临，使得信息与知识逐步成为城市发展的新动力，因此在新的背景下重新认识中心城市并赋予其新的内涵和地位就变得十分重要。

四、我国历史上重要的商业城市

（一）商　丘

商丘位于河南省东部，北接山东菏泽，东望安徽淮北，西临河南开封，南边是安徽亳州。商丘是全国性综合交通枢纽，是中国历史文化名城、中华文明的发祥地之一，是商部族的起源和聚居地、商朝最早的建都地、商人商品商业的发源地、商文明的诞生地，有“华商之源”的美誉。

商丘作为历史文化名城，有将近 8 000 年的文明史，曾经是夏朝、商朝的都城，也是多个朝代诸侯王国的都城。商丘作为诸侯王国的都城最早开始于契封于商。《史记·殷本纪》："契长而佐禹治水有功……封于商，赐姓子氏。"这里的商就是今天的商丘。商部落的第七任国君王亥，开创了商业贸易的先河，商丘是当时的商贸中心和物资的集散中心。商朝开国帝王汤灭夏后在商丘建都，因此，商丘是商族的发祥地、商业的发源地、商朝立国的主要根据地。商丘作为三商之源已为学术界所认可，在民间广为流传。同时，商丘也是中国古代的思想文化中心。儒、道、墨三家的创始人皆出身于宋国（国都商丘）或其附近地区。宋国文化的传播和发展对周代的文化繁荣和诸子百家学派的形成，都产生了较深远的影响。

（二）长　安

长安是西安的古称，是历史上第一座被称为"京"的都城，是中国历史上建都朝代最多、建都时间最长、影响力最大的都城，居中国四大古都之首，是中华文化的杰出代表。在汉、唐时期，长安是世界上最大最繁华的都市，有"九天阊阖开宫殿，万国衣冠拜冕旒"的盛况，吸引了大批的外国使节与朝拜者的到来。

长安历史悠久，很早就已经成为中国周朝的国都。汉武帝时张骞出使西域开通"丝绸之路"，长安城成为连接欧亚的桥梁，繁盛一时。当时的长安城里不仅街道纵横、车马穿行，而且已经有了规模颇大的"商业区"。据史料记载，汉长安城的商业活动主要集中在西北部专门设立的"九市"，其中，六市在道西，为"西市"，"三市"在道东，为"东市"。这是一个巨大的市场，聚集了天下的财物，云集了天南地北的客商。《史记·货殖列传》中记载了当时市场上流通的商品品类，《盐铁论》中也列举了长安市上许多熟食的名目。因为临近渭河，水陆交通便利，南方产的象牙、翡翠、黄金等物品，通过江陵北运到长安销售；产于中原的丝绸、漆器、铁器等也运到这里买卖；而西域各部的土产、良马、毛织物、乐器、各种奇禽异兽，经过丝绸之路输送到这里进行交易。作为"丝绸之路"的起点，当时汉长安城里的市场已经堪称"国际市场"，繁荣的贸易、开放的政策吸引来了西方各国的使者和商人。

唐朝时，长安城周长达 35.56 千米，面积约 87.27 平方千米，是如今西安城墙内面积的 97 倍，汉长安城的 2.4 倍，古代罗马城的 7 倍。至盛唐，长安为当时规模最大、最为繁华的国际都市。长安城规模宏伟，布局严谨，结构对称，排列整齐。纵贯南北的朱雀大街是一条标准的中轴线，它衔接宫城的承天门、皇城的朱雀门和外城的明德门，把长安城分成了东西对称的两部分，城内南北 11 条大街，东西 14 条大街，把居民住宅区划分成了整整齐齐的 110 坊，其形状近似一个围棋盘。东市、西市分别位于唐长安皇城外的东南方和西南方，左右对称，占地面积基本一样，形成了唐长安城的商业格局。东市和西市是唐长安的经济活动中心，也是全国工商业贸易中心和各国进行经济交流的重要场所。市内商贾云集，店铺林立，有专门的部门负责管理和收税，贸易极为繁荣。东市中随处可见"奢侈品"商铺，是权臣显贵等高端人群的消费场所，西市相对平民化、大众化，也是各国商旅的聚集地。此时，市和坊是用高墙隔开的。到了宋代，市和坊的界限被打破，经营时间也不受限制，交易活动不再受官府的直接监管。城市商业繁荣，市民生活活跃，出现了专门供市民娱乐的瓦肆和 24 小时营业的商铺。

唐长安城的人口有上百万，除居民、皇族、达官贵人、兵士、奴仆杂役、佛道僧尼，外国的商人、使者、留学生等总数不下3万人。当时来长安与唐通使的国家、地区多达300个。唐的科技文化、政治制度、饮食风尚等从长安传播至世界各地。另外，西方文化通过唐长安城消化再创造后又辗转传至周边的朝鲜、日本、缅甸等国家和地区。唐长安城成为西方和东方商业、文化交流的汇集地，是当时世界上最大的国际大都会。

（三）广　州

广州由秦汉起至明清2000多年间，一直是中国对外贸易的重要港口城市，是中国海上丝绸之路的起点之一。从秦朝开始，广州成为南粤地区的政治经济中心。据《新唐书·地理志》记载，这条海上“丝绸之路”被称为“广州通海夷道”，其航程从广州起，经南海、印度洋，到达东非赤道以南海岸，是16世纪以前世界上最长的远洋航线。到唐宋时期，广州已发展成为世界著名的东方大港，首设管理外贸事务的机构——市舶使；明清时期，广州更是特殊，在一段较长的时间内，曾是全国唯一的对外贸易港口城市。鸦片战争后，中国与英国签订中国近代史上第一个不平等条约《南京条约》，被迫开放广州、上海、宁波、福州、厦门五个通商口岸，广州一口通商的局面从此结束。

广州地理位置优越，地处南粤大地南部，西江、北江、东江汇流处，与香港、澳门形成珠江三角洲。近海的便利造就天然的良港，使其不断接受西方的文化技术，港口运输与内河、铁路、公路、航运也相互衔接形成交通网路。1757年，乾隆皇帝宣布撤销原设的沿海各关，仅留广东的粤海关一口对外通商。广州十三行成为清政府唯一合法的外贸窗口，中国与世界的贸易全部聚集于此，直至鸦片战争为止，中西政治、经济、文化交流都集中在广州。

（四）北　京

北京作为城市的历史可以追溯到3000年前，秦汉以来，北京地区一直是中国北方的重镇，城市职能以军事为主，加之经常成为战场，经济和商业并不发达，一直处于中原王朝的边缘地带。元朝定都北京，尤其是京杭大运河框架确立以后，北京经济逐渐繁荣，成为全国的政治中心和经济中心。为保障北京的交通便利和粮食供应，在修建北京城时，明朝政府也开始着手疏浚河道。大运河开通后，来自全国各地的商船大都通过大运河进入北京，甚至远在广州的商品也能出现在北京的市场上，“万国梯航，鳞次毕集，然市肆贸迁，皆四远之货，奔走射利，皆五方之民”。（谢肇淛：《五杂组》卷三）

伴随着物资运送，大量的人口也由南往北迁移。这些外来人口，或是从事私营手工业，或是外地商人，极大促进了北京社会经济的发展。明正统十三年（1448年），北京城市人口已达到96万，若算上顺天府所辖各县，人口已突破219万。这一时期的北京城，市场按专业进行分工，有米市、羊市、猪市、果子市、粮市、煤市、花市、油市等。由于北京盛行“前店后坊”的经营模式，因此还有许多同行业的作坊集中于一个地点，形成了帽儿胡同、钱市胡同等专门的胡同市场。

清初入关，经过一系列的政策调整，北京从明末的战乱中恢复过来，城市得到稳步发展。人口的增加为经济发展奠定了基础，同样也带了巨大的消费能力，促进了商业发展。随着分工的精细化，形成了以市场商业买卖为主导的城市功能区域。崇文门外商业街区是行业较集中的地方，中药栈、酒市、五金行、粮食市、菜市、果子市、骡马市等大多集中在此。北京控制着整个国家的资源，既输入了货物也输入了人，商业发展已经达到了很高的程度。

北京也是文化中心。每逢会试之时，各地数万考生聚集于京，这些人有着巨大的消费需求，极大地刺激了北京商业的发展。“京师买卖，逢乡试会试年尤盛”，“休言刻下无生意，且等明春会试来”。很多北京的居民都会给房子取一个吉祥的名字，做起出租房屋的买卖。

拓展阅读

2021 年城市商业魅力榜发布

2021 年 5 月 27 日，新一线城市研究所发布了《2021 年城市商业魅力排行榜》（见图 1-3），榜单依据各大城市的商业资源聚集度、城市枢纽性、城市人口活跃度、生活方式多样性和未来可塑性五个维度的评估标准进行计算，对中国 337 个地级以上城市再次排名，排在前列的仍是传统的“北上广深”四大城市，但名次上有了细微调整，变成了“上北深广”。2021 新一线城市商业魅力排行榜中，依次为成都、杭州、重庆、西安、苏州、武汉、南京、天津、郑州、长沙、东莞、佛山、宁波、青岛和沈阳，相比上一年榜单，宁波顶替合肥，成为新一线城市。

2021

城市商业魅力排行榜

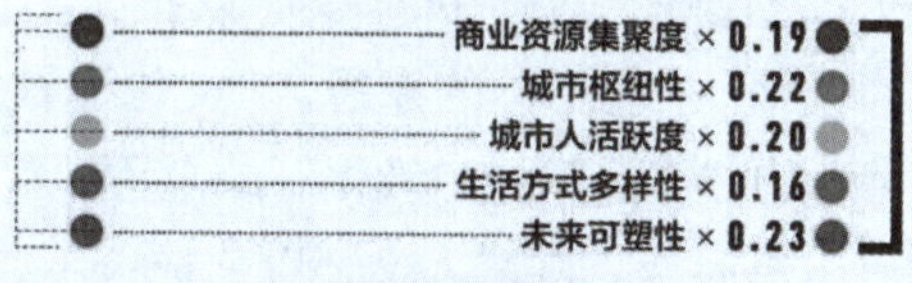

城市商业魅力指数

一线城市商业魅力排名

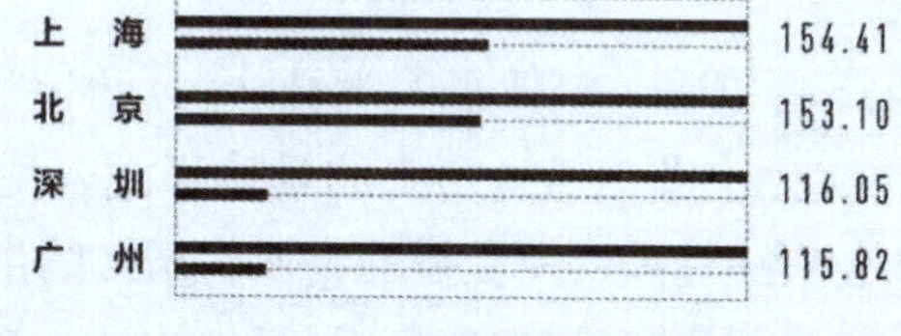

新一线城市商业魅力排名

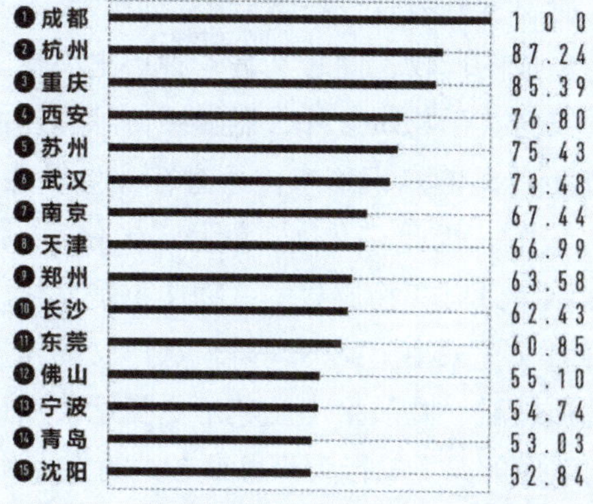

图 1-3　2021 年城市商业魅力排行榜

单元二　商业文化

任务一　文　化

一、文化的含义

“文化”一词，德文为Kultuy，英文为Culture，两者皆源于拉丁文字Cultura，意为耕作、培养、教育、发展、尊崇等。文化是在19世纪下半叶人类学、社会学等学科兴起之后才逐渐得到重视和被深入研究的。国内外学者对“文化”做过种种概括和说明，约有170多种定义。例如，从信息论出发，一些研究者将文化看成是信息的传播和保存系统；从社会学出发，文化则被定义为人们社会规范和行为规范的总和；而在历史学家眼里，文化又成了静态的历史遗产。

在我国，“文化”一词也早已出现。古籍中，“文”既指文字、文章、文采，又指礼乐制度、法律条文等；“化”是“教化”“教行”的意思。“文化”被理解为统治者的施政言法，它是与“武功”“武威”相对立的“文治”和“教化”的总称。“文”与“化”并联使用，较早见于《周易》：“观乎天文，以察时变；观乎人文，以化成天下。”意思是：通过观察天象，来了解时序的变化；通过观察人类社会的各种现象，用教育感化的手段来治理天下。汉代刘向在《说苑》中讲：“凡武之兴，为不服也，文化不改，然后加诛。”此处“文化”一词与“武功”相对，含教化之意。

“文化”作为一个社会历史范畴，概括了人类社会一切时代的文化现象，但是，对于不同时代和不同民族来讲，文化也总是通过历史的具体形式表现出来。因此，人们普遍认为：文化，广义指人类在社会实践过程中所获得的物质、精神的生产能力和创造的物质、精神财富的总和，狭义指精神生产能力和精神产品，包括一切社会意识形式，如自然科学、技术科学、社会意识形态，有时又专指教育、科学、艺术等方面的知识与设施。作为一种社会现象，它是由人类长期创造形成的产物，同时又是一种历史现象，是人类社会与历史的积淀物。文化既凝结在物质之中又游离于物质之外，能够被传承和传播，是人们相互之间进行交流，并被普遍认可的一种能够传承的意识形态，是对客观世界感性上的知识与经验的升华。由于“文化”是与自然相对应的，因此“文化”就是“人化”，是有物质载体的人化的观念世界。文化不是物质，但文化可以有其物质载体；物质不是文化，但物质可以作为文化的载体而具有文化的内涵。本书对文化采用广义的理解，从广义的角度分析和认识文化现象，有助于联系人类赖以生存的物质基础、物质生产及其历史变迁，认识和探索人类的生活方式和思想观念，从而全面和深刻地理解人类的行为、思维方式的特点和变化。

在日常生活中，人们常说“茶文化”“酒文化”“食文化”“住宅文化”……实际上，茶本身并不是文化，茶就是一种树叶，但饮茶方式有其特定的文化内涵，《红楼梦》中的“妙玉雅饮”与“刘姥姥牛饮”，就体现了不同阶层的不同文化观念。酒本身不是文化，酒是通过生物化学酿造出来的一种特殊的饮料，但酿酒的工艺、方法十分讲究，不同地区、不同时代酿造的酒也各有特色，人们用不同的原料和工艺酿造白酒、黄酒、葡萄酒、枣酒、菊花酒、桂花酒，这也体现了不同的文化观念。吃本身不是文化，吃是人的自然需要，但吃什么、如何吃却有其特定的文化内涵。从茹毛饮血到熟食，从熟食到美食，体现了不同时代的文化观念，不同民族饮食中的礼节、规则、习惯，体现了不同民族的不同文化观念。住宅或房屋本身不是文化，但房屋的设计、建筑的风格则体现了特定的文化观念，北京的四合院与福建的土楼、中国的故宫与法国的凡尔赛宫，体现了不同地区、不同民族的不同文化观念。文化是人类活动的产物，人类在实践活动中改造了自然，形成了社会，创造了文化。文化又反过来塑造人，引导社会。

二、文化的作用

文化的本质是观念形态，属于精神领域，但文化的作用并不限于观念形态、精神领域，人们的经济活动、制度设计、行为方式、日常生活都具有特定的文化内涵，体现着文化的作用。文化如同空气一样无所不在，凡是有人的地方，凡属人的活动范围，文化都起着特殊的作用，发挥着独特的功能。

1. 文化具有传递文明的作用

文化不同于器物。器物都是用于当时而毁于以后，文化不仅能够用于当时，而且能够延续和泽及后人。无论《阿房宫赋》如何铺陈，留下来的只是著名的“赋”，而阿房宫早已化为废墟，无迹可寻。薪尽火灭者，宫殿楼宇、器物；薪尽火传者，观念形态、文化。文化具有承载和传递文明的功能，文化的这种传递文明的功能，使个人可以在较短的时间内掌握人类在较长的时间中积累的经验、知识和价值观念，这实际上就是一种“教化”。如果没有这种“教化”，我们一切都要“从头开始”“重新开始”。

2. 文化具有规范人的行为的作用

人既有社会属性，又有自然属性；既有理性的方面，又有非理性的因素。文化的作用是以社会规范“化”人，以发挥理性对人行为的主导作用。每一种文化都提供具有约束性、普遍起制约作用的行为规范。每个社会都会通过家庭启蒙、学校教育、社会示范、公众舆论等文化手段，将社会规范加之于个人，以实现文化的规范和约束作用。文化所代表的就是历史积淀下来的，并被特定社会、一定群体所共同认可、遵循的行为规范，它对个体的行为具有潜在的给定性和约束性。个人如果明显背离生活中的文化环境，其生存就会陷于困境。

3. 文化具有凝聚社会力量的作用

作为价值体系和行为规范，文化提供着关于是与非、善与恶、美与丑、好与坏等社会标准，并可通过社会教育而内化为个人的是非感、正义感、羞耻感、审美感、责任感等，从而提高人们的道德情操、认知水平和人生境界，凝聚社会力量。社会的发展离不开社会力量的凝聚，社会力量的凝聚有赖于民族认同，民族认同则主要来自文化认同。文化是民族的血脉，文化的力量深深地熔铸在民族的生命力、创造力和凝聚力之中，因而能够凝聚国家的共同利益和人民的理想追求，形成强烈的感召力和向心力，从而使整个社会凝聚起来。作为观念形态，文化以其对社会生活的渗透力、凝聚力、引导力在经济生活、政治过程、社会活动中内在地发挥着它的独特作用，这同样是文化的“教化”作用。

高度重视文化的“教化”作用，离不开正确对待传统文化。传统文化是指在历史中形成，在现实生活中仍然起作用的思维方式、价值观念、行为规范和风俗习惯。传统文化本身也具有二重性：既有优秀的方面（精华），又有陈旧的方面（糟粕）。社会进步必然表现为对传统文化中陈旧方面的突破与革新，和对优秀传统文化的继承与发展。中国传统文化同样具有这种二重性，在这种文化的影响下，我们造就过文宋武元、雄汉盛唐，创造过令世界叹为观止的伟大文明。不仅如此，中国优秀传统文化还蕴藏着解决当代世界性难题的深邃思想，可以为人们认识世界和改造世界提供有益启迪，为治国理政提供有益启示，为道德建设提供有益启发。每个民族、每个国家在不同的时代都面临着不同的实际，都有自己所要解决的特殊问题。当代中国把市场化、现代化和社会主义改革这三重重大的社会变迁浓缩在同一个时空中进行。这一特殊而复杂的社会变迁不可能脱离中国传统文化而进行，但又不能在全盘继承中国传统文化的前提下进行。因此，中国式现代化需要从中国传统文化中获得民族精神，既要变革传统文化，又要凭借传统文化内蕴的精神动力来完成社会变迁，以当代中国的改革开放和现代化建设为基础和标准，判断什么是传统文化中的优秀方面（精华），什么是传统文化中的陈旧方面（糟粕），从而继承优秀传统文化，并结合时代条件赋予其新的时代内涵，“以文化人”。

任务二　商业文化概述

一、商业文化的含义

商业文化是人类文化系统中的子系统。自20世纪80年代末，中国的专家、学者开始重视商业文化的研究和创建，不同的学者从不同角度提出了很多关于商业文化的论述。有人认为商业文化是指在商业营销管理活动中占主导地位的商业从业者的共同信仰、价值观、行为规范、传统和习惯；有人认为商业文化是商业系统中人的文化，其表现为物质文化、制度文化和意识文化；有人认为商业文化是商品生产、流通、消费中的思想观念；也有人认为商业文化是在商业领域中与经济活动交织在一起的，具有行业特征的各种客观存在的物质、精神和生活方式的总和，等等。

通过对上述概念的归纳总结，编者认为，商业文化是指人类在商业相关联的活动历程中，创造的物质财富和精神财富的总和。商业并非自古就有，当人类社会发展到一定阶段，出现了为交换而生产的产品和服务时，商业就产生了，由此出现了商业文化，它贯穿商业发展的始终。

要清晰地理解这一概念，需要注意以下几点：

第一，商业文化必须存在于商业领域，与商业活动密切相关。不存在于商业领域的文化现象属于其他文化学科的研究对象。

第二，商业文化涵盖人们在商业活动中所创造的所有物质成果和精神成果，也包括活动过程本身。因此，商品、服务、制度、技术、交易等属于商业文化的组成部分，依法经营、童叟无欺、诚实守信等也都是商业文化的典型反映，是对商业活动总体和整体上的认知理解活动。

第三，依法经营、童叟无欺是商业文化，但同时也存在假冒伪劣、欺行霸市等不文明商业现象。例如，我国零售业态包括食杂店、便利店、超市、网上商店等 17 种业态，这些业态的经营方式、商品结构、服务功能、产生时间等各不相同，但就各业态形式而言，并没有所谓先进和落后之分，只有合适与不合适的区别。因此，商业文化是人们商业活动的客观存在，而商业文化建设，则是人们对商业活动主观的能促进商业发展的某种选择。

第四，虽然商业文化存在于商业领域中的物质、行为和精神因素之中，但是人们却在自觉或不自觉地表现这种文化因素。文化是一种社会现象，商业文化则是存在于商业领域中的一种特殊的社会现象。它一经形成，就会成为一种外在的力量，客观地作用于整个商业活动，给商业领域中的人和物打上深刻的烙印，或者影响商品的外在形式，或者影响商业的营销环境，或者影响商业的活动精神，从而在人的所有社会性商业活动中，体现出文化的特色和行为。

二、商业文化的特征

商业文化的本质特征是人类在商业活动中的文化表现，作为文化的一个分支具有以下特征：

（一）层次性

商业文化是一个多元素、多层次的综合体，商业主体的实践活动必然经历对客观世界的感性认知转化为理性认知这样一个渐进过程。那么商业主体对客体不同层次的认知、把握，就创造出不同层次的商业文化。也就是说，商业文化既包括物质形态的文化，即商业主体创造的各种物质成果，也包括观念层次的文化，比如价值观念、道德标准、思维方式等。

（二）时代性

商业文化是历史时代发展的产物，不同的历史时代产生不同的商业文化，不同时代商业文化的演变，构成商业文化发展的历史轨迹。因此，研究和考察商业文化，探索商业文化的发展轨迹和规律性，既要联系特定历史时期商业文化的特殊内涵和具体问题，又要对不同历史时期的时代背景及文化特征进行比较分析。脱离历史条件试图寻找亘古不变的商业文化，坚信具有永恒且放之四海而皆准的理论教条，只是一种良好的却难以实现的愿望。

（三）民族性

文化往往是由有共同生活基础的组群创造的，由于民族群体成员间有着血缘的、生物的、地缘的联系，特别是在文化创造的过程中形成的独特历史传统，诸如语言文字、知识传统、价值取向、思维方式、宗教信仰、心理、民族个性等，使不同的民族具有鲜明的文化差异，而正是这些民族的差异和多样性构成了人类文明。正所谓“只有民族的，才是世界的”。

（四）多 样 性

商业文化的多样性主要表现在两方面：一方面是指商业文化表现出的民族性、地缘性、专业性等各方面的差异性；另一方面是指商业主体在商业活动中可以追求更多选择的多样性。差异化竞争是企业生存、持续发展的法宝，所谓人无我有、人有我优，企业如果不主动追求差异性，既失去了存在的理由，也失去了发展的基础。不断在产品、服务、管理中寻找差异，创造个性，实行个性化管理，是企业特有的核心竞争力。从某种意义上讲，企业成长模式的多样性和个性化追求是现代企业成长和可持续发展的文化目标。

（五）传 承 性

文化的传承和延续是文化能存在的重要条件。在商业文化完善—冲突、崩溃—冲突的螺旋式发展中，各要素相互调节、弥补，在螺旋式发展的每一阶段中都需要选择一种相对稳定的凝聚结构被人们所传承，以便发挥其历史和现实的功能。例如，“人弃我取、人取我予”的经商理念就在商业发展过程中较为稳定地延续了下来。

（六）开 放 性

商业文化的开放性是指商业文化对其他文化元素的包容性和创新性。商业文化与社会经济发展呈正相关。生产力越发达，商业文化的开放程度就越高。随着生产力的发展，商品交换的种类、规模、地域、对象不断扩大，并不断突破旧有的限制。生产消费的国际化，还将使各国经济呈现出一种相互依赖的格局，这就形成了商业文化必须对外交流、对外开放的客观要求和客观环境。商品经济的发展，使人与人之间、区域与区域之间、民族与民族之间的关系都发生了变化，在融合中不断创新。人们生活环境的拓展，以及为了实现商品价值必须进行的竞争，都为商业文化的不断开放、发展提供了动力。

三、商业文化的功能与作用

（一）商业文化的功能

作为在商业中产生，并能引领商业发展的商业文化，其功能主要有：

第一，满足需要的功能。人类对物质和精神的需要是各式各样的，并且从低层次向高层次发展。商业文化是一种财富，它可以通过商品文化载体及商业活动载体满足商品生产者、经营者、消费者、市场、社会等各种不同层次和程度的需要，从而调动人的积极性，促进商品经济的发展。

第二，经营管理的功能。商业文化是一种边缘学科，也是一种软科学，在商业经营管理活动中起着导向、规范、凝聚、激励、调适等作用。比如可以利用商业文化调整商业人员的心理结构、文化素质；可以利用商业伦理、职业道德、制度文化对商业活动产生约束作用等。

第三，价值功能。商业文化是一种经济文化，在商业活动中能起到一种增值功能，即增加文化价值、创造文化的附加价值。比如对企业来讲，商业文化可以通过激励人的积极性，挖掘人的潜力，以扩大商业经济效益；对消费者来讲，商业文化可以通过提供优质商品、优质服务，来提高商品和服务的价值；对合作伙伴来讲，商业文化借助其广告活动能够带给商品生产者、经营者一定的社会及经济效益。同时，强有力的商业文化既是商业经营单位生存、发展、经营成功的条件，也是创造财富、增加财富的资源。

第四，交流辐射功能。商业文化对消费者、企业、市场、社会以及国际环境起着交流、辐射作用，这是商品交换的社会性、开放性决定的。由于当前世界的商品交换及文化交流都已超越了地域、民族、国家的范围，不同的商业文化相互借鉴、相互促进，使中国传统文化与西方现代文化相结合，因而推动了商业和商业文化的发展。

第五，育人功能。商业文化的育人功能主要表现在三个方面：一是商业文化通过规章制度、企业文化来约束员工行为，与企业理念保持一致；二是商业文化通过激励员工的劳动及服务，提高员工的商业文化素质；三是商业文化通过商业经营活动和服务，以自己的良好道德风尚和商业素养，对顾客进行德、智、美及法律规范、商业文化知识的宣传教育，做到依法经商、维护合法权益、提高全民族的整体素质。

（二）商业文化的作用

商业文化对商业的引领和约束作用对商品经济发展，乃至社会经济发展都有十分重要的作用。

第一，传承中华商道，提升商业经营者修养。商道的本质就是人道，即商业经营者的个人素质不仅决定着自己的生存和发展，同样也关系到企业的兴衰。在中华民族五千年的文化传承中，通过历代圣贤商人的实践总结、传承创新而形成了中华商人的经商之道。比如商业文化中的为人之道、用人之道和经营之道对商人做人、经商等行为都有很好的指导作用，对规范和提升商人的素养产生了直接的影响，因此商业经营者只有不断提高自己的商业文化素养，深谙商道精髓，才能使企业长盛不衰。

第二，完善经营管理，增强核心竞争力。商业文化源于商业实践，又能反作用于商业实践，商业实践受商业文化影响，又能验证文化的效果，二者相互作用、相互促进。一方面，商业文化为商业管理实践提供指导作用，如商品储运、销售形式、经营管理、分销促销等经营行为均离不开理论的探索和理论对实践的指导，现代商业文化融合中西方先进的商业经营理论，对商业管理产生指导作用；另一方面，商业的现代化发展又赋予了商业文化新的内涵，形成了新时代下的商道，使商业文化能指导企业生产经营的发展方向，提高企业核心竞争力。企业文化也是商业文化的重要表现形式，对企业长远发展起到积极的引领作用。

第三，促进文化发展，建设社会文明。商品经济在漫长的发展过程中，不仅推动了自身的进步和完善，更促进了人类社会和文明的发展。在长期的经商过程中，中国人民创造了独具特色的商业文化，给中国商业打上了“中国”标签。如商人、商品、商号、商标、商路、商道、商德等，商业文化通过物质渠道和精神渠道展现，与国家的宏观环境和微观环境相互作用，甚至与国外商业文化相互渗透，融合发展，进而形成了商业文化独特的内涵，而商业文化的发展也在一定程度上丰富了社会文明的建设，推动了整个社会文明的发展。

总体来讲，商业文化的研究与其说是理论探索，还不如说是对文化长期积淀的规律总结。它把民族共有的优秀文化精神贯彻、熔铸到商业经济行为中，使之与现代商品经济有机地结合起来，从而生发出一种推动商业进步的文化动力。

四、商业文化的层面

商业文化作为社会经济文化的一个分支，包含了人类商业活动所积累起来的各种信念、价值观、风俗等。根据霍夫斯泰德的文化框架理论，文化由价值观和实践两个层面构成，价值观是文化的核心，而仪式、英雄人物和象征物属于文化的实践层面。价值观主要受国家文化的影响，而具体的实践则主要受工作场所的影响。商业文化是一个从外在表现到隐形价值观的体系。这个体系可以分为四个层次的子系统：商业物质文化、商业行为文化、商业制度文化、商业精神文化。

第一，商业物质文化是商业文化的物质层。它直接体现在商品生产流通中的物质形式上，包括商品（服务）的物质载体、生产加工过程、创造和消费过程、生产加工环境、包装、商业设施、物流方式、交易过程以及交易媒介等。物质是商业文化产生的基础，商业文化通过物质才能得以体现，如商场的形象需要通过商场的建筑和装饰来体现，商品的形象需要通过产品包装和产品外形等来体现，没有物质的形态和运动，商业文化就无从展现。比如商品是本地产品还是外埠产品，是国产还是进口，是原装还是组装；商品是裸露还是有包装，包装是简易还是精美，是用大木箱还是用软包装等。再比如广告是通过商品本身还是通过媒介，是通过网络还是通过消费者口碑，交换媒介是现金还是支票，交换场所是集市还是超级市场。所有这些，一旦作为载体，都直接体现着人们在商业活动中的文化积淀。

第二，商业行为文化是商业文化的行为层。商业行为文化包括商业行为准则和行为规范，它是人们在日常商业活动中表现出来的特定行为方式和行为结果的积淀，人们的所做作为体现着人们的价值取向，受制度的约束和导向。商业行为文化突出体现在行为方式与习俗、交易方式、商务礼仪、沟通模式、惯例等各种行为规范上，也表现在不同商业文化圈的不同谈判风格上。与正式制度相比，商业行为文化属于非正式规范，虽不成文，但能够被文化圈内成员普遍理解。规范往往是社会中绝大多数人公认的规范，与价值观相比，行为规范是特殊、具体的。它受到具体情况的限制，通常被视为行动的指针，决定一个人在特定的情况下应该做什么，不应该做什么，包括社会习俗、伦理道德等。

第三，商业制度文化是商业文化的制度层，是商业主体为了自身生存、社会发展而主动创制出来的有组织的规范体系。主要包括商事登记制度、市场准入制度、市场监管制度、企业产权制度、企业组织制度等。文化的存在只有被认同和学习时才有意义，而被认同和学习，必须依靠一套相关的制度规则。当制度体现为规则时，它必然反映了文化的价值、精神和理念。从某种意义上说，没有文化价值的制度是不存在的，没有制度形式的文化也是不存在的。在商业文化整体结构中，组织成员依照共同的文化认同，遵循制度规范而共同行动，对违反制度规范的人会有规定的惩罚。制度文化作为精神文化的载体，一方面塑造了商业行为的习惯和规范，另一方面也制约或主导了精神文化、物质文化乃至符号文化的变迁。制度文化的变迁经常会引发商业文化整体互动式的变迁，因此文化的变迁也可以看成是一种制度文化的变迁。

第四，商业精神文化是商业文化的精神层。商业精神文化包括信仰、信念、价值观、心理特征、思维方式等。比如共享观念虽然不像商业制度一样直接通过利益奖惩机制引导商业文化的变化，却对整个商业文化有着静水潜流一般的深刻影响。从积极意义上来讲，共享观念塑造了人的思维方式，从而也塑造了组织的制度结构。不过，并非所有的共享观念都能塑造人的思维方式。这里所说的共享观念是被人选择接受的部分。这些共享观念是构成社会秩序的基础，也是人们讨论、争辩和思考其他问题的框架。一个民族的心理原型，常常表现为历史或长久形成的文化传统，具有相当强的韧性，很难改变，除非旧文化受到严峻的外部挑战，从而带来观念革命，继而使得其他层面的商业文化随之变迁。

商业文化在物质、行为、制度和观念四个层面的内容是相互影响、相互促进的。正是商业文化四个层面的相互作用，以及时代客观环境与商业文化的相互影响，构成了商业文化的产生、发展、交流、融合的演化机制，推进了商业文明的发展和社会文化的进步。

拓展阅读

沉浸式艺术商业——SKP-S

商品存在的意义就是为人民服务，给人们提供便利。站在产品经理的角度，过去线下空间只是用来陈列和交易商品，而在今天，消费从“物”转向“体验”甚至“文化和理念”。零售的角色正在发生演变：从一个仅是售卖产品和服务的空间，变成一个艺术、文化、理念交汇的社交娱乐好去处。一个好的商业空间，不仅为人们提供了一处休闲的场所，更是在用空间创造连接彼此的纽带。

随着商业和文化的深度融合，2019 年末，北京 SKP 面向年轻人客群的新空间 SKP-S 正式开业，两栋楼相隔一条宽阔的京通快速路（长安街）。作为一个四层仅2.8万平方米的商业空间，这里既不直通地铁，也没有通道直通北边的华贸，想要进入商业，消费者必须横穿室外马路，堪称人流孤岛。

谁能想到 SKP-S 在“双 12”当天一经试营业，便刷爆朋友圈，以天马行空的沉浸式艺术商业、“数字—模拟未来”的技术、独家定制的店装、科幻感与艺术品位，成功吸引了一众媒体和消费者的目光。SKP-S 将艺术、科技和商业的结合玩到了极致，可以说颠覆了人们对传统购物的想象，前往购物与探店的民众络绎不绝，一跃成为新晋网红商业体的典范。

SKP-S 作为实验性的沉浸式百货商场，从细节入手，材料、灯光布置、机械部件以及艺术装置皆经过精心挑选与规划，从“五感”（视觉、听觉、嗅觉、味觉、触觉）角度入手，成为北京文化与娱乐体验的新场域。不管是重新诠释店面设计，还是陈列独特的产品系列，它都真正完成了一场由内而外的一体化塑造，使零售和艺术完美契合。

顾客置身 SKP-S，一步一景，处处弥漫着超时空氛围，仿佛进入时空的黑洞，在千亿光年中漫步，在艺术长河里激荡。

SKP-S 通过内部精妙的艺术空间，呈现了一个“人类移民至火星的生活遐想”的空间故事（见图 1-4），通过多个具有创造性和艺术性场景的塑造，打造出自己专属的 IP，既拥有足够特性吸引消费者，又能在与顾客的交互中完成与其他商业项目的差异化，集话题和流量于一身，它重新定义了传统百货商场的经营模式，为传统的百货售卖方式赋予了更多的娱乐和社交功能，也赋以一众知名品牌更多的可能性。对整个百货行业来讲，都是一次瞩目的全新尝试和挑战。

图 1-4　火星空间

视 频

商业文化

单元三　商业文化的发展与比较

任务一　中国商业发展历程

“凡政治修明者，商业必盛，政治窳败者，商业必衰；反之亦然，商业盛者其国罔不兴，商业衰者其国罔不亡。以之证于外国，丝毫不爽；以之证于中国，亦靡不相应。”[1] 可以看出，商业历史的演进，尤其商业模式的变革，深刻影响社会发展的方方面面，从一定程度上反映了一个国家与民族的发展历程。

一、原始社会时期的商业

中国是一个历史悠久的古国，原始社会在相当长时期内，是没有商业的，那时生产力低下，人们共同劳作，物资共有。随着生产力的发展，产品逐渐有了剩余，出现了偶然的物物交换。人类社会第一次社会大分工后，农业和畜牧业分离。生产效率提高，剩余产品增加，物物交换的行为开始变得频繁。

到了原始社会末期，第二次社会大分工出现。手工业从农业中分离出来，生产的产品更加丰富，于是以交换为目的的生产，即商品出现了。随着商品交易的扩大，出现了固定的交易场所——市。《易经·系辞下》中有：“日中为市，致天下之民，聚天下之货，交易而退，各得其所”，意思是神农氏时，规定中午为集市时间，人们交易商品，然后回去，各人都获得了需要的物品。

二、奴隶社会时期的商业

夏朝是中国历史上第一个奴隶制国家，它的建立标志着原始社会的结束。商王朝建立以后，交换活动十分广泛，社会经济繁荣，农业、酿酒业、畜牧业、青铜业、制陶业、丝麻纺织业、建筑业、工艺品制作等都有相当的水平。专门从事商业交换的人已经形成一个独立的社会阶层，这就是人类历史上的第三次社会大分工。商业性城市开始出现，商朝后期的都城殷（今河南安阳）经过几代统治者的着力经营，规模扩大，被称为“大邑商”。在发掘出土的殷墟遗址上，有手工作坊，还有交易场所“市”“肆”，在金文中也有“市”字出现。城市的发展为商业交换的进一步扩大和深化创造了条件。《尚书·酒诰》记载有殷人“肇牵车牛，远服贾用”，意思是说商代有人专门牵牛赶车到远处做买卖。海贝因为坚固耐用，质量轻、体积小，便于携带和保存，被选择为货币。在商代墓葬出土了大量的海贝随葬品。随着商品交易的扩大，还出现了骨贝和铜贝，铜贝的出现，标志着至少在商代晚期，中国已有了世界上最早的金属货币。

---

[1]　王孝通．中国商业史［M］．上海：上海科学技术文献出版社，2014.

西周时，商业被列为“九职”之一，成为社会不可缺少的部门。西周制定了“工商食官”制度，手工业者和商人都是官府的奴仆，要按照官府的规定和要求从事生产和贸易。市场由“司市”管理，下设负责辨认真伪、管理物价、维持秩序、稽查盗贼、掌管度量衡、征收商税的管理人员，管理十分规范，这套做法一直被后世市场管理者延用，影响久远。铜铸币的大量使用，使盛产铜的南方与北方的物资交流日趋频繁，同时统治者对奢侈品“美玉”兴趣极大，因此极力打通到达新疆的西北通道。商业的繁荣积累了财富，促进了交流，也扩大了王朝的视野。新兴贵族产生，旧贵族没落，封建制社会形态呼之欲出。

春秋战国时期，封建社会从领主制向地主制转化，中国商业完成了历史上的第一次飞跃。“工商食官”制度被打破，私营商业迅速发展，山泽之利陆续开放，出现了范蠡、子贡、吕不韦等巨贾富商。大商人周游列国做生意，能参与各国的政治活动和外交，比如著名的弦高犒师的故事，就体现了当时大商人在政治、经济方面的地位。各国统治者居住的城市以及位于交通枢纽的货物集散之处，都形成了繁荣的城市，如齐国临淄、赵国邯郸、楚国郢等。“晏子使楚”中，晏婴就提到临淄街市“摩肩接踵、挥汗成雨”的情形。“市”内，列肆成行，商品分类摆放，牛马交易中出现了“牙人”，即中间商，一些行业出现了“前店后坊”的工商合一模式，并在之后的经济社会中长期保留下来。市的经营时间有限制，关税和市税日益成为政府收入的主要来源。此时，由于有些富商势力太大，威胁君主权威，因此“抑商”思想开始产生。

三、秦汉隋唐时期的商业

秦始皇统一中国后，统一货币、度量衡，修驰道，更加促进了商业的发展。魏晋南北朝是分裂割据的时代，商业出现逆转现象。直到隋朝重新统一，社会经济才又恢复发展，可见政权的统一和国家的安定对商业发展起着重要作用。但是，秦自商鞅变法以后所奉行的抑商政策，如把各地富豪迁入咸阳就近控制、把商人打入另册编入市籍、贬低商人地位等做法，也使商业发展受到很大的限制。

西汉初期政府放宽商业政策，“开关梁，弛山泽之禁，是以富商大贾周流天下，交易之物莫不通”，以长安为中心的关中地区（今陕西）成了商业最繁盛的地方。汉武帝时大力抑商，实行盐铁官营，改革币制，禁止商人占有土地和奴婢，违抗即没收全部财产。虽如此，汉代的商业还是有了很大发展，加强了与东南亚各国的贸易往来，张骞两出西域，开辟了“丝绸之路”。五铢钱的铸造与发行，稳定了货币价值，成为中国历史上数量最多、流行最久的货币之一。都城长安及洛阳、邯郸、临淄、宛城、成都等大城市，都发展成为著名的商业中心。政府对“市”控制很严，市内设官署，由“市令”或“市长”管理、监督交易，还有专管治安的官吏。

东汉的生产技术比西汉有所提高，出现了一些专业的手工作坊。长江以南各郡开始发展，人口增长，新兴城市发展起来。魏晋南北朝时期，对峙的局面阻碍了南北经济交流，赋税、货币制度也阻碍了商业发展。曹魏时正式把按货币征收的赋税变成实物税——“户调”（收绢），赋税的实物化使商业倒退了一大步。这一时期币制紊乱，钱币减重，物价高涨，正常的商品流通受到严重干扰。晋朝继续抑商、辱商，规定商人不得乘车衣锦，在市场做买卖的人要把自己的名字贴在额头，还要一只脚穿白鞋，一只脚穿黑鞋。

隋朝统一后，生产力发展迅速，政府修建大运河，新铸五铢钱，商业逐渐复苏，走向繁荣。南方城市发展较为迅速，长安与洛阳成为全国最大的商业中心。各地交流的商品种类增加，糖、茶等新商品进入市场，盐、酒等采取开放政策。手工业产品比重提高，瓷器成为大宗商品。对外贸易分为海陆两路，特别是西北陆上贸易比较发达。唐代随着农业、手工业和交通事业的发展，商业出现了繁荣的局面。全国县以上的城镇都有市，长安和洛阳的市最大。都城长安是国内外贸易的中心，四面八方的商客和外国商人云集于此。和汉代一样，市内的店铺叫“肆”，一个区域内出售同类货物的肆，组成“行”，行有“行头”。行是保护同行商人的利益，应付官府交涉事务的组织。据《长安志》记载，东市有“货财二百二十行，四面立邸，四方珍奇，皆所积集”。邸是供客商居住和存放货物的地方。商业区和居民区分开，市有市令、市丞等负责管理，征收商税，活动有时间限制，中午击鼓三百声，开始贸易，日落前三刻，击钲三百下，停止贸易。随着商业的不断发展，唐末出现了夜市，坊区和农村也出现了店铺。邸店、柜坊、飞钱等商业服务行业配套齐全，飞钱是中国最早的汇兑业务。民间贸易发达，唐在少数民族接壤处均设互市，陆海两路的海外贸易都非常繁荣，唐朝时的中国是整个亚洲的商业中心。按行业不同，唐朝形成了很多商帮，著名的有南北杂货商、盐商、茶商、米商、酒商等，商业资本活跃。唐朝统治者允许民间自由贸易，减免关税、市税，商业发展迅速。当然也存在抑商现象，如规定工商杂户不得服黄、不得乘马等。“安史之乱”后，唐朝财政陷入困境。五代十国时期，经济停滞，商业倒退。

四、宋元明清时期的商业

宋代是中国商品经济继春秋战国后迎来的第二个高峰期。北宋时期，商业政策宽松，经济繁荣。坊和市的间隔被彻底打破，出现了早市、日市、夜市等，中小城镇和农村各类型的集市贸易也逐渐繁盛，比如定期的庙会、专业性的集市以及节令性的集市等。北宋都城汴京（开封）是全国商业和交通中心，城内外店铺如织，“每一交易，动即千万”。城里到处是酒楼、饭店、茶馆、娱乐场所，市场上有南方的米、水果、茶叶、丝织品，沿海的海鲜，西北的牛羊、煤，成都、杭州、福建的纸和书籍，两浙的漆器和各地的陶瓷、药材、金玉器皿，日本的扇子，大食的香料、珍珠等。

与商业相关的邸店业（货栈）、仓储业、柜坊（钱庄）、交引铺（票据汇兑）、质库（当铺）、便钱务（货币汇兑）等大获发展。民间贸易发达，与少数民族政权设互市交易。东南沿海的泉州、广州、明州等重要港口成为著名的国际贸易港口。北宋确立了年号货币制度，一直沿用到清朝。最值得一提的是出现了纸币，当时被称为“交子”。南宋虽然偏安一隅，但是社会经济持续发展，商业更为繁荣。

元朝初年，国家空前统一，交通运输业空前发达，疏通后的大运河从杭州直达大都，杭州成为南方最大的商业中心，横跨欧亚的陆上丝绸之路也重新繁荣起来。泉州是元代对外贸易的重要港口，外国旅行家誉之为世界第一大港，元政府在这里设置市舶司，严密控制对外贸易。元代的商业以官营垄断为主，控制对外贸易，在私人经营中，贵族、官僚等占优势。同业组织——“行”的作用更加突出，在维护同业利益方面的排他性强烈。

明朝时期，商品经济形成第三次发展高峰。大一统的环境加上政府政策的力度，经济迅速恢复并发展。海运有著名的郑和下西洋，陆路方面整修了驿道，邮递业出现并流行。新的工商业城市不断出现，更多农民弃农经商，白银成为主要流通货币。明朝中期以后，以生产为目的的纺织业逐渐兴起并在江南一些地区发展成独立的手工工场。如苏州出现了以丝织为业的机户，开设机房，雇佣机工进行生产。明中叶，商人资本的经济力量不断增强，地域性的商帮出现，商人和新兴市民阶层的社会地位提高，政府中出现了商业资本的代言人。明朝末年，国家矛盾冲突不断，封建政府变本加厉地压榨和掠夺商业，社会矛盾加剧，商人的反封建力量加强，以中、小商人和手工业者为主体的“市民斗争”开始出现。其中规模最大的是反抗天津税监的马堂案，当时参与斗争的人多达 30 万，声势浩大。

清初，由于战争破坏，经济凋敝，为了缓和阶级矛盾和民族矛盾，清政府采取了减轻税负的商业政策。康熙、雍正朝来实行“摊丁入亩”的赋税制度，大力整顿地税、关税，减轻商人负担。民间丝织业、制瓷业、采矿业发展迅速，外贸流入大增，通货不足的状况完全扭转。赋税以及地租的货币化，将农产品的商品化推向新高度；康乾盛世的出现，使商业发展进入黄金时期，明末清初一度夭折的资本主义萌芽重现，且在地区上、行业上、商业与生产结合的形式上都有所发展。但整个生产始终未进入工厂手工业阶段，其力量远不足以瓦解封建生产方式，自然经济仍占主导地位。清朝统治者实行闭关政策，一方面禁止国人出海贸易，另一方面限制外商来华贸易，只留广州“一口通商”，这使中国对外贸易逐渐萎缩。尽管如此，城镇商业依然呈繁华景象。棉花、茶叶、甘蔗、燃料等农副产品大量进入市场成为商品。区域间长途贩运贸易发展较快，货币流通作用越来越大。商帮实力大增，大批商人组织涌现。其中，人数最多、实力最强的是徽商和晋商。

五、近现代时期的商业

鸦片战争之后，中国的自然经济开始解体，近现代机器工业出现，以李鸿章为首的洋务派兴办了许多军工业和制造业，如安庆军械所、福州船政局、汉阳钢铁厂等，并成立了中国最早的股份制企业轮船招商局，这些企业奠定了早期中国工商业的基础，客观上推动了民族商业的发展，直至甲午战争、洋务运动失败，工商业再度陷入低谷。

维新变法时期，资产阶级改良派提出了许多有利于工商业发展的政策与措施，如修铁路、修轮船、开矿、铸银等。虽然很多政策与措施由于戊戌变法的失败没有得到实施，但在一定程度上也促进了民族商业的发展。以康有为为首的先进团体，提出了“富国、养民、教民”的思想，大力发展资本主义工商业，并在百日维新中大胆实践，为民营工商业带来了新的观念。

辛亥革命以后，清朝统治被推翻，孙中山等人制定了一系列政策，大力发展民族商业。从中央到地方建立了专门负责振兴实业的机构，有力地促进了工商业的现代化。中国一度出现了兴办工商业的浪潮，极大地促进了商业的发展，但因帝国主义的剥削压迫，最终再次低沉。

第一次世界大战爆发以后，以张謇等人为首的民族实业家提出了“实业救国”的口号，许多爱国人士纷纷设厂救国，创办纱厂、面粉厂，兴办学校。他们认为实业和教育是国家

"富强之大本"。中国工商业在这一时期得到短暂发展，年均 GDP 甚至超过日本，但随着大战结束，许多帝国主义国家重新来到中国，中国工商业又消沉下去。

1937 年日本发动全面侵华战争后，民族企业遭受空前残酷的打击。沦陷区的企业被日军摧毁、吞并，国统区国民党官僚借机控制经济命脉，压榨民族企业，从而使官僚资本迅速膨胀，民族资本日益萎缩。抗战胜利后，蒋介石发动内战，为了获取美国援助，与美国签订了《中美友好通商航海条约》，美国取得了在华的政治、经济等特权，民族工业陷入困境，整个商业处于崩溃边缘。

新中国成立以后，通过三大改造确立了社会主义制度，并实行计划经济体制，中国商业有了实质性的发展和突破，改变了中国落后的面貌，为国家工业化奠定了基础。十一届三中全会吹响了改革开放的号角，经济体制开始朝市场经济迈进，商业迅速繁荣，市场活力凸显，国家生产力和综合国力得到巨大提升。2013 年"一带一路"倡议的提出，为促进基础设施建设、贸易投资、金融、人文等方面的互联互通，提供了机遇中国正贡献着中国力量、中国智慧和中国方案，中国的国际影响力日渐增强。

拓展阅读

中国货币发展历史

（1）上古至夏早期时代居民以部落形式聚集，生产经济完全自给自足，只需要以物易物换取其他部落特有或富足产品，没有货币。

（2）商代出现较大规模且复杂的多项贸易，实物已无法满足交流，自然选择贵重的货物充当交易媒介，货币的雏形产生。贝类被商代居民选择为货币，图 1-5 所示为商代的贝币。商代中晚期由于青铜冶炼技术的进步，人们开始制作铜贝，开启了金属货币的先河。

图 1-5　商代的贝币

（3）西周时期的货币仍以海贝和铜贝为主。至春秋战国时期，由于各诸侯国的独立，各地区的经济、政治、文化和习俗的不同，货币呈现多样化发展，但材质上多以青铜为主（见图 1-6）。

（4）公元前221年，秦始皇统一六国，统一度量衡。为携带方便，铸造“半两”钱，全国一律推行圆形方孔币。古人称钱为“孔方兄”也是自此而始。这一货币形象一直延续到1909年宣统帝登基由宝泉局铸造一小批“宣统通宝”为止。图1-7所示为各朝代圆形方孔币的代表。

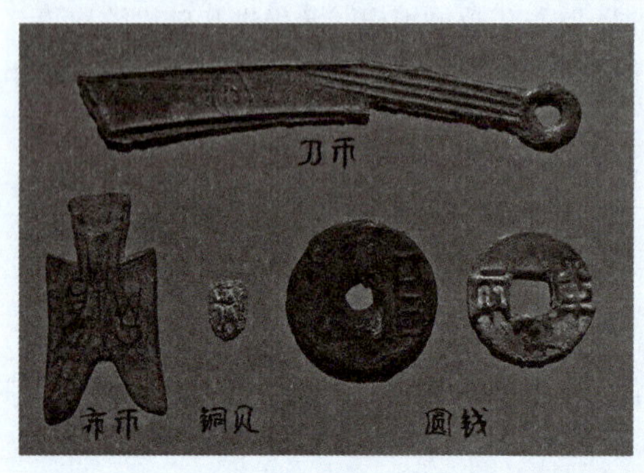

图1-6　青铜货币

图1-7　各朝代圆形方孔币的代表

（5）白银、黄金等贵重金属作为货币使用始自东汉，盛于唐代，图1-8所示为银元宝。唐代对外国际贸易的不断扩大，使金银成为国际货币。直至今日金银仍然有无法取代的货币功能。

（6）宋代出现纸质货币“交子”，是信用货币的开端。明清两代盛行的银票由钱庄作保发行，用于大规模贸易及资金的调动，其本质与现代的银行支票类似，不做货币而论，货币储存以现银为主。

（7）零散白银作为货币的地位在18世纪国外“银洋”流入时受到冲击。因为零散白银在交易时，需要称重，鉴别成色，远不如“银洋”方便。19世纪末期中国流通的各国银洋已经有11种之多。1889年，张之洞于广东钱局制造中国第一款银洋，称“龙洋”。之后盛行于民国时期的袁士凯头像银元（见图1-9）也自此而始。

（8）民国时期，银元与铜币、纸币共同流行。其间就有中国近代史上臭名昭著的法币、金圆券等。货币的乱发造成货币大幅度贬值，所以说纸币是信用货币，它的价值取决于发行单位的信用。在中国，纸币的流行是在中华人民共和国成立后，稳定的政府才有能力发行稳定的信用货币。

视频

货币

（9）进入互联网时代，中国人已经不需要持有大量纸币，电子钱包的使用使我们开启了电子货币的新时代。数字货币的出现，让我们能预感到下一个时代的货币潮流走向。货币的价值不但取决于发行单位的信用、发行量，还取决于社会物质的丰富程度，货币本身没有价值，它只是一种媒介。

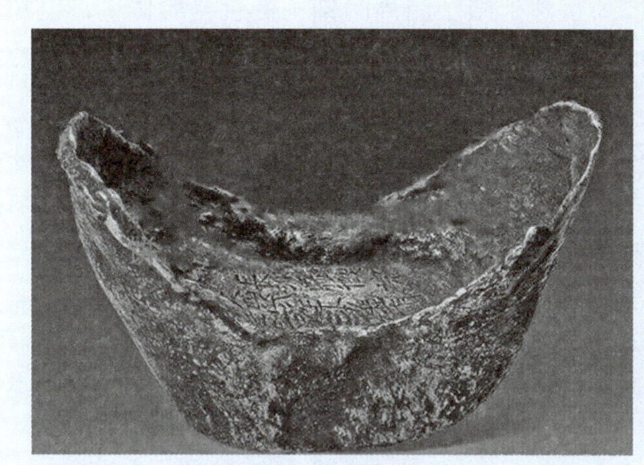

图 1-8　银元宝

图 1-9　袁士凯头像银元

任务二　商业文化发展历程

商业文化作为一种社会文化现象，伴随商品交换而产生，在商业发展过程中，也经历了初创、发展和变异，并不断丰富着其内涵，引导商业的发展方向。

一、重农抑商的小农社会传统

中国是人类种植业和养殖业的主要起源地之一，是最早从事农业生产的民族之一。在漫长的奴隶制时期，农业生产基本上实行的是奴隶大生产，进入春秋战国时期，尤其是战国时期，农业生产力显著提高，以家庭为基本生产单位的自给自足的农业经济得以确立。这也正好与中央集权制度的确立相吻合。伴随着小农经济社会的确立和发展，商业政策经历了一个从以商补农到重农抑商的变化过程，在不同的历史阶段，也会有起伏和变化。

中国奴隶制时代，商业被列为“九职”之一，目的在于通四方之珍宝，主要由奴隶主贵族掌控，并为他们的需要服务。《周礼·天官冢宰第一·大宰》中对九种职业有如下描写：“以九职任万民：一日三农，生九谷；二日园圃，毓草木；三日虞衡，作山泽之材；四日薮牧，养蕃鸟兽；五日百工，饬化八材；六日商贾，阜通货贿；七日嫔妇，化治丝枲；八日臣妾，聚敛疏材；九日闲民，无常职，转移执事。”商业被官府操纵，商人的地位很低，但比奴隶自由。所以，到了春秋时期，人们并不以经商为耻，涌现出子贡等大批著名商人，后世常用“陶朱事业、端木生涯”来美誉商人。

春秋时期，私营商业已有所发展，形成官商、私商并存的局面。商鞅之前，最有代表性的是管仲的以商补农思想。管仲出身商人，生活的时代是古代中国从奴隶制向封建制的转化和过渡时代，也是小农经济开始形成的时代。齐国历史上地理位置优越，一直有重商的传统。尽管当时工商业所占比例很小，但管仲非常重视，认为“负任担荷，服牛辂马，以周四方，以其所有，易其所无，买贱鬻贵”。管仲当政后，实施了官山海（盐铁实行专卖）、通轻重之权（国家参与贸易，平抑物价），发展对外贸易，承认并保护私商等政策，提出了士农工商的“四民分业”论。齐国虽然延续了西周时期工商食官的传统，但却大力支持手工业、商业和对外贸易，从而促进了齐国的发展，也加强了各诸侯国之间的经济往来。

商鞅以后，儒家、法家均主张重农抑商。荀子总结了各家学说的得失，形成了理法结合、王霸兼称的思想体系，这是对儒学思想的修改和发展。荀子虽然充分肯定商业在社会经济中的地位，把农、工、商并提，但他还是强调农业的首要作用，主张发展手工业和商业必须以不妨害农业发展为前提。“士大夫众则国贫，工商众则国贫……故田野县鄙者，财之本也。”所以他要“省工贾、众农夫”，“省商贾之数”，主张适当限制工商业人数的过分膨胀，保证农业生产的发展。法家代表人物韩非受商鞅的影响，不仅要重农抑商，而且要重本抑末，末就是工商业。

秦始皇崇尚法家学说，所以他不仅主张重农抑商，还增添了不少抑商的新内容。比如贬低商人的地位，不准商贾立户，不给商人分田地房屋，还把商人发配去远征和戍边。

汉承秦制，汉高祖刘邦即位就表示要抑商，甚至还颁布了贱商令：商人不能穿丝织衣服，不能携带兵器自卫，不能乘车骑马，不能做官，商人买饥民子女为奴婢要无偿释放，增加商人税赋等。刘邦认为投机商乘战乱和灾荒之机囤积居奇，物价暴涨，导致人民饿死无数，因此他的抑商偏重在政治上贬低商人，主要抑制的是那些投机商人和身份低下的中小商人，而对从事正常经营活动的富商大贾并未采取更多抑制政策，甚至允许个人在铸钱、制盐和冶铁上有自由经营权。从此以后，重农抑商、重农轻商的思想始终占据古代中国社会的主流，尤其是在汉武帝独尊儒术之后。

从中国的自然和历史环境看，当农业经济体系建立以后，重农抑商是必然的。因为在小农经济生产力水平低下的条件下，农业稳定一定放在首位。工商业获利虽高，却有害于农业的稳定，对于工商业，不仅要轻视，还要抑制，甚至严禁。因此重农抑商成为封建时期历朝历代的基本国策。在这种文化大背景下，虽然中国古代商业为社会发展做出过很大贡献，但始终得不到充分发展，更无法由商业革命引发工业革命。只有当社会生产力达到一定水平，商品经济发展到一定阶段，重农抑商思想才会发生动摇。

二、政府主导与夹缝中的辉煌

随着私营商业的兴起和发展，春秋后期，工商食官制度解体。汉朝时，为了尽快恢复经济，休养生息，汉高祖刘邦虽然实行重农抑商政策，但民间工商业发展的环境却相当宽松，汉文帝对商人的态度更加宽容，连铸钱、冶铁、制盐这些关系到国计民生的产业也允许民间自由经营。商人社会地位虽然不高，但收入却颇为丰厚。汉武帝继位以后，以文治武功取代休养生息。连年征战使国家财政入不敷出，为了扩大财政收入，一是对商人征收重税，二是实行官营工商业政策，以垄断的方式获取利润。汉武帝时期官营工商业主要对象是盐、铁、酒的专卖与均输平准，政府直接主持商业活动，并把各地的商业活动联系在一起。

唐代，官营工商业的主要对象是盐、酒、茶的专卖。宋代，盐、茶、酒、矾、香料等重要商品仍被官营垄断。盐的专卖有两种方式，一种是官鬻，即官府自设机构经营；另一种是通商，商人获得官府允许后，领盐售卖，是一种间接的专卖制度。茶的专卖实行官收商销的间接专卖制。北宋政府通过商品专卖政策获得大量的收入，但由于富商势力强大，政府利益受到冲击，利润被很多大商人瓜分。

元代，官营工商业范围较广，涉及盐、茶、酒、醋等产品。明代官营工商业比元代大为放松。盐、茶仍然实行专卖，但放开了酒、醋、铁的专卖，允许私人酿酒销售，只是征税。盐、茶在延续元代政策的基础上，新增了开中法，即盐商按政府招商榜文要求，把粮食运到指定的边防地区，向政府换取盐引，凭盐引到指定盐场守候支盐，再把盐运到指定地区销售。到了清代，商品专卖制度继续，但种类不多，如盐、茶等。除专卖以外，在工商业中，有许多是以官办形式出现的，比如江南的江宁、苏州、杭州三个织造局，景德镇的御窑厂和北京以及各省的铸钱局等。

官营工商业能给国家带来稳定的财政收入，有其存在的必要性与合理性。封建经济是自然经济，工商业只是农业的补充。官营工商业也有明显的局限性，如经常会出现质次价高、服务较差的情况，也容易造成贪污腐败、官商勾结的局面。由于政府垄断，必然抑制民间工商业的发展，导致经济失去活力。

三、情感重于守约、变通长于规范的行为习惯

古代商人受社会环境影响，形成了重情感、善变通的行为习惯，主要特征如下：

（一）熟人社会亲缘为本

中国是农业国家，农民与土地关联，聚村而居，人口的不流动性形成村落的熟人社会，给商业文化带来深刻的影响。

1. 做生意的长远预期

人们要世代生存在熟人社会中，因此在与他人的交往中，就要考虑长远的和谐发展，因而更倾向于诚信经商。

2. 做生意的用力方向

在生活环境无可选择的前提下，要想做好人，最现实的办法就是向内用力，通过改变自己来适应环境。在熟人社会中，伪君子是没有市场的，“日久见人心”是熟人社会的行事准则。

（二）重义轻利，以诚立德

1. 义利统一

在儒家学说中，物质利益与道德相比，是次要的，要以义为重，义以生利。但对商人来说，商业活动的直接目的就是物质利益，义和利是统一的。虽为得利，但以诚信经营、童叟无欺的商人被称为“诚贾”“义商”。为了利，使用不道德甚至违法手段的商人，被称为“奸商”。

2. 以诚立德

诚实是不说谎、不作假、不欺骗；守信是讲信用、讲信誉、守承诺。春秋时，齐国的管仲早年和鲍叔牙一起经商，他认为：“是故非诚贾不得食于贾，非诚工不得食于工，非诚农不得食于农，非信士不得立于朝。”战国时的荀子认为：“夫诚者，君子之所守也”“商贾敦悫

无诈，则商旅安，货通财，而国求给矣”。

（三）清官人治，以仁为本

中国古代文化是“德性文化”，治国的根本法则不是“法治”，而是“人治”。“人治”是儒家学说提倡的一种治国理论，重视人的个性化、同情心和道德发展。中国古人认为，在解决纠纷时用法律手段会伤和气，使纠纷变成对抗性矛盾，强调和解谦让，任何一方都不能丢面子。因此在传统的中国的商业文化中，起作用的不是法律，而是人。能否公正地处理商业纠纷取决于官员的道德水平和个人意愿，同时商会也可以从中调节，具有一定的商事裁判权。

四、不断改革、适应环境的商业文化要素

（一）商人及组织的发展

商业产生以后，最初依附于奴隶主。春秋战国时期，商人独立站在历史舞台，涌现出范蠡、子贡、白圭、吕不韦、弦高等许多著名商人，民间的中小商人也有了很大发展。司马迁的《史记·货殖列传》中为春秋以来的30多个大商人立传，赞扬商人的智慧和经营艺术。从总体上看，古代商业是由政府主导的，商人都是在夹缝中创造辉煌。大商人有时会通过与土地、官府的结合，壮大自己的势力，进一步获取高额利润，甚至出现商人、地主、官僚三位一体的格局。为了自保、开发市场、处理竞争等，商人之间也会联合，商帮会馆在商业历史上扮演了重要角色。

（二）“市”的变迁

“市”的起源可追溯到神农氏时期，“日中为市”，颛顼时“祝融作市”，夏商时，市设于城内，西周时，已经开始重视城市的商业布局，并对“市”有一整套的管理制度。春秋时，出现了工商合一的“前店后坊”形式。直到宋朝，市和坊的界限被打破，城市的商业空间形态发生了革命性的变化，商业区开始分布在街道两旁、遍布全城，城郊和乡村的“草市”更加普遍。商业交易空间由最初的市开始，逐步演进，发展到今天的商业街区，由点发展到线，再到面，由单纯的物品交易，发展到对消费者商品、服务、体验的全方位满足。

（三）金融业的发展

货币是所有者之间关于交换权的契约，是重要的商业要素。中国古代货币经过了由自然货币向人工货币的演变，由杂乱形状向统一形状的演变，由地方铸币向中央铸币的演变，由金属货币向纸币的演变。

从金融组织上看，在唐代出现了柜坊和飞钱。柜坊是专营货币的存放和借贷组织，飞钱是异地取钱的一种汇兑方式。清朝出现了票号，这是一种金融信用机构，开始主要承揽汇兑业务，后来也做存放款等业务。票号多为山西人开设，通过商业资本和金融资本的结合，晋商在当时的商业格局中居于主导地位。

五、计划经济体制的影响

新中国成立后的近30年里，我国仿照苏联模式实施了严格的计划经济体制。计划经济的实质，是国家根据发展战略，通过指令性和指导性计划，把有限的资金、优质的人力资源及

其他资源投入最需要的部门和地区，在宏观上干预经济发展的走势，在微观上直接介入企业的运营。

在计划经济体制下，生产组织的资源配置出现“一大二公三纯”的基本特征，行政力量和长官意志成为经济管理和社会治理的主力。生产要素的供应和调配由政府相关部门决定，市场无法左右。在重工业优先发展的思路下，有限的资源被集中到一些关键产业，在较短的时间内建立起一个较为完整的工业体系。工商分家的行业管理模式也是“条块分割”管理的体现。

六、改革开放中商业文化的转型

改革开放以来，商业文化建设发生了历史巨变和创新，从经济发展总量、速度、产业发展、市场培育、消费领域、城市化与区域协调、公司成长等方面展现了政策对商业的影响。十一届三中全会以后，我国开始了先增量后存量、先体制外后体制内的渐进式改革开放。从农村到城市，调动、激发基层民众的活力，塑造中国特色社会主义经济体制；从引进吸收到自主创新，提升我国独立研发能力和技术创新水平；从沿海到内地，分阶段、分层次地推进对外开放；从经济到全局，构建合理并能自我完善的机制；从速度到质量，实现经济转型发展，使人与自然和谐相处。

拓展阅读

中国高铁在创新之路上闪耀光芒

据新华社报道，习近平总书记19日乘坐京张高铁赴张家口赛区考察北京冬奥会、冬残奥会筹办工作。抵达太子城站后，他走进车站运动员服务大厅，一边听取介绍，一边仔细察看京津冀地区铁路网图、京张高铁和赛区位置示意图以及沙盘等展示。习近平总书记指出，我国自主创新的一个成功范例就是高铁，从无到有，从引进、消化、吸收、创新再到自主创新，现已领跑世界。要总结经验，继续努力，争取在“十四五”期间有更大发展。

中国高铁展现出铁路强大的自主创新能力。高速铁路的建设是一个复杂的系统工程，其创新更是一个布满荆棘、充满艰难险阻的过程。2004年，中国决定通过技术引进发展高铁，但是在国际市场中，核心技术很难用钱买到，高铁技术也是如此。为此铁路先引进先进技术，再从技术设计到制造工艺，安排科研人员、技术人员学习，开阔中国技术人员的思路和眼界，从“依样画葫芦”到引领世界高铁发展的征途中，技术人员用不屈不挠的意志、变不可能为可能的勇气，努力学习技术并积极向未知领域出发。时速350公里的复兴号从2012年开始研制到2017年投入使用，前后历时仅5年；完全自主知识产权的复兴号中国标准动车组已经装备超过560组；高铁软件和操作系统也做到了自主可控，在追赶到领跑这条漫长而艰辛的路上，无数科学家、工程师一路开拓求索、筚路蓝缕，不知走过了多少艰辛历程，付出了多少心血汗水，熬过了多少不眠之夜，才有了今天的伟大成就，彰显了我们强大的自主创新能力。

中国高铁展现出了令人骄傲的自主创新成果。在短短数十年时间里，中国从没有一寸高速铁路发展到拥有世界上运营里程最多的高速铁路。从“和谐号”动车组到完全自主知识产权的“复兴号”动车组，从“四纵四横”到“八纵八横”，不断发展的高铁技术、不断扩大的高铁版

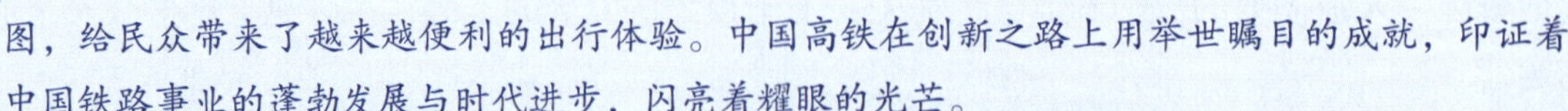

图，给民众带来了越来越便利的出行体验。中国高铁在创新之路上用举世瞩目的成就，印证着中国铁路事业的蓬勃发展与时代进步，闪亮着耀眼的光芒。

国际在线

2021 年 2 月 3 日

视 频

中国商业发展历程（下）

视 频

中国商业发展历程（上）

任务三　中外商业文化比较

一、不同国家的商业文化

商业文化的形成与发展，受社会文化和民族文化的熏陶和影响，一个国家商业文化的特点实际代表着这个国家民族文化的特点。

（一）美国的商业文化

美国是一个多民族的移民国家，美国文化是传统和环境的产物，这决定了它具备西方文化的诸多特征，但又有自身的特色。由于移民，美国商业文化天生就有商业和谋利的基因。从制度上看，美国的企业分工细致，专业化强。采用短期雇佣制，考评和升级都很迅速，员工很少受到道德和情感的约束，跳槽普遍，员工之间的竞争也激烈。这种简单迅速的精神和制度文化在一起，使美国具备强大的商业竞争力，能招揽全球人才，建立顶尖的高科技产业集群，也能将可口可乐、麦当劳这些传统的非高科技产品卖向世界。

美国的商业文化是以个人主义为核心，但这种个人主义不是一般概念上的自私，而是强调个人独立性、个人成就和创造精神。在这种个人主义思想的支配下，美国的企业管理以个人的能动主义为基础，鼓励个人奋斗，实行个人负责、个人决策。因此，在美国企业中个人英雄主义比较突出，许多企业常常把企业的创业者或对企业做出巨大贡献的个人推崇为英雄。企业对员工的评价也是基于能力主义原则，升职加薪也只看能力和工作业绩，不考虑年龄、资历和学历等因素。强调个人主义的企业文化容易缺乏共同的价值观念，员工仅把企业看成是实现个人目标和自我价值的场所、手段，与企业的价值目标容易产生分歧。因此，美国企业在企业管理上需要严密的组织结构和严格的规章制度。

（二）欧洲国家的商业文化

欧洲文化的形成，受到开放的海洋性地理环境和商品经济发展的影响。商品经济的发达，造就了强有力的工商业阶层，使欧洲人征服自然、改造自然的信念易于形成。欧洲文化强调个人高层次的需求，注重理性和科学，强调逻辑推理和理性的分析。虽然欧洲商业文化的精神基础是相同的，但由于各个国家民族文化的不同，商业文化也存在着区别。

英国人是讲究实效的，现实的目标是靠科学、靠实干去达到。英国虽然是世界上工业化最早的国家，但由于文化背景的原因，英国人世袭观念强，一直把贵族视为社会的上层，自命清高，难以接近，企业经营者的社会等级较低。因此，英国企业家的价值观念比较讲究社会地位和等级差异，千方百计地使自己加入上层社会。

法国民族主义比较突出，傲慢、势利和有优越感，因此法国人的企业管理相对比较守旧。法国企业制度化程度高，善于用严格的组织制度来规范企业及员工的各种行为。执行强调明确的层级管理，行为过程强调专业分工和协作。但人们几乎不把职业生活和私人生活混在一起，没有在工作时间之外与同事吃饭或运动的习惯。

意大利人有强烈的艺术追求，豪迈爽朗，乐观热情，有优越自豪的民族认同。意大利人崇尚自由，所以在企业管理上显得组织纪律性差，企业组织的结构化程度低。但由于意大利绝大多数的企业属于中小企业，组织松散对企业经营的影响并不突出。

德国人严谨稳重，一丝不苟。德国有一大批世界级大型企业，这些企业将产品质量作为第一追求，有强烈的责任意识、牢固的质量意识、民主的领导方式和诚信的经营理念。但决策机构庞大、决策集体化，花费时间长但决策质量高。企业执行层划分严格，各部门只有一个主管，不设副职。员工参与企业管理广泛而正规，许多法律都保障了员工参与企业管理的权利。

（三）日本的商业文化

日本社会结构长期稳定统一，思想观念具有很强的共同性。日本的商业文化特征也比较明显，如家族式的管理、集体责任制、注重员工归属感、终身雇佣、长期的评价形式等。同时日本民族受中国儒家伦理思想的影响，使日本高度重视人际关系的处理。这些决定了日本企业文化以亲和一致的团队精神为特点。在这样的商业环境中，商业伙伴的行为符合高标准的公平性并且值得信赖。

以团队精神为特点的日本企业文化，使企业上下一致地维护和谐，互相谦让，强调合作，反对个人主义和内部竞争。企业像一个家庭一样，成员和睦相处，上级关心下级，权力和责任划分并不那么明确，集体决策，取得一致意见后才做出决定，一旦出了问题不追究个人责任，而是各自多做自我批评。企业对员工实行终身雇佣，年功序列工资。同时日本企业革新精神强，大量吸收西方文化，重视科学技术和理性管理，并与传统文化结合起来，形成巨大的生产力。

（四）犹太人的商业文化

犹太人是世界上最富有的民族之一，他们在商业上取得的辉煌成就与其独具魅力的商业文化存在着紧密的因果关系。

1. 讲究信誉、树立形象

犹太民族自称“契约之民”，坚持守约者可蒙恩，毁约者会遭受惩罚。因此，在犹太商人的成功经验中，保证质量、提高信誉是重中之重。早在20世纪20年代，美国犹太实业家、慈善家朱利叶斯•罗森沃尔德就率先在自己的百货公司推行“顾客不满意可以退款”的制

度，这一举措震动了美国商业界，很快被其他行业所效仿、推广，继而风行于全世界。

2. 崇尚智慧、重视教育

在犹太人看来，智慧是终其一生永远相伴的财富，它会帮助你、庇护你。智慧就是要有对生活经历的体验和总结反思，并把知识转化为财富的本领。犹太人还特别重视知识的更新和运用，强调知识必须用在对的方面。这决定了他们是最尊重知识、最重视教育的民族之一。

3. 恪守时间、追求效率

犹太人认为人生的意义远不止金钱一项，善待人生、享受生活也同样是人生的意义所在。犹太人一方面视时间为金钱，强调效率与效益；另一方面又不完全为金钱所束缚，总是留有时间去享受生活。犹太人处理公务并不拖沓且集中精力，丝毫没有半点马虎。客人上门洽谈生意需要预约时间，否则拒绝会面。在重视信息、强调效率、抢占先机方面，犹太人的做法尤为成功，堪称经典。

视频

世界商业发展历程

4. 挑战逆境、自强不息

犹太人经历了太多的不幸与磨难，他们认为世上绝没有一帆风顺，磨难也是一笔财富。逆境和打击固然使人痛苦甚至死亡，但同时也可以坚定人的信念和锻炼人的意志。要坚信只有从容地面对逆境，甚至挑战逆境，永不气馁、积极进取，才能取得成功。

二、东西方商业文化比较

东方与西方是世界文化的两大主流，二者之间的差异十分明显。这些差异不只在经济、政治、文化、艺术上有所体现，也会反映在经营理念、经营方式、营销手段和具体交易行为之中。

人们的伦理道德观念是社会文化的集中体现。以中华民族为源头、为代表的东方文化，其社会伦理道德观念是以仁、义、礼、智、信为主要内容的中庸之道。它讲和谐、礼让、容忍；讲群体，“己所不欲，勿施于人”；讲度，做事不能“不及”，也不能“过之”。这种占支配地位的思想意识和行为准则反映在商人的经营中就是“经商取利不忘义”“君子爱财取之有道”。这种“以义取利”的商业经营理念不仅注重联合、协调、协作，而且还被具体化为“秤平斗满”“货真价实”“童叟无欺”“和气生财”“买卖不成仁义在”等经商格言。体现在商业经营方略上则是以诚和信作为营销方略之本，在商业营销策略上则注重市场商机和讲求谋略。

中国是一个经历了长期封建制度的国家，历代封建王朝都不同程度地实行重农抑商政策，既源于传统的社会文化，又是在轻商思想压抑下艰难向前发展的。但是，商业文化力量毕竟强大，在它的作用下，中国近代出现了一批闻名中外的老字号名店，如经营纺织品的“瑞蚨祥”、鞋帽业的“内联升”、中药行业的“同仁堂”、饮食业的“全聚德”等。它们都是以诚信、货真价实和优质服务立足于世，经过一代又一代全体员工的努力而取得了影响深远的良好商誉。改革开放以来它们这种无形资产还在不断加大、增值，并且有一批新的企业正在加入这个行列。

以城邦制度为核心的古希腊文明对欧洲甚至整个世界的政治制度和社会制度都有着巨大意义。中央集权相对松散，各城邦有较强的民主性。契约精神是西方文明社会的主流精神，在商品经济中有着极为重要的作用。文艺复兴唤起了人文主义的觉醒，经过 17 世纪的反复，到 18 世纪中叶与工业革命相伴随再度掀起新的文艺复兴，它在以人为本的人文主义基础上发展为尊重个人权利、个人自由，对于社会整体则提倡法制精神。西方的这种人文主义的社会文化是与资本主义经营制度的确立并行的，也是在商品经济成熟和巨大发展基础上完备起来的。商品等价交换的客观要求必然在人们意识中形成平等的观念，商品交换过程中的协商议价、自愿成交又会形成民主精神。这些由商品经济发展所造就的精神文化与人文主义的文化内容相结合，形成了适应和有利于商品经济乃至市场经济发展的西方社会文化，它反映在商业活动中就集中体现在：商人把营利寓于尊重顾客、顾客至上之中，一切为顾客方便等核心理念上。在经营方式上，为了顾客购物方便，早在 19 世纪初，巴黎就创建了第一家百货公司，店内按商品类别分别陈列，便于顾客购买，从而掀起了商业经营方式的第一次革命。20 世纪 30 年代又出现了超级市场，以供顾客自主、自由地挑选商品；20 世纪 50 年代以后发展起来的把购物与游乐活动结合在一起的豪华大商店、方便顾客的昼夜店、电话和电视购物、送货上门以及多种形式的售后服务，都反映出西方商业文化在企业经营活动中的推进作用。

东西方商业文化各有特点。当代世界商业发展表明，西方商业文化中突出个人利益、个人自由和个人作用的人文主义，有利于个人创造性的发挥，却不利于企业间的联合与协作，以及企业内部的和谐一致。东方商业文化则与此相反，它会增加企业内部的凝聚力，从而有利于抗拒风险和发挥群体效应。

拓展阅读

世界上最早的百货商店

关于世界上最早的百货商店，说法不一，有学者认为百货商店最早出现在 16 世纪的日本，三井家族在东京创办了世界上第一家百货商店；但是西方学者普遍认为最早的百货商店是 1852 年在法国巴黎创办的 Le Bon Marché（乐蓬马歇）。

创办人布西科夫妇对旧商业经营方法的一次重大改革，打造了世界商业史上第一个实行“新经营方式”的百货商店。

（1）顾客可以自由进出商店；

（2）商品实行“明码标价”，对任何人都以相同价格出售；

（3）陈列出大量商品，采用柜台销售，方便顾客挑选；

（4）顾客如果对购买的商品不满意，可以退换；

（5）采取“薄利多销”的商品销售策略，即“低盈利、高周转”的经营方针。

乐蓬马歇除销售时尚商品以外，还销售食品、书籍和家具商品。在创办之初就成了支持远距离配送的百货先锋，19 世纪末邮寄出去的商品宣传册就达 600 万份。

乐蓬马歇不但摆设商品用心，货柜也使用高级的上等材料，价格不菲的高档货被衬托得更出色、更具价值。中庭更是时不时有不同的装置艺术展示，除了购物，也是生活方式的代表。

1984年，乐蓬马歇被LVMH集团收购。LVMH将乐蓬马歇打造成了全巴黎对商品选择最挑剔的顶级商店，商店充满巴黎风情，其真实价值与文化紧密交错，为消费者打造出了愉快的空间与消费体验。

之后，乐蓬马歇还推出了私人沙龙 Salons Particuliers，目的是接待高端客户，让顾客可以安静地欣赏顶级的珠宝、腕表等。顾客还可以在装修精美的沙龙中预订美发或化妆服务，同时还能品尝香槟和观看私人 Trunk show，在造型师和私人导购的陪同下，通过智能穿衣镜进行购物等。

百货商店的魅力更多在于整体氛围和商品的陈列摆设，以及个性化的服务体验，让人们更多地感知背后所代表的文化与生活方式。因此，沉浸式的3D线上商店，比普通的电商店铺更能满足人们的需求。除此之外，沉浸式的3D线上商店还能为商家精准营销提供精准流量数据及顾客行为数据支持，方便商家后续分析跟踪，助力商家营销推广。

测试与思考

一、单选题

1. 以下说法错误的是（　　）。

A. 商业行为不以营利为目的

B. 经营商业的主体具有独立的经济地位

C. 商品买卖业务完全专业化

D. 商业流通中的货币资金相对独立，并有运动规律性

2. 城市里挑担子卖馒头的小贩被称为（　　）。

A. 行商　　B. 坐贾　　C. 牙商　　D. 商帮

3. 商品交换发展到一定阶段，从商品中分离出来的固定地充当一般等价物的商品被称为（　　）。

A. 黄金　　B. 绵羊　　C. 货币　　D. 海贝

4.（　　）是全世界第一个烧出瓷器的国家。

A. 德国　　B. 英国　　C. 奥地利　　D. 中国

5.（　　）被称为“华商之都”“三商之源”。

A. 洛阳　　B. 商丘　　C. 长安　　D. 北京

6. 中国最早的汇兑业务是（　　）。

A. 飞钱　　B. 柜坊　　C. 邸店　　D. 瓦肆

7. 在中国古代农业经济条件下，（　　）是必然选择。

A. 以商为先　　B. 重农重商　　C. 禁止经商　　D. 重农抑商

8. 关于文化的作用，以下说法错误的是（　　）。

A. 文化具有传递文明的作用　　B. 文化具有规范人的行为的作用

C. 文化具有凝聚社会力量的作用　　D. 文化具有决定社会经济的作用

9. 商业文化是人类在商业活动中所创造的物质财富和精神财富的总和。对于这个概念，理解不正确的是（　　）。

A. 商业文化必须存在于商业领域中

B. 商业文化涵盖人们在商业活动中所创造的所有物质成果和精神成果

C. 假冒伪劣、欺行霸市是不道德的，因此不是商业文化

D. 人们都在自觉或不自觉地表现商业文化因素

10. 对消费者、企业、市场、社会以及国际环境所产生的交流、辐射作用属于商业文化的（　　）功能。

A. 满足需要　　B. 经营管理　　C. 价值　　D. 交流辐射

二、案例分析题

1850 年出生在英格兰格拉斯哥一个贫穷家庭的汤姆斯•立顿是立顿红茶的创始人。有一回，出门旅游的立顿来到著名的红茶产区锡兰。锡兰红茶是英国人非常钟情的饮料，但由于售价高昂，只有上流社会才能享用到。立顿敏感地意识到，如果能把红茶引入大众的日常生活，则必然能成为一门好生意。1890 年他正式在英国推出立顿红茶。他的广告词是“从茶园直接进入茶壶的好茶”。1892 年，立顿开始了全球化运动，先是在美国设厂，接着又在印度开设分店，并走进了远东市场。1972 年，立顿的历史发生了转折性的改变，全球最著名的个人消费品集团联合利华收购了立顿的全线品牌。从此，立顿搭上了联合利华这个全球性的巨轮，开始了更为强势的扩张之路。

结合立顿和联合利华的营销经验，立顿茶叶类产品如今行销全球 110 个国家和地区。无论是知名度还是销量，立顿均是全球第一大茶叶品牌，比第二大茶叶品牌的销售额高出至少一倍。同时，立顿也是全球消费者选用最多的第三大非酒精饮料，仅次于可口可乐和百事可乐。

1992 年，立顿进入了全球喝茶历史最悠久、饮茶人数最多的国家——中国。短短 5 年后，立顿就在中国百家商城系列调查中获得茶包销售额第一、市场占有率第一的成绩，还根据消费者口味推出绿茶包和茉莉花茶包，以及包括奶茶和柠檬茶在内的速溶茶系列和袋泡草本茶等，垄断了红茶茶包天下。

请回答：

1. 立顿红茶如何成为全球最大的茶叶品牌？

2. 作为茶的故乡，中国茶企如何改变现状？

实训安排

一个苹果的前世今生

一、实训目标

1. 了解商品的属性。

2. 加深对商业的认知。

3. 认清商业文化与商业的关系。

二、实训内容

观看图 1-10，思考并与小组成员讨论，一个苹果在什么情况下可以被称为商品？如果成了商品，它就有了自己的价值和价格，为什么不同形态的苹果价值和价格不同，商业文化又能赋予它什么价值？你会如何赋予其价值，从而提升经营的利润？

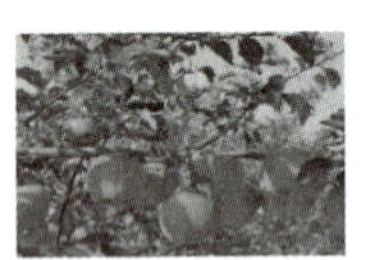

长在路边的苹果

采摘下来的苹果

加工后的苹果片

包装精美的苹果片

被咬了一口的苹果

苹果产品的Logo

图 1-10　各种情况下的苹果

三、实训要求

能说清物品成为商品的条件，如何通过经营商品获利，以及怎样使商品具有更大的商业价值。希望有创新观点，且观点切合实际。

四、实训成果

学生通过小组讨论形成报告并汇报。

五、评价标准

根据实训成果，进行“优、良、中、及格、不及格”打分。

模块二

走近商业文化

素质目标

◎培养强烈的社会责任感和敬业精神。

◎具备正确的世界观、人生观、价值观，培养抗挫折能力。

知识目标

◎了解中国历代著名商人的商业理论、商业思想和商业模式。

◎了解中国国内贸易和对外贸易的重要通道，了解著名商业事件，学习商业智慧。

能力目标

◎能够根据商业事件的表象辨析商业逻辑和商业策略。

◎能够厘清著名商人的商业理念和商业模式，为企业经营管理提出改进方案。

模块导读

中国商业在农业社会中成长起来，由于社会制度问题，中国商业长期处于被压抑状态，但中国商人凭借诚信的经营理念、独特的商业智慧、卓绝的辛勤劳动，把中国商业一次次推向辉煌。在国内贸易和国际贸易交往过程中，商业经历了曲折向前的历程，促进了国家的繁荣发展，满足了人民对幸福生活的向往，传承了商业智慧和家国情怀。

引导案例

马可·波罗眼中的中国

马可·波罗是意大利著名旅行家、商人，他跟随父亲和叔叔前往中国，历时约四年，于1275年到达元朝的首都，与元世祖忽必烈建立了友谊，《马可·波罗行记》也成为欧洲人了解中国及亚洲知识的重要来源。

在《马可·波罗行记》中，他描述到，“皇宫大殿宏伟壮丽，气势轩昂，能容纳一大群人在这里举行聚会。宫中林立着许多不相连续的建筑物，设计合理，布局相宜，巧夺天工，可说登峰造极。”谈到大都的商业繁荣，他说“百物输入之众，如有川流不息”“外国巨价异物及百物之输入此城者，世界诸城无与比”。大都城内流通的商品有粮食、茶、盐、酒、绸缎、珠宝等，也有单项商品集中的市场，如米市、铁市、皮毛市、马牛市、骆驼市、珠子市等。在商业行会的组织中，由“行老”负责业务上的内外事务。

案例思考

1. 马可·波罗是如何从意大利来到中国的？
2. 元朝时期，中国有什么样的外贸政策？中国的商业发展情况如何？

单元一　重要商业人物

任务一　古代著名商人

中国商业文化有着悠久而丰富的历史，历代商业奇才和他们经商的故事，就像一卷卷壮丽的商业史诗，铺陈开来。

一、古代商业人物代表

（一）商人始祖——王亥

王亥，姓子，又名振，阏伯的六世孙，商部落的第七任首领，甲骨卜辞中称为“高祖亥”或“高祖王亥”。

甲骨文中王亥的“亥”，都加了“鸟”或“隹”字，商人以鸟为图腾，这说明了王亥在后代人心目中的地位。

王亥是中国历史上有文字记载以来的商业始祖。《世本·作篇》记载：“相土作乘马，亥作服牛。”说的是相土驯服了马以“致远”，王亥驯服了牛以“引重”。发明牛车用来装载货物，是王亥的一大贡献，也使长途跋涉的商业行为成为可能。王亥和他的商族人驾着牛车，驮着货物在各部落间穿梭往来，互通有无。这种行为目的性明确，形成了固定的交换模式。

视 频

商人始祖——王亥

王亥从无到有发明了商业模式，使商部落迅速强大起来，所以王亥在商朝人的心目中有极高的地位，被称为“华商始祖”“中斌财神”。他的功绩主要表现在为商立心，赋予商业活动以独立自主的地位；为商立名，为商人形象的树立和传播带来了广泛而深刻的影响；为商立德，为商人的行为规范树立了诚实守信的典范。

（二）商业哲学启蒙者——计然

计然，姓辛，字子文，号称渔父，是春秋时期著名的战略家、思想家和经济学家。计然并不是真实姓名，而是取善于计算运筹的意思。据说他是老子的弟子，博学多才，无所不通，尤其擅长计算。《史记·货殖列传》说，范蠡曾拜计然为师，他教给范蠡“贵流通”“尚平均”“戒滞停”等七策，这大约是中国古代最早的商业理论。

计然七策主要的商业思想是：

（1）论其有余不足，则知贵贱。要遵循商品经济中的物价规律，即指看货物的涨跌要看货物的供求关系。“有余”就是“供过于求”，“不足”就是“供不应求”。供过于求则价格必落，反之则价格必涨。

（2）贵上极则反贱，贱下极则反贵。要以辩证的思想去观察物价涨落的奥秘。涨价的货物，涨到一定程度，就会向其相反的方向发展，反之亦然。

（3）贱买贵卖，加速周转。要注意掌握市场变化的趋势，强调根据需求变化确定价格，在东西价格低廉时买进，在价格高涨时卖出，加速资金的周转。

（4）贵出如粪土，贱取如珠玉。治国者或商人既要明白物以稀为贵和物极必反等规律，更要善于运用这些规律大胆地做出决断。当货物极贵之时，要能当机立断，尽可能地抛出；当货物极贱时，要尽可能地购进。

（5）旱则资舟，水则资车。把握适当时机，以低廉的价格买入别人暂时不需要的东西。如在出现旱灾时可以用很便宜的价格买入别人不需要的船只，等到出现水灾时再高价卖出。在出现洪涝灾害时购买车辆也是同样的道理。

拓展阅读

计然七策

策之一：需求决定与经济周期论

“知斗则修备，时用则知物，二者形则万货之情可得而观已。”

“故岁在金，穰；水，毁；木，饥；火，旱。旱则资舟，水则资车，物之理也。六岁穰，六岁旱，十二岁一大饥。”

策之二：价格调控论

“夫粜，二十病农，九十病末。末病则财不出，农病则草不辟矣。上不过八十，下不减三十，则农末俱利，平粜齐物，关市不乏，治国之道也。”

策之三：实物价值论

“积著之理，务完物，无息币。”

策之四：贸易时机论

“以物相贸易，腐败而食之货勿留，无敢居贵。”

策之五：价值判断论

“论其有馀不足，则知贵贱。”

策之六：物极必反论

“贵上极则反贱，贱下极则反贵。”

策之七：资金周转论

“贵出如粪土，贱取如珠玉。财币欲其行如流水。”

（三）士农工商——管仲

管仲，春秋时期齐国人，著名的经济学家、政治家。管仲是主张把百姓按职业划分为“士农工商”四种类别进行管理的第一人。虽然管仲在划分职业的时候，没有贵贱之分，但后世统治者都把“士农工商”的排序固定化，作为统治阶级治理民众的手段，直接影响了中国两千多年的经济形态和商人的社会地位。

管仲所在的齐国是以商业兴国的，所以管仲具有商人的精明。他早年经商多次失败，但他提出的“盐铁专卖”经济策略，对后世政权的经济政策产生了根本性的影响，造就了政商结合的基础。管仲的治国手段很多，他把富民放在重要的位置上，并十分重视工商业。在他看来，如果没有市场，百姓的生活就不会丰富多彩，因此农、工、商各行业必须兼顾。他也是历史上较早认识到物质对人的礼仪修养和社会风气是有影响的人。通过一系列经济政策的实施，管仲辅佐齐桓公成为春秋时第一个霸主。

（四）经营之神——范蠡

范蠡在帮助越国消灭吴国之后悄然离开。到齐国后，化名为鸱夷子皮，后来又到鲁国的定陶经商，自称“陶朱公”。在经商的 19 年中，他三致千金，又三散家财去帮助贫困弱小的人们，司马迁赞誉他“富好行其德者”。在范蠡看来，“散”与“聚”从字面上来讲是相对的，但从商业的本质上来讲又是一致的。作为社会财富，每个人都可以靠自己的努力去获取，但把所有财富都聚集到自己手里，就会造成社会财富失衡，就会引发一系列社会问题。社会动荡不安，个人的财富再多，也守不住。

范蠡的经商之道可以总结为：把握行情，“人取我予”；让货等人，“待乏贸易”；诚信经商，“不求暴利”；因地制宜，多种经营；注重质量，不图侥幸；埋头苦干，劳动致富；尽散其财，富好行德。战国时期，白圭受范蠡薄利多销的影响，从实践中总结出“欲长钱，取下谷”的经验。范蠡的经商思想不仅影响了春秋列国，而且一直延续到后代及至今日。比如，他对物价涨跌应有一个合理幅度的主张及由此而提出由国家规定粮食价格的政策；在商品的生产和经营中，提倡的名牌战略、“薄利多销”战略等，在今天仍然适用。

视　频

经营之神——范蠡

（五）儒商始祖——子贡

子贡，春秋末期卫国人，复姓端木，字子贡，孔子三大高徒之一。子贡善于雄辩，有才干，办事通达，曾任鲁国、卫国的丞相，还善于经商，被孔子称为“瑚琏之器”。“端木遗风”就是指子贡遗留下来的“君子爱财，取之有道”的风气。

受孔子学说的影响，子贡在儒生明“义”和商人求“利”这两种不同的价值观之间进行学以致用的实践。己所不欲，勿施于人；内儒外商，为富当仁。子贡达到了亦官亦商、亦儒亦商的境界，也是中国历史上的第一个“通人”。他的经商之道在于：热爱学习，融会贯通；善于沟通，头脑灵活；重情重义，讲究诚信；关注市场，经营有道。

视　频

儒商始祖——子贡

孔子去世后，子贡守墓 6 年，之后把孔子的儒家学说发扬光大。他的伟大之处在于“使仁入商”，以“货殖来济世”，通过“商道”来实现“仁道”，以达到传播“仁”的目的。子贡的经商之道做到了义利两全，被后世称为“儒商始祖”，与范蠡并称为“陶朱事业，端木生涯”。

（六）奇货可居——吕不韦

吕不韦，姓姜，名不韦，卫国濮阳（今河南安阳）人。《史记》中记载，吕不韦是阳翟的大商人，他往来各地，以低价买进，高价卖出，积累起千金家财。当他来到邯郸，看到秦国的质子后，大为欣喜，说出了“此奇货可居也！”。商人逐利是本性，懂得舍得之道是常理，吕不韦几番周折协助秦国质子异人返回秦国成为太子，异人继位后成为秦庄襄王。能从一个落魄的王孙身上看出其潜在的商业价值，是大商人独特的商业眼光。吕不韦从一个贩卖珠宝的商人，跃身成为名噪一时的大政治家，其远大的政治抱负和野心完全超越了商人的气魄和胸怀。

视 频

奇货可居——吕不韦

吕不韦对中华商业文化的影响呈两极分化。正面的影响，是他继承了商业文化自诞生以来弥足珍贵的理性精神，他提出的商业理念，如“奇货可居”，一直到今天都在影响着我们的商业行为。负面的影响，是他开启了中国历史上商业与政治联姻的先河。在他以前，做官和经商根本不可能有共通之处，吕不韦发现当时的官场就是一个最大的生意场，只要像垄断市场一样垄断官场，就会获得难以想象的巨大利润。这在当时是一个创造性的发现，却是一个十分危险的发现。为了流芳百世，吕不韦另辟蹊径著书立说，组织门客编写《吕氏春秋》，这是一部包罗万象的学派思想史，开创了“杂家”的先河。

二、商业初始理论形成

中国的商业发展早于西方，商业理论也远远早于西方。中国早在先秦时期就出现了大批像王亥、计然、管仲、范蠡、吕不韦这样的巨商，也产生了流传千古、至今适用的商业思想。

管仲提出了“以商兴国”，即依靠发展经济来强大国力、实现富强的主张；白圭的“人弃我取，人取我予”等，都远远早于西方，对后世产生了极大的影响。范蠡独具中国特色的“散财”哲学，可以说是对我国影响极深的“以商和谐，促进社会和谐”的一个重要商业哲学思想。然而历史并没有按照这个节奏发展，中国封建社会反而走上了重农轻商的道路。

三、商业文化逐渐积淀

古代中国，以农为本，把“重农抑商”作为治国方略，商业经济得不到自由发展，力量脆弱。尽管如此，中国人民在长达几千年的商业实践中，还是积累了富有民族特色的商业文化，如爱国守法、重义轻利、诚实守信、克勤克俭、高瞻远瞩、重视人才、乐观时变等具有经典意义的商业道德观念和商业经营思想。

一切文化都有历史的传承性，我国古代优秀的商业文化一直伴随着商业发展，在今天社会主义的商业实践中得到了合理的继承和发展。

（一）商业发展之道——以商报国

以商报国，即将个人的追求与振兴民族的伟大事业联系在一起，将个人使命融入民族使命。如《左传》记载，春秋时期郑国商人弦高和奚施经营长途贸易，路遇秦军偷袭郑国。弦高急国家之所急，一面叫奚施火速回郑国告急，一面冒充郑国使臣，以私有的玉璧和十二头牛去犒劳秦军。郑国接报后有了充分准备，秦国只好撤兵。

当财富不再仅仅作为个人的终极目标，而还能够为国家、社会做出贡献时，商人的个人价值也随之最大化。这种“以商报国”的“商之大道”历经千古、经久不息，成为一代代商人的永恒追求。

（二）商业和谐之道——以义制利

以义制利，即以道德来约束功利，要求每个商人首先是“道德人”，其次才是“功利人”；

既肯定人的趋利避害，又肯定人自我超越的高级智慧。如《魏书·赵柔传》记载，一天赵柔与儿子一起上市卖犁，与一顾客议定换绢二十匹，顾客回住处取绢时，另一顾客愿意用绢三十匹换犁，赵柔的儿子喜出望外，以为可以轻而易举地多赚十匹绢，而赵柔却坚决谢绝，他说："与人交易，一言便定，岂可以利动心也。"

中国传统文化中有一个最伟大也是最根本的思想就是和谐。不管是儒家文化，还是道家文化，都将实现个人的和谐、社会的和谐、国家的和谐作为自己追求的社会目标，商业文化也是如此。要实现商业的和谐，一条最简单、最有效的途径就是人们对自我欲望的控制。商业虽然源于人的欲望天性，但欲望如水，如果不加控制，就会流向低的地方，蓄积多了，就会泛滥成灾。

（三）商业长青之道——天下共利

天下共利，即不再把财富作为个人追逐的猎物，而是为社会理财，将经商不仅仅作为一种生存手段，更作为实现个人价值的一种社会事业。如《太平广记》中有：某年大旱，数月无雨，庐陵商人龙昌裔囤米千斛，待价而沽，又撰文祈祷，求神一个月内不要下雨。结果，他在回家的路上被雷电劈死了，人们还发现了他的祷文。龙氏不但自身死有余辜，成为千夫所指，连儿孙的功名也被革除。

天下共利就是"共同富裕"，这也是我们当今实行改革开放的一个根本目标。只有让自己的个人财富与全社会的大财富融合在一起，让财富为全民所用，才能做到取之不尽，用之不竭。

任务二　近代著名商人

近代中国，律法不健全，人言大于法律，没有政府依靠，想要富甲一方是绝无可能的。商人寻求官员庇护，热衷政商结合，是近代中国社会特定时代的历史产物，在这种买卖关系下，商人虽然容易大富，但也常常大败。

一、近代商业人物（实业家）代表

（一）真不二价——胡雪岩

胡雪岩（1823—1885年），安溪绩溪人，清代著名徽商，被鲁迅先生誉为：中国封建社会的最后一位商人。胡雪岩从一介贫民走到清代大贾的地位，完美诠释了"世事洞明皆学问，人情练达即文章"的为人处世之道，善于取势，先取人势，再取商势，利自然而来。

视频

真不二价
——胡雪岩

胡雪岩从钱庄学徒起步，经营生丝、典当行，开办药店，在杭州设立银号，贩军火。赚得巨额财富后，胡雪岩上忧国，协助左宗棠出征，创办福州船政局；下忧民，善扶贫困之民，于清同治十三年（1874年）创建胡庆余堂国药号，开店宗旨是济世救人。除了为百姓谋福利外，军需送药也是他经营药号的目的。一百多年过去了，胡庆余堂始终秉承"戒欺"祖训、"真不二价"的经营方针，被誉为"江南药王"，与北京同仁堂和广州陈李济，一起流传至今。

（二）汇通天下——乔致庸

山西素有“秀才学生意——改邪归正”之说，可见在山西人眼中，商人的地位今非昔比。《晋商兴盛溯源》中记录过这么一段话：1888 年，英国汇丰银行一位经理在评论山西票号、钱庄经营者时说，“我不知道我能相信世界上任何地方的人像我相信中国商人或钱庄经营者那样……这 25 年来，汇丰银行与上海的中国人（晋商）做了大宗交易，数目达几亿两之巨，但我们从没有遇到一个骗人的中国人。”这是近代晋商的一个集体缩影与写照。

乔致庸（1818—1907 年），山西祁县人，清代著名晋商，乔家第三代掌门人。祖父乔贵发早年寄人篱下，被迫背井离乡走西口，靠“世上三般没奈何，赶车下夜拉骆驼”积累了财富，创立“广盛公”，奠定了乔家大院辉煌的根基。乔全美继承父业，改名号“复盛公”，把“慎待相与”的做人与为商之道写进了商号规则中，直接影响到后来乔致庸在处理与商业往来对象的关系上。在他的经营下，乔家在包头的盈利状况成倍增长，带动了包头经济的发展，基本垄断了包头商业市场，故包头有“先有复字号，后有包头城”的说法，至此开启了乔家最辉煌的历史。光绪十年（1884 年），有“亮财主”之称的乔致庸看准时机，果断发展票号业务，创立汇通天下的大德通、大德恒票号，用“酌盈济虚，抽疲转快”的方法来运转资金，实现了汇通天下的目的。

（三）豫商传奇——康百万家族

明清时期，康百万、沈万三、阮子兰被中国民间称为三大“活财神”，印有三人头像的财神年画于 20 世纪 80 年代在山东日照被发现。康百万是明清以来对康应魁家族的统称，前后共缔造了 400 多年的商业家族传奇。康百万家族所创立的基业开始于第六代传人康绍敬，他在盐业领域担任要职，走上发家之路。康家第十二代传人康大勇，就是“活财神”年画上的原型人物。他弃文从商，自造大船、组建团队，做起水陆运输生意，开启了康百万家族几百年的盛世。康家第十四代传人康应魁，把家族生意带至顶峰，获得长达 10 年之久的布匹与棉花军需供应单，开创了“富甲三省，船行六河”的财富格局，奠定了康百万家族的历史地位。在赚到巨额利润后，政局的动荡和商人的敏锐让康应魁认识到，钱财易流失，土地才是发财致富的根本。于是康应魁开始大量购置土地，这是康家“土地是更易保存的固定资产”的真实体现。

晚清时期，康家已经呈现没落迹象。为了弥补国库空虚，康家再一次被动地“临危受命”捐资补亏。时任康家掌柜的康鸿猷向清政府捐资一百万银两，慈禧太后赐其“康百万”封号，至此“康百万”成了“康氏家族”的统称。以百万银两换到的一块金匾，让康家从风雨飘摇走到了家道中落。

（四）实业救国——张謇

张謇（1853—1926 年），中国近代实业家、政治家、教育家、书法家，“江苏五才子”之一，是中国近代史上具有代表性的民族实业家。他 41 岁的时候考中状元，授翰林院修撰。光绪二十一年（1895 年），奉张之洞之命创办大生纱厂。四年后，拥有 2.04 万纱锭的大生纱厂建成投产。当大生纱厂开车试生产时，运营资金仅有数万两，甚至连购买棉花当原料的资金都没有。张謇破釜沉舟，用棉纱的收入来购买棉花，维持运转，使纱厂生存下来。

到了第二年，大生纱厂就获得纯利 5 万两；第三年获得纯利 10 万两；到 1908 年累计获得纯利达到 190 多万两。

由于张謇是状元出身，因此大生纱厂早期的棉纱产品便使用“魁星”商标，下设“红魁”“蓝魁”“绿魁”“金魁”“彩魁”等不同产品线。商标的主要部分就是魁星点斗、独占鳌头的形象。随后，张謇的实业越做越好。光绪二十七年（1901 年），在两江总督刘坤一的支持下，张謇在吕泗、海门交界处围垦沿海荒滩，建成了拥有 10 多万亩耕地的原棉基地——通海垦牧公司。随着资本的不断积累，他又陆续创办了广生油厂、复新面粉厂、资生冶厂、盐垦公司等，兴建了天生港、发电厂等许多基础设施。

张謇认为，要改变国弱民贫的现状，不在于兵，也不在于商，而在于工农业和教育的发展。他曾说：“救国为目前之急……譬之树然，教育犹花，海陆军犹果也，而其根本则在实业。”

（五）百年学堂——叶澄衷

叶澄衷（1840—1899 年），浙江省宁波府镇海县庄市人，宁波商帮的先驱和领袖，被称为“五金大王”。

叶澄衷少时读过私塾，但没到半年就辍学。他 11 岁进油坊做学徒，14 岁至上海当杂货铺店员，17 岁就在黄浦江上驾着舢板叫卖。同治元年（1862 年），他在上海虹口开设顺记五金洋杂货店，承办外国轮船所需的船舶五金，资本逐渐雄厚。美孚石油公司以优惠条件委任他经销美孚火油之后，叶澄衷相继在上海及各大商埠开设了新顺记、南顺记、义昌成记、北顺记等分号 18 所。此后，他还投资了银钱业、房地产业及沙船业，还开过鸿安轮船公司、燮昌火柴厂、纶华缫丝厂等，清政府曾御赐“乐善好施”匾额。

叶澄衷在家乡和上海设立慈善救济机构，多次出资赈济浙、鲁、豫、直等灾区。叶氏发迹后，深感自己文化不足，于是在上海、汉口、天津、杭州等地，招收有一定中文基础的学生，举办短期英语培训班，所有经费由叶氏企业全包，学习期为一年。期满后，先分配到叶氏各地企业实习，一年后，再输送到各地企业及大中洋行做“协办”“帮办”“买办”，为企业培养了大批人才。光绪二十五年（1899 年）9 月，他于上海虹口张家湾捐地 28 亩，出银 10 万两，创办澄衷蒙学堂，后改名澄衷中学，开创了中国人自己兴办班级授课制学校的先河。蔡元培曾担任该校校长，培养了四万余学子，其中有李四光、胡适、竺可桢、李达三、钱君匋等一大批著名人士。如今，澄衷高级中学是上海市示范性重点中学，拥有虹口区规模最大的教学楼。

二、近代商业文化特征

明清时期是中国传统社会面临转型，东西方政治、经济、思想、文化等领域多方位交汇碰撞的时期。这一时期，社会经济较前代有了长足发展，商品流通规模、市场发育程度以及商人资本的实力都较以往社会有了很大提高。其中，大量区域性商人集团（商帮）成为社会不可忽视的一个群体力量，尤其令人关注。明清时期的社会变迁不可避免地影响着这一时期商人群体思想意识的变化，并对其经营与发展产生了重要影响；同时，商帮的经营活动及生活方式，也影响着其活动地域的经济发展、社会风气以及社会思潮的变化。

（一）大量商业书籍面世

明代中后期，“工商亦本业”“农商互利论”等思想日益为社会所接受，经商已开始不再是一种为人轻视的职业，“弃农从贾”乃至“弃儒从商”“士商渗透”的现象越来越常见。出于学习经商之道、适应商业竞争的需要，明清时期出现了专门阐述商业理论的书籍，如《一统路程图记》《商贾指南》《商贾便览》《生意世事初阶》等，不仅有水陆路程、商业条规、物价、商品生产、流通、市场、经营方法等经商必备基本知识方面的内容，还包括商业道德、经商行为准则、行为规范等方面的内容。明清大量商业书籍的发行，说明社会经商风气盛行，商人意识觉醒，经商者自身对这一职业的认可与重视加强。李德晋《客商一览醒迷》中开篇有：“人生于世，非财无以资身。产治有恒，不商何以弘利？”另一方面，大量商业书籍的发行，也说明这一时期的商人并不满足于做传统的凭经验行事的小商小贩，而是开始重视商业知识的累积和传播，并对子弟、生徒授以商业职业教育。

（二）传统理论观念仍然存在

明清时期，随着商品经济的日益发展，重商思潮开始盛行，人们对商人的地位及态度有所转变。但总体而言，社会风气仍然是传统伦理中的以义为重、利为轻，反对见利忘义。明清商人在个人修养方面，要求洁身自好，不贪图奢侈生活享受；在经营理念方面，“诚者，天之道也；思诚者，人之道也”等信用为本的诚信观念尤受重视。同时，传统伦理观念中匡扶正义、扶弱济贫的思想也深深影响着传统的中国商人。总之，中国传统文化、人伦道德的规范作用，在明清商人的意识形态中刻下了深深的烙印。

（三）走入“官商”桎梏

许多商人在凭自己的勤劳精明发家致富后，并不热衷于考虑怎样去进一步扩大再生产以获取更多的利润，而是将较多的精力花费于官场奉应，捐纳功名，“援结诸豪贵，藉其庇荫”。他们为了保护自己的商业利益，只能进行各种方式的政治投资，最终成为政治的附庸。

明清商人这种与封建政权高度捆绑的行为，俨然成为经济转型时期商人们“二次创业”的重要桎梏。如明清时期的晋商，明初借明朝统治者为北方边镇筹集军粮之机而崛起，清初又靠充当皇商而获得商业特权，清末又因清政府代垫和汇兑军协饷等以票号而执金融界牛耳。可以说，明清晋商始终靠结托封建政权，凭借封建政府赋予的种种特权或好处而兴盛。但当时局变迁，当经济的发展需要其更多的技术因素及先进的理论意识时，他们便无法胜任其角色变化，最后不可避免地走向衰败。

（四）实业救国的民族资本

近代中国很多利权被西方列强攫取，中国处处受制于人，引起国人强烈不满。因此，中国第一代企业家，尤其是那些“洋务企业家”，明确把“挽回利权”“实业救国”作为创办企业的目的。早期改良思想家郑观应是颇具民族情感的企业家，他提出实行关税保护，“我国所无者，重税以遏来源。守我利权，富我商民”。

1880 年，郑观应担任上海机器织布局总办后提出，如果织布局办不成功，会有损国家民族的利益，事关“利源外夺”。因此，他设法增强同外国商品竞争的能力，以“防外人争利”。郑观应还认为，“我国日用之物多系舶来品，利权外溢”，“夫强始于富，富始于振兴工商”。1908 年，他又提出：“有国者苟欲攘外，亟须自强，欲自强，必先致富；欲致富，必首在振工商。”郑观应比较明确地表达了要挽回利权、发展实业的愿望和想法，并为此付出了实际行动。在这一阶段，徐润、张弼士、卢作孚等民族企业家，大力发展民族经济，创立保险公司、葡萄酿酒公司、造船厂、纺织厂、制碱厂、制药厂等，他们笃信发展实业救国，实现国家独立和民族富强。

面对当时市场充斥的洋货，近代民族企业家大力提高民族产品的质量和竞争力，倡导“抵制洋货，提倡国货”的爱国运动。“国货旗手”宋则久说，“若打算救国，必先救穷。若打算救穷，非提倡实业不可。若打算提倡实业，非维持国货不可。”1912 年，宋则久发起创立了直隶国货维持会。1923 年，他把天津工业售品总所改名为天津国货售品所，鲜明地扛起国货大旗。宋则久提倡国货的言行，在社会上反响很大。荣氏家族企业创始人荣宗敬也是倡导国货运动的代表人物。在国货运动的影响下，更多的民族企业家投身国货事业，开创国货产品，打破了外国垄断。面对外国的侵略扩张，民族企业家投身反帝爱国运动，尤其是在一些历史紧要关头，相当一部分企业家坚持民族气节，甚至不惜付出生命代价，投身反帝爱国运动，全力支持抵御外敌。支持五四爱国运动、支援上海工人罢工、响应天津商人罢市、积极筹款救济难民、生产运输精良设备及军需民用物资等一系列救亡图存的行为，充分展现了民族企业家一以贯之的爱国情怀。

拓展阅读

南浔“四象八牛”富可敌国

南浔古镇是江南六大古镇之一，是一座中西合璧的古镇，在清朝光绪年间，南浔民间及江浙一带，将南浔富商称为“四象八牛七十二只黄金狗”，人们用动物形体的大小来衡量一个家庭的财产，一百万两以上的称为狗，五百万两以上的称为牛，一千万两以上的称为象，足见当时南浔的巨富之像。

自古以来，南浔就是湖州的经济重镇，古时以盛产优质生丝闻名，在晚晴，由于上海开埠，南浔较早接触到西洋文化，一时间商人云集，将“辑里湖丝”运到上海，再通过海运的方式，销售到欧洲，南浔商人赚得盆满钵满。

就因为经营丝业，一个小小的南浔就成为中国近代史上罕见的巨富之镇，也由此诞生了“四象八牛七十二只黄金狗”的富商群体，而其中“四象”是指刘、张、庞、顾四大家族；“八牛”是指邢、周、邱、陈、金、张、梅、蒋八家；“七十二只黄金狗”则是泛指乡镇其他富商。

《中国近代最大的丝商群体——湖州南浔的“四象八牛”》一书描绘：四象中刘家财产达 2 000 万两，张家 1 200 万两，照此估算，南浔富商财产总额大致在 6 000 万至 8 000 万两，这是什么概念？当时的清政府年收入只有 7 000 万两左右，真算得上是富可敌国了。

明清时期，在江南地区流传着一句谚语：“湖州一座城，不及南浔半个镇。”可见当时南浔的富庶繁荣。

单元二　重要商业通道

任务一　丝绸之路

丝绸之路有广义和狭义之分，狭义的丝绸之路仅指陆上丝绸之路，广义的丝绸之路分为陆上丝绸之路和海上丝绸之路。2013 年，在丝绸之路概念的基础上，我国提出共建“丝绸之路经济带”和“21 世纪海上丝绸之路”，即“一带一路”合作倡议，延续了丝绸之路共同繁荣、合作共赢的开放思想。本任务所讲的丝绸之路指的是陆上丝绸之路和海上丝绸之路。

一、陆上丝绸之路

陆上丝绸之路伴随着历史的变迁，始于先秦，兴于汉朝，盛于唐朝，绵延两千余年。因不同朝代的政治、经济和自然环境等因素的影响，陆上丝绸之路经历了凿通、延伸、繁盛、衰落四个阶段，并从东向西延伸，连接了占世界陆地面积三分之一的亚欧大陆。

（一）陆上丝绸之路的形成

从青铜器时代开始，北方草原上初步形成一条由中原经蒙古草原到西方的草原丝绸之路，由于战乱和迁徙，这条路时断时续。据记载，在张骞通西域之前，中国的丝绸、蜀布、邛竹等货物就已销往大夏、印度等国。

西汉武帝时，经济繁荣，国力强盛，为了寻求西域盟友，抗击匈奴对汉朝的威胁，汉武帝派张骞出使西域。张骞这次出使西域虽没有与西域各部结成同盟，却使汉朝的影响直达西域，也把西域的见闻带给了汉武帝。随着汉朝将领卫青、霍去病等打败匈奴进攻，夺取河西走廊，张骞第二次率领使团和商队访问了西域各部，从此，这条路上出现了“使者相望于道”的盛况。公元前 60 年，西汉设立西域都护府，守境安土，确保丝绸之路的和平畅通。

张骞“凿通”西行通道以后，路上丝绸之路时断时续地向西扩展。公元 73 年，班超出使西域，进一步疏通了丝路的东、中两段，之后的朝代虽时有中断，但整体畅通，并在原有的基础上有所扩展。唐朝时，东西方经济文化交流出现了高潮，丝绸之路最为繁荣，丝绸在古罗马市场上与黄金同价，更是被当作商品交易中的一般等价物。繁盛的丝绸贸易让唐朝国库充盈，国力强盛，成为当时世界上最强大的帝国。据《唐六典》记载，唐朝曾与 300 多个国家和地区交往，定居于长安、洛阳的“胡人”不下 10 万人。通过丝绸之路，中原的丝绸、火药、铜铁器、中药等商品被大量运往沿线欧亚各地；西域的宝石、香料、玻璃器具，以及菠菜、葡萄、石榴等蔬菜水果，也源源不断地运至中原。直至唐中期“安史之乱”爆发后，由于战乱和海上丝绸之路的兴起，陆上丝绸之路急剧衰落，逐步被海上丝绸之路替代。

（二）陆上丝绸之路的贸易

1. 贸易形式

1）互市贸易

互市贸易是由政府组织并在指定地点、时间内，与我国少数民族和国外其他民族之间进行贸易的统称。

中原盛产丝绢，边疆盛产良马，因此丝路上的互市主要设在边境地区，以“绢马贸易”为主。隋唐时期对于互市贸易有规范化的官方管理机构和制度，这也是国力强盛的体现。隋文帝时期，北方少数民族与中原进行互市贸易。唐玄宗继位以后，由于国家急需战马，唐与北方少数民族又进行多次绢马互市，双方都获得了实惠。后来唐与北方少数民族定，设立专门的互市场地，密切了双方关系，促进了内地与西域之间的贸易往来。

2）朝贡贸易

朝贡贸易是指中央政府与周边诸民族和域外各部的进贡和回赐关系。这种关系的实质是以物易物，带有浓厚的政治色彩。

汉唐时，中原王朝强盛，物产丰富，域外各部纷纷称臣或与汉唐建立友好邦交，按规定时间前来朝贡。这种来朝贡献和当朝赏赐，实际上反映了中原王朝与西域各部的商品交换。由于唐朝“赏赐”的实际价值大于各部的“贡献”，因此使得唐玄宗开元年间朝贡的达到“七十余蕃”，其中包括突厥、契丹、吐蕃等周边少数民族政权，以及日本、新罗、大食、波斯等国家。很多沿线商人抓住这个商机，随使团来到长安，广泛从事政治、经济、文化活动，甚至形成了“驻唐”现象。

3）民间贸易

民间贸易是民间自发开展的商业活动。除了国家控制的互市贸易以外，零散商人和有组织的商队常年往返于固定城市之间，进行商品的转卖和贩运，是丝绸运往西域和中亚、欧洲的一种重要贸易形式。

民间贸易分行商和住商两种形式，行商数量众多，长期进行长途贩运和转手倒卖，大多贩卖体积小而轻的物品；容易携带且价值昂贵的珠宝珍玩，大都与各城市中的住商有着固定的贸易往来。昭武九姓素以经商著称，他们长期操纵着丝绸之路上的转运贸易。住商一般拥有市籍和邸店，唐朝时仅长安就有王元宝、杨崇义、郭万金、窦乂等数十家闻名全国的巨商。

2. 丝绸之路上的商品

1）中原向外输出的商品和先进技术

中原向外输出的商品相当丰富，品种多样，且技术含量高。在特色商品方面，主要有丝绸、生丝、陶瓷、茶叶、铁器、铜器、金银首饰、兵器、火药、医药品等，以丝绸和丝绸制品、铁器、陶瓷和茶叶交易量最大。在先进技术方面，主要有冶炼和制造技术、水利和灌溉技术、养蚕和纺织技术、制瓷技术、造纸和印刷技术、火药制造技术、医学、先进的农耕经验等。

2）西域输入中原的商品

西域输入的除一般物品外，还有农作物和生产技术等。如牛马牲畜、农作物、金银珠宝、毛皮、毛织品、服饰、药品、玻璃器皿、香料、乐器，以及舞蹈杂技、绘画艺术、天文学等。农作物有西域特有的胡桃、石榴、葡萄、苜蓿、胡麻、胡豆、胡葱、胡瓜等。生产技术方面有优良牲畜及其饲养技术、农作物品种及其栽培技术、葡萄酒及其酿造技术等。

（三）陆上丝绸之路的重镇

1. 长安

隋唐长安是当时全国的政治、经济、文化中心，也是世界上最著名、最繁华的国际化都市之一，同时也是西方世界了解中国最早的窗口之一。

2. 河西四郡

河西四郡指的是武威、张掖、酒泉、敦煌，位于丝路东段。河西走廊自古就是中原通往西域的咽喉要道和战略要地，是丝绸之路的重要组成部分，东起乌鞘岭，西至古玉门关，南北介于南山（祁连山和阿尔泰山）和北山（马鬃山、合黎山和龙首山）间，因位于黄河以西，故称河西走廊。丝绸之路东段均从长安出发，到武威、张掖汇合，再沿河西走廊至敦煌，是商旅必经之路。河西四郡由汉武帝命名，武威是表彰霍去病的“武功军威”，是进入河西走廊的第一大镇，具有贸易中继站、商品集散地和胡商商业活动基地的性质。张掖是“张国臂掖，以通西域”的意思，地处河西走廊咽喉地带，是丝绸之路上的重要枢纽和经营河西及西域的大本营，互市贸易和民族贸易都十分活跃。酒泉得名于“城下有金泉，其水若酒”，酒泉郡是河西四郡中最早设立的，是汉武帝设置的对外开放的窗口，各地的文化都在这里汇聚。敦煌为盛大辉煌之意，位于丝绸之路东段的终点，是中西交通的门户，陆上丝绸之路从这里出阳关、玉门关，经今天的新疆越过葱岭到达中亚或欧洲。各国商人在这里囤聚商品，再按路途重新分流，去往长安或者西域各部。河西四郡是由军事重镇变为商业重镇的，都位于绿洲中，坐拥商业地理优势，是陆上丝绸之路的商业枢纽和贸易中转站。

3. 安西四镇

安西四镇位于丝路中段，是唐初在西北地区设置的由安西都护统辖的四个军镇，分别是龟兹（新疆库车）、焉耆（新疆焉耆）、于阗（新疆和田）、疏勒（新疆喀什），对于唐朝政府安抚西突厥，保护中西陆上交通要道，巩固唐朝的西北边防，都有十分重要的作用。龟兹古称佛国，是安西都护府所在地，地理位置十分重要，中国佛典中的“佛”字，最早就是间接通过龟兹文译成的。焉耆是塔里木盆地上的著名绿洲，物产丰富，适于耕种，属高昌古国故地，佛教盛行。于阗位于昆仑北麓，是古代中原王朝与印度的中转站，此处越过昆仑山就是印度河，是著名的玉石之乡、歌舞之乡、瓜果之乡。疏勒位于丝绸之路南北中三路交叉点，又是向西翻越葱岭的要冲，唐朝时成为重要的军事据点。疏勒以盛产“疏勒锦”而驰名，是开展绢马贸易的边贸名城，在2000多年前就具有国际大市场的特征。今天喀什依旧是现代边贸中枢。喀什也是中国西北部离海洋最近的地方，经喀什西出和南下到达印度洋，其路程将大大缩短，贸易成本将会更低。因此喀什作为中国海运以外最大的对外贸易往来交通枢纽和中转站，于2010年5月正式获批设立经济特区。

4. 楼兰

楼兰位于塔里木盆地东端的十字路口，从此向西、向南、向北可通向西域，成为连接内地与西域的交通咽喉，是丝绸之路南北两道的分界点，是整个西域的交通枢纽，走丝绸之路必经楼兰。这里是贸易、民俗文化交流的中心。楼兰出土的木雕佛教文物、木简、纸文书、铜器、古钱币和许多精美的毛织品、玉髓或玻璃质的各色珠饰，以及来自异域海岸的海贝、珊瑚等，都显示着楼兰曾经的绢丝贸易盛况和热闹繁华。鉴于楼兰独特、有利的地理条件，商旅云集于此或是取道于此，楼兰因此成为诸多异族文化、地理、宗教的交汇之地。汉朝楼兰作为西域长史府驻地，还肩负着西域地区政治和军事中心的使命。汉朝在楼兰屯田，以军屯为主，民屯和犯屯为辅。屯田人员平时耕种，挖井修渠，建仓积谷，有敌情就参战，既保护了屯田内的安全，又维护了丝绸之路的畅通，在汉朝统一西域的过程中发挥了至关重要的作用。

5. 撒马尔罕

撒马尔罕是中亚最古老的城市之一，关于它的记载最早可追溯到公元前 5 世纪，是丝绸之路上最重要的枢纽城市，为古代帖木尔帝国的首都，今天属于乌兹别克斯坦。善于经商的粟特人把撒马尔罕建造成一座美轮美奂的都城，大量的丝绸在这里被分流，运往撒马尔罕市场和罗马市场。公元前 4 世纪，马其顿帝国的亚历山大大帝攻占该城时不禁赞叹其壮观。撒马尔罕在《魏书》中被称为悉万斤，在《隋书》中被称为康国，唐高宗永徽时在康国设置康居都督府，故址在撒马尔罕。唐玄宗天宝九年恒罗斯之战唐军惨败后，此地被大食占领。1219 年，撒马尔罕是花拉子模帝国的新都和文化中心，被蒙古帝国攻陷之后，遭受了灭顶之灾。城内的大多数建筑，是由后来的帖木尔大帝敕令修建的。

6. 大秦各地

大秦是古代中国对罗马帝国的称呼，是丝绸之路最西端的城市。罗马是最大的丝绸消费国。丝绸、生丝以及少量珍贵的丝绸制品，被辗转贩运到罗马市场时，行商常常能从罗马住商手上赚取三倍以上的高额利润。其中生丝作为优质的纺织原料，被加价贩卖给罗马纺织工厂，织成各种色彩绚丽的服饰布料，后被罗马的贵族们制成华美的衣物。丝绸制品则由罗马行商高价卖给罗马住商，再卖给罗马贵族和民众。由于波斯地区对丝绸制品的垄断，运到罗马的丝绸往往以高价上市，但是仍不足以满足罗马贵族对丝绸的消费欲望。古罗马市场上丝绸的价格曾上扬至一两丝绸一两黄金的天价，造成罗马帝国黄金大量外流，一度迫使元老院制定法令禁止人们穿丝绸衣服。

（四）陆上丝绸之路的商业文化

1. 丝绸之路商贸文化

丝绸之路商贸文化的核心是交融的多元文化。丝绸之路开通后，大量商人，包括粟特人、波斯人涌入中原，促进了长安城商业活动的繁荣，也带来了异域文化的影响。西域商人带来的不仅是珍奇货物，更有经营模式、商业理念和商业文化，如契约观念、平等自由交易观念、商业纠纷处理方式等。这些商业文化和理念影响到当时的整个社会生活，城市贸易、宗教、朝觐等领域的文化也因此发生变革。高度发展的汉文化通过丝绸之路的商贸活动也传到了西方，对西方国家产生深远影响。

2. 丝绸之路商贸文化特征

重商色彩。丝路贸易受到各代朝廷的通融和支持，由于社会各方都能从中获利，因此引发全社会对贸易的关注与兴趣，商贸交往也就初具重商色彩。

国际贸易特色。我国的丝绸从中原流向西域以及更远的地方，各种宝石等资源顺着丝绸之路流入我国，表现出了完整的进出口贸易特色。

官办贸易为主导。丝路贸易虽有广泛的民间贸易，但官方经营的贡赐、互市和对外贸易还是处于主导地位。

丝绸是国际结算的重要货币。在丝绸之路上，丝绸不仅是商品，还是一种货币。很多大宗贸易，特别是牲畜和奴隶，都由丝绸结算，它不会贬值，对中西方来说都有公认的价值和较高的信誉。

互惠共赢的商贸理念。造纸术、印刷术、火药的西传，是中国对世界文明做出的巨大贡献，养蚕、冶铁、水利、医药、文学技艺等也不断西传。沿丝绸之路传入中国的，并影响较大的是宗教，外来文化技艺和货物也大量涌入中国，如制糖、酿酒工艺，造船缝合技术等。

3. 丝绸之路贸易文化意义

丝绸之路是中国与西方相互了解的走廊，东西方的人们通过这条路不仅互有所得，也加强了各国之间的了解和文化交流。

丝绸之路是中国古代少数民族接受先进文化、了解外部世界的通道。汉朝中原地区的铸铁、开渠、凿井技术和丝织品以及金属工具传到西域，极大地促进了西域的经济和文化的发展。

视 频

丝绸古道
胡马汉风

丝绸之路是现代中国西部开发的早期蓝本。历史上，中国西部经济发展也有过辉煌时期。如今依托国家西部开发政策，西部人民奋发图强，为再创丝绸之路的辉煌不懈奋斗。

“一带一路”是在古丝绸之路的概念基础上形成的一个新的经济合作倡议。东有亚太经济圈，西有欧洲经济圈，是世界上最长、最具有发展潜力的经济大走廊。

二、海上丝绸之路

海上丝绸之路的概念由陆上丝绸之路衍生而来，是指古代东西方海上贸易交通路线。经由海上丝绸之路流通的商品种类更加多元化，除丝绸外，瓷器、香料、茶叶均是大宗货物，因而海上丝绸之路有时又被称为瓷器之路、茶叶之路、香料之路。海上丝绸之路通常分东西两条线，东线从东北部沿海，经渤海或黄海、东海到达朝鲜，再渡朝鲜海峡，最终抵达日本。西线从中国东南沿海出发，经南海、印度洋至西亚、非洲。

（一）海上丝绸之路的形成

1. 海上丝绸之路的贯通

中国先民的航海活动开展得非常早，夏商周时代就用木板船和风帆开始运输货物对外交流了。秦汉之际，社会生产力有了很大进步，造船技术和航海技术飞跃式发展，出现了从中国到朝鲜、日本的东线海上丝绸之路。公元前 2 世纪，汉武帝派出远洋船队通过马六甲抵达印度洋，形成了中国第一条远洋航线，被称为“海上丝绸之路”。

2. 海上丝绸之路的延伸

魏晋南北朝时期，中原汉族的南迁促进了南方经济、技术、交通和文化等多方面的融合与发展，加之北方战乱对陆上丝绸之路的破坏，使得海上丝绸之路空前活跃。三国时期，海上贸易的发展促使造船技术精进。吴国孙权利用优越的地理条件大力发展海上贸易和外交。东晋时期法显大师西游古印度后从南海回国，说明魏晋南北朝时期海上丝绸之路已经从中国南海发展到了南亚次大陆。

隋唐时期经济重心南移，航海技术进步，南方的海上丝绸之路又有新发展。唐朝国势昌盛，海上贸易空前发达。朝廷特别设置“市舶司”专管海上贸易，如征税、设仓、保护外商正当权益、制裁违法官员等。在政府政策鼓励下，南海和印度洋上商船来往，络绎不绝，广州、泉州、宁波、扬州成为当时的国际四大贸易港。广州商船众多，是进出口货物集散地，将东亚、东南亚、南亚、波斯湾、阿拉伯半岛东南岸和东非沿岸连接起来，成为当时世界上最长的远洋航线。海上航线的扩展，带来了唐朝海上贸易的繁荣，特别是唐朝后期，由于陆上丝绸之路受阻，海上丝绸之路逐渐占据了中国对外贸易的主导地位。

宋代的造船业呈现蓬勃发展的态势，航海技术有了重大突破。宋朝人不但掌握了海洋季风的规律，而且还将指南针应用于航海，使航线准确安全。宋元时期，海上丝绸之路进一步延伸，中国与阿拉伯半岛及东非沿岸各国间贸易关系密切。

3. 海上丝绸之路的繁盛

明朝以后，海上丝绸之路最终成型。明朝造船业发达，出现了很多著名的造船厂。明朝政府多次对海上丝绸之路沿线国家进行友好访问与通商活动。明成祖永乐年间，郑和七次率领庞大船队，带着各种礼物和商品与沿途各国开展了广泛的政治、经济、文化交流。郑和的船队纵横往来于亚非各地，经行数十个国家，远达东非以及赤道以南的非洲，不仅开辟了远至东非的航路，还在亚非地区开辟了许多短距离、多点交叉的新航线，建立了中国与东非之间的经常性交通往来，成就了人类航海史上的壮举。

视 频

七下西洋
海上通商

4. 海上丝绸之路的衰落

明宣德年间，倭寇侵扰，重启海禁。随着欧洲资本的兴起，从 16 世纪开始，西方的殖民者、商人、传教士、探险家来到东方。公元 1498 年，达 • 伽马发现东方航线之后，葡萄牙人首先来到中国，其后，西班牙、荷兰、英国、法国、美国人等先后来到中国，传统的“海上丝绸之路”贸易被冲破。面对西方商业、传教、殖民、战争的挑战，以及明朝残余势力对沿海地区的骚扰，清朝初期实行海禁和闭关政策，广州成为唯一的对外贸易口岸。清嘉庆之后，随着国力日衰，海上丝绸之路昔日盛况不再，清朝后期迅速走向衰落。

（二）海上丝绸之路的贸易

1. 海贸商品

中国的外销商品主要有丝绸、瓷器、茶叶、铁器、铜钱等；东南亚有名贵木材、香料等；印度、斯里兰卡有宝石、棉布等；波斯有香料、宝石、玻璃器皿、伊斯兰陶瓷等；地中海有金银器、玻璃等；东非有象牙、犀牛角等。大航海时代，美洲的白银、欧洲的羊毛制品等也成为重要商品。

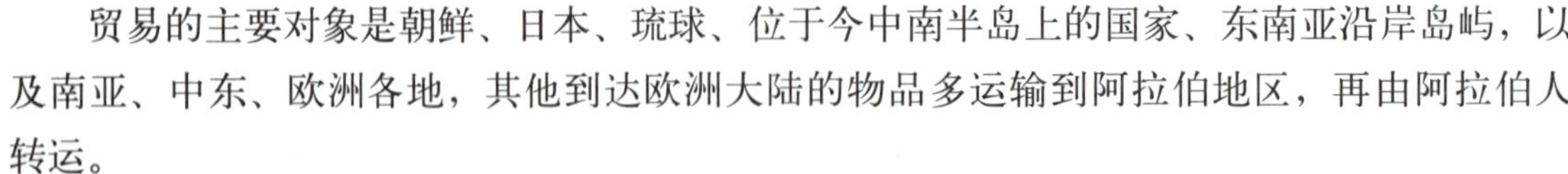

贸易的主要对象是朝鲜、日本、琉球、位于今中南半岛上的国家、东南亚沿岸岛屿，以及南亚、中东、欧洲各地，其他到达欧洲大陆的物品多运输到阿拉伯地区，再由阿拉伯人转运。

2. 海贸商人

在中国长久的海外贸易中，中国商人形成了海外华商集团。各地出土文物有力地证明，早在宋朝，中国商人就已经在东南亚定居并经商。以闽商为代表的中国商人在海外贸易的舞台上取得了成功，他们成功地在海外立足、发展、壮大，建立起家族网络和商业网络，利用不断扩大、衍生的资本进一步开拓贸易。

在这条路线上，阿拉伯商人跨越辽阔的内陆和海洋，在亚非欧三大洲之间运送货物。中国人靠指南针和观测地貌、水深等方法进行航海，属于地文航行；阿拉伯人靠观测星星航行，属于天文航行。在与阿拉伯人长期接触后，中国的航海便把观测天象与看指南针结合了起来。

（三）海上丝绸之路沿线港口

1. 广州

广州港是历史上唯一经过两千年而长盛不衰的大港（见模块一单元一任务三）。

2. 泉州

泉州又称刺桐城，位于福建南部。唐末，泉州的造船业就已颇具规模，拥有纯天然的良港，在元朝成为世界第一大港。泉州土地肥沃，物产丰富，是当时世界性的经济文化中心。中、西文化长期在这里交汇，留存了以南戏、南音、南少林为代表的文化遗产和大量世人罕见的中外历史文化瑰宝。

3. 宁波

宁波古称明州，是经久不衰的东海大港。地处东海之滨，甬江宽阔，河床稳定，内河航运四通八达，陆地平坦富饶，地理条件十分优越。宁波是大运河和海上丝绸之路的交汇处，并通过大运河将海上丝绸之路与陆上丝绸之路完美对接。

东汉初年，宁波与日本已有交往，唐朝时宁波成为中国大港之一。浙江地区经济发展迅速，是鱼米之乡、造船之所、青瓷产地，还有深受海外欢迎的湖纺和杭缎，为海外贸易的发展奠定了基础。宁波是日本遣唐使主要登岸港口之一。宋朝时阿拉伯人来宁波渐多，因而出现了专门接待阿拉伯人的波斯馆和阿拉伯人长期聚居的波斯巷，附近建有清真寺。元朝宁波设市舶司，仍为中国主要外贸港口之一。

4. 福州

福州在唐中期至五代时期的海上丝绸之路上，不仅发挥着中外经济贸易通道的作用，还促进了东、西方多元文化的交流以及与世界各国的友好交往。以佛教文化交流为例，唐末福州寺院及僧侣数量居全国前列，出现了许多著名的佛寺与高僧，在中国佛教史上占有重要地位。这一时期，福建与印度、朝鲜、日本等国在佛教文化上交流频繁，许多外国僧人来到福州学习，交流佛法。

（四）海上丝绸之路的影响

1. 经济影响

海上丝绸之路从中国东南沿海，经过中南半岛和南海诸国，穿过印度洋，进入红海，抵达东非和欧洲，成为中国与外国贸易往来和文化交流的海上大通道，并推动了沿线各国的共同发展。尤其是在宋元时期，中国造船术和航海技术的大幅提升以及指南针的航海运用，全面提升了商船的远航能力，私人海上贸易也得到发展。这一时期，中国与世界 60 多个国家有着直接的贸易往来。“涨海声中万国商”的繁荣景象、意大利马可·波罗和阿拉伯伊本·白图泰等旅行家的笔记，引发了西方世界一窥东方文明的热潮、东西方间的海洋贸易，为各国经济和人们生活带来了改变，对世界各国物质文明带来了深远影响。

2. 文化影响

海上丝绸之路对东西方文化交流起到了重要作用。通过海上丝绸之路，我国古代四大发明、纺织、制瓷等工艺技术；绘画、戏曲、舞蹈、音乐、建筑等艺术技法；天文、算数、历法、医药等科技知识；儒家、道家、兵家、墨家等文化思想都传到了海外。早期佛教、伊斯兰教、基督教等宗教文化也通过海上丝绸之路传入我国，对我国的文化发展起到了积极作用。

3. 政治影响

海上丝绸之路为构建东西方友好往来提供了便利条件，开辟了中国与海外国家的友好往来之路。南洋诸国纷纷派使者来到中国，唐朝以后，中国历代王朝在广州等港口设置市舶使（司）主管对外贸易，设立馆驿接待外国使者，承担一系列外交事务，更进一步加深了各国间的政治互信。

4. 思想影响

随着世界贸易网络的形成，各国之间也开始了思想文化的对话。在这场对话中，构建了东方与西方的平衡关系。许多有识之士很早就提出了中国的海洋、海权、海防思想。清初施琅全面阐述了中国海防的意义和经略海洋的必要性。历史上还有一大批闽南人在海上丝绸之路沿线国家定居，开发生产。他们作为关心祖国富强的华侨华裔，也是新世纪我们联系海外，重塑海上丝绸之路的一支重要力量。

5. 历史影响

海上丝绸之路是一条贸易、文化、友谊之路，也是历史发展的必然选择。建设 21 世纪海上丝绸之路，一方面适应了经济全球化的形势，中国在实现自身发展的同时，也让沿线国家共同受益；另一方面加强了沿线国家的政治互信，巩固了各国友好往来，拓展了各方交流的新渠道和新领域。历史上曾创下的海洋经济观念、和谐共融意识、多元共生意愿，将再次提供丰厚的历史基础。“友善、包容、互惠、共生、坚韧”的海上丝绸之路的文化内涵，对于中国和世界更深层次的互动，具有极其重要的意义。

拓展阅读

沿丝绸之路传入我国的农作物

古丝绸之路对中国和世界的影响深远而广泛，中国输出了丝绸、茶叶和瓷器等，也从外域传入了很多物产和技术。民以食为天，看看有哪些习以为常的农作物，是源自丝绸之路的馈赠。

先秦：

（1）小麦。原产于西亚。

（2）大麦。原产于西亚。

（3）高粱。原产于非洲。

（4）皮燕麦。原产于欧洲。

（5）萝卜。原产于亚洲的西南部。

（6）姜。原产于印度与马来半岛。

汉朝：

（1）葡萄。原产于亚洲西部。

（2）石榴。原产于伊朗、阿富汗等国家。

（3）蒜。原产于西亚和中亚。

（4）蚕豆。原产于欧洲地中海沿岸，亚洲西南部至北非。

（5）芹菜。原产于地中海沿岸。

（6）香菜。原产于地中海沿岸及中亚。

（7）豌豆。原产于地中海和中亚细亚。

（8）胡椒。原产于东南亚。

（9）黄瓜。原产于印度。

三国两晋南北朝：

（1）茄子。原产于印度。

（2）扁豆。原产于印度。

（3）生菜。原产于欧洲地中海沿岸。

隋、唐、五代：

（1）无花果。原产于欧洲地中海沿岸和西亚。

（2）菠菜。原产于伊朗。

（3）莴苣。原产于地中海沿岸。

（4）开心果。原产于伊朗。

（5）芒果。原产于印度。

宋元时期：

（1）西瓜。原产于非洲沙漠。

（2）丝瓜。原产于印尼。

（3）胡萝卜。原产于阿富汗。

（4）绿豆。原产于印度、缅甸地区。

（5）香蕉。原产于东南亚。

明朝：

（1）菠萝。原产于巴西。

（2）辣椒。原产于墨西哥、智利等国家。

（3）南瓜。原产于北美洲。

（4）苦瓜。原产于印度尼西亚。

（5）土豆。原产于拉丁美洲的安第斯高原。

（6）甘薯。原产于美洲中部墨西哥等地。

（7）向日葵。原产于北美洲。

（8）玉米。原产于中美洲和南美洲。

（9）花生。原产于南美洲。

视频

民以食为天
——农作物

任务二　运河粮路

在古代，水运是相对舒适快捷的交通方式，在当时的技术条件下，为降低成本和增大运量，粮食运输常常借助江河等天然水运路线进行。运河是人工开凿的河道与天然河道形成的不间断的水运通道，又称漕运。运河粮路是指通过运河实现不间断、长距离的粮食运输，民间俗称运河为运粮河。

一、运河粮路的形成与发展

“尽道隋亡为此河，至今千里赖通波。若无水殿龙舟事，共禹论功不较多。”唐代诗人皮日休的《汴河怀古》道出了汴河（大运河）的交通价值和传承与更替。大运河始建于春秋时期，全长 2 700 多千米，是世界上开凿时间最早、工程规模最大、空间跨度最大、里程最长、使用时间最久的运河，是苏伊士运河的 16 倍、巴拿马运河的 33 倍，2014 年被列入世界文化遗产名录，与长城、坎儿井一起并称为中国古代三大人工工程，是中华民族伟大精神的象征。

邗沟是中国最早开凿的运河之一，沟通了长江与淮河，是大运河的重要组成部分。公元前 486 年吴王夫差开凿了引长江水入淮河的邗沟，利用射阳湖、白马湖、樊梁湖等自然水域运输军粮与兵丁。到了战国时期，有更多的诸侯国通过开凿运河改善境内交通环境，著名的如魏国连接黄河与济水、汴水、涡水等水系的鸿沟等。人工开凿运河距离较短，多服务于军事，用来运粮运兵，也有一些起到了农业灌溉的作用，为全国性的水运交通网络奠定了基础。秦代以后，中国运河的长度和密度不断增加，开发范围扩展至岭南地区，灵渠沟通了湘水与漓水，将珠江水系纳入全国水网。即使在水系相对不发达的华北地区，秦汉时期也开辟了连接长安、洛阳的关中漕渠、汴渠。

隋唐的建立和统一结束了汉末以来将近 400 年的分裂状态。由于政治中心所在地远离南方富庶地区，迫切需要物资的调拨、调剂，开凿人工运河的漕运制度由此产生。隋唐时期形成了以洛阳为中心，南至余杭（杭州）、北至涿郡（北京）的大运河，包括通济渠、永济渠、山阳渎、江南河等一系列河段，沟通了五大水系，初步建立起全国性的粮路交通网络。隋炀帝前后征用数百万人开凿运河的行为暴虐无比，但也给后世留下了无尽财富。直到北宋时，通济渠被称为汴渠，依然承担着把江南物资运送到东京（今开封）的任务。隋朝对大运河的开凿体现了我国古代劳动人民的聪明才智和创造力，沟通了中原和南（方）北（方），促进了运河城市的繁荣，千百年来享誉世界。

元代定都大都（北京）以后，北方物产不够丰富，富庶的江南又离都城太远，为了改变前代东南至西北方向的粮路，忽必烈决定直接开挖一条从大都直达杭州的运河。随着济州河、会通河、通惠河等的修成，京杭大运河全线贯通，实现了海河、黄河、淮河、长江、太湖、钱塘江六大水系的一脉相连。为确保粮路畅通，运河沿线还设置了闸坝斗门以及管理机构。自此之后，明清两代的运河均以元代大运河为基础，一直延续到今天。

明清时期是运河粮路的繁盛期，除了开凿和修建运河的基础工程外，还配套了相应的管理制度，涉及钞关、漕仓、夫役、物料、经费、船只等方面，从而真正实现了运河粮路的全线贯通，并以最短的距离纵贯了整个东部富庶地区。明清时期，货物运输从元代的以海运为主转向以内河航运为主，物资运输及商品经济的功能增强，对社会的作用也越来越大。沿线一批城镇兴起和繁荣，形成了大大小小的商品集散地，如北京、通州、直沽、沧州、德州、临清、聊城、济宁、淮安、扬州等。“商贩所聚……百货倍往时。”北京因物资多来源于外地，有“运河上漂来的北京城”之说。

二、运河粮路的贸易形式

（一）商船贩运

明清时期的商人贩运包括长途贩运和短途贩运。长途贩运的一般是粗重的大货物。货物规模大，所需资本大，周转时间长，行程艰难，多选择便宜的路线。与陆路运输方式相比，水路运输因量大价低而成为大宗货物的首选。大运河全线贯通以后，一些大宗商品不再局限于在狭小的区域内进行销售，而是被长途贩运到更远的地方销售。粮食、布匹、棉花、盐等商品以及部分特产和工艺品是主要经营品类，尤其是粮食，运河沿线出现了许多著名的粮食市场。例如，临清“为四方辐辏之区，地产谷不敷用，尤取资于商贩……秫粱则自天津溯水而至。其有从汶河来者，济宁一带之粮米也。”

（二）漕船夹带

漕船夹带主要指运军随漕船夹带的土宜私货。朝廷为体恤运军生活不易，自明洪熙年间开始，规定运军可以随漕船携带一定数量的“土宜”，沿途买卖，并且免征课税。不断增加的土产品携带，进一步增大了南北物资的交流。除朝廷明文规定的夹带数量外，运军还私自夹带腌猪、豆麻饼、棉花、红黑枣、梨、柴、菜等，而且数量更大。有时在京师卸粮南返时，还会因违规承揽大量商品，搭载乘客，导致漕船延迟。

土宜产品的长途贩运促进了全国物资流通和商品经济的发展，沿途城镇中店铺林立，百货聚集。清乾隆三十二年（1767 年），两江总督的奏折中提到："凡京城所需南货，全赖江南漕船带运。而江南所需北货，亦赖漕船带回。若漕船全停，不惟南北货物不能流通。"

（三）坐地经营

明清时期，朝廷对长途贩运行商的管理非常严格，行商出外经商，需先向政府申请路引，对于无引、引目不符以及持假引者，逮捕治罪。这种情况下，除了部分实力雄厚的大商人外，大多数中小商人会选择坐地经营，在城镇开设店铺或在乡村集市设置固定摊位，从事商品批发和零售。坐商经营规模大小不等，以中小商人居多，从事服务行业、餐饮业和零售业居多。他们收购零散货物卖给长途贩运商人，也从他们手中购买外地商品。有些坐商集手工业者和商人于一身，前店后坊，他们是运河沿线市镇中的主要群体和中坚力量，活跃了运河区域的商品经济。

三、运河粮路的影响

（一）承载着国家的命运

运河粮路是国家重要的经济命脉和维系大一统的政治纽带，粮路的畅通加强了北方政治中心与南方经济区域的联系，对于南北经济文化交流以及国家统一作用巨大，全国性运河交通网络的出现是大一统的结果，也有利于巩固和发展大一统局面。隋唐以及元明清时期是中国运河粮路畅通、发挥作用的时期，促进了各地区的经济联系，影响了城市的布局与发展。

（二）活跃了商品流通

尽管漕粮本身不是商品，但伴随这一过程的商业活动无处不在，通过物资和人员的流动，促进了沿途地区的经济繁荣。可以说，运河粮路既是交通要道也是商品流通之路。物资运输是运河粮路最本质的功能，作为南北经济交流的大动脉，粮路密切了运河区域的经济联系，便利了各地的商人往来，扩大了商品的流通范围，促进了沿线城镇的兴起与发展。随着南北经济联系的加强，运河在全国的商品流通中占有突出地位，统一的运河区域市场也在形成。

（三）促进了各地的交通网络建设

商品流通不仅是物资的互通有无，还加强了各地区的相互联系。为了连通运河主干道，各地的水陆交通网络不断开拓，商业线路不断延伸，流通范围不断扩大，越来越多的地区被纳入商品流通体系中，地方商品市场得到发展，以集镇为中心的地方小市场便利了农村百姓的商品交流活动。不过运河粮路上的商品流通很多是单向的，且多限于大宗生产资料和生活资料，漕运粮路的商业发展还不够健全和广泛。

（四）推动了文化的交流与传播

在频繁的商品经济交流中，齐鲁文化、吴越文化、燕赵文化等在这条水路上交融，中西文化在这里碰撞，运河粮路成为南北文化交流和传播的重要载体。时至今日，古老的运河粮路作为人类文化遗产依旧发挥作用，继续为商品经济服务。京杭运河部分河段是北煤南运、南水北调的黄金水道，一些续建、扩建工程正在进行，运河的运输能力在不断提高。

拓展阅读

中国大运河列入《世界遗产名录》

视 频

"京杭运河漕运丰碑"

2014 年 6 月 22 日，大运河在第 38 届世界遗产大会上获准列入世界遗产名录，成为我国第 46 个世界遗产项目。中国大运河跨越地球 10 多个纬度，纵贯在中国最富饶的华北大平原与江南水乡上，自北向南通达海河、黄河、淮河、长江、钱塘江五大水系，地跨北京、天津、河北、山东、河南、安徽、江苏、浙江 8 个省和直辖市，27 座城市的 27 段河道，以及运河水工遗存、运河附属遗存、运河相关遗产共计 58 个遗产点，全长 2 700 多千米（含遗产河道 1 011 千米），是中国古代南北交通的大动脉。

单元三　商战思想与商战

任务一　商战思想

商战不是普通的商业经营与商业竞争，而是人们以商业为武器，所发起的一种抵御外侮、强国富民，实现民族振兴的斗争形式。商战自古都存在，但商战思想的真正成熟则在清末。商战思想是在我国商业长期发展过程中孕育的，在清末随着西方列强入侵而发展形成的。商战思想对我国商业发展、商业地位、商业作用具有重要指导作用。在当代经济全球化的大背景下，它又为我国经济发展与稳定起到重要作用。商战以商人为主体，以富国强民、民族振兴为目标，以商业经营为手段，以浓郁的爱国情怀为动力。

一、商战思想的演变历程

我国的商战思想始于清代晚期。当时的商界人士在西方列强入侵中国的大背景下，提出了一系列强国富民、抵御外敌，发展商品经济的观念。商战思想也经历了转变、形成、成熟的演变过程。

（一）由抑商到重商的转变

从历史发展的进程来看，我国封建社会的各个朝代基本上都将“重农抑商”作为国家的重要经济政策和治理国家的基本理念。这种思想和我国封建社会的生产力水平低下相适应，与“男耕女织”的社会结构相吻合，在很长时期内保证了国家经济的发展与社会的稳定。

随着时代的发展，尤其到了 19 世纪初，西方开始工业革命，现代化的商业发展如火如荼。第一次鸦片战争爆发后，列强的入侵、清政府的没落，使我国的商业环境和商业条件都发生了巨大变化，过去那种重农抑商的思想和与之配合的政策越来越成为社会发展的阻碍。部分中国人开始睁眼看世界，了解西方的商业文明，考虑对我国传统商业的重新定位。

魏源就是这一时期主要的代表人物。魏源认为，不论在漕运改革和盐务治理的具体事务中，还是在“师夷长技以制夷”的实践中，都要重视商业资本的发展。他把商业提到了关系国家利益的地步，并举海运为例，认为海外贸易对国家来说有三大好处：一是国家发展的根本国策，二可以改善民生，三可以发展沿海的商业。这是对“重农抑商”传统观念的一种冲击。魏源的观念为打破抑商的传统奠定了思想基础。

（二）商战思想的初步形成期

19 世纪 60—80 年代，西方的现代化商业进一步加剧了对中国市场的掠夺。当时，列强对中国商品的输出成倍增加。1880 年外国商品的输入与 1874 年相比增加了 2.5 倍，而同时期的中国出口商品却只增加了 1.6 倍。为改变这种局面，维护清政府的统治，当时的洋务派官员开始求富，认为“言强必先富”“欲强必致富”，国富是国强的前提，要求致力于发展中国的民族工商业。他们从求“富”出发，认识到重视商业是西方国家势力强大的原因之一，开始在魏源思想基础上进一步思考，形成了初步的商战思想。

这一时期的代表人物有张之洞、刘铭传、李鸿章、杨晨等。例如，时任山东地区的监察御史杨晨认为国家要富强，就必须先振兴商务。刘铭传认为国家要自强，就必须让国家富足起来，要使国家富足，就必须发展商业，只有商业发展，才能有能力与西方列强展开商战，从容地击败他们在经济方面的侵略。

在此认知下，他们提倡兴办洋务，开发矿藏，重视商业在整个社会中的重要作用，希望通过分洋商之利，来振兴民族的工商业，使国家富强，从而抵制西方列强的侵略。这些认知初步构成了我国商战思想的一些基本内容。

（三）商战思想的成熟期

19 世纪末，伴随着中国民族资本主义的兴起，现代化的商业出现并逐渐发展起来，早期的资产阶级改良派呼吁包括商业在内的全面改革，在经济上则要求建立独立民族商业，反对西方列强的经济侵略。商业界人士开始全面思考如何提高商业的地位，发展民族商业，采取合适的商业形式与西方列强进行商战，这些思考标志着我国商战思想的成熟。他们的代表人物主要有郑观应、王韬、薛福成、陈炽、马建忠等。

首先，他们认为朝廷应广开言路，使“言利之大门”打开，使“理财之说”盛行。他们结合当时西方国家商业的情况，批评清政府对商业不引导管理的政策，力劝政府要对商业加强引领，做商业的“调剂翼助”，使商业有组织地发展起来。

其次，他们旗帜鲜明地提出发展我国民族商业，反对列强的资本主义经济侵略，要与外国在商业领域进行商战。他们指出，西方列强的侵略主要有两个途径：一是靠洋刀洋枪进行武力征服，二是靠经商进行经济侵略。前者是大家有目共睹的，而后者是隐性的，不为国民注意，所以危害性也就更大。针对这种情况，我们必须与列强展开商战，维护民众的利益，使国家的财富不外流。针对清政府只从发展武器层面去对抗外国列强的片面做法，呼吁政府要从制度层面进行改革，改变观念，以商战向外国的经济侵略进行反击。

总之，从“重农抑商”到“商足以富国”，再到“与外争利”，与西方资本的侵入进行商战的思想逐渐形成并成熟起来。

二、郑观应的商战思想

郑观应是清末民初最具代表性的商战思想家。他曾为宝顺洋行、太古洋行的买办，先后做过生祥茶栈的通事、太古轮船公司总理。后得到洋务派领袖李鸿章的赏识，以商股代表的身份在上海机器织布局、上海电报局、轮船招商局、开平矿务局、湖北汉阳铁厂、商办粤汉铁路公司做总办、帮办等职务。他先后共做了 20 多年的买办，同时又自营企业。在长期的商业实践中，他认为要改变鸦片战争后国家受西方列强经济侵略的状态，就要与西方列强“决胜于商战”。为此，他提出了进行商战取得胜利的一系列切实可行的商战思想。这些思想主要体现在其所著的《盛世危言》中，主要内容有：

（一）鸦片战争后采取商战的必要性

鸦片战争后，中国的对外贸易状况不断恶化，长期处在贸易进口量大于出口量的情况中，这种巨大的贸易逆差给中国带来了极大的危害。郑观应发觉西方商品倾销不仅限于鸦片，还有棉布棉纱、大量生活用品等，而仅仅凭借出口传统的丝、茶等商品，已不能轻易扭转贸易逆差的形势，况且日本、印度等国的丝、茶出口又冲击着中国的丝、茶的国际市场。郑观应指出，如果不改变我国商业的状况，那么在与外国人通商时，其吃亏之处比割地赔款还要厉害，因此要改变贸易颓势，与其发动军事战争还不如加强商业战争，且实行商战不易被察觉，可在市场的竞争中，无形地增加国力，起到制敌的目的。

郑观应认为采取商战，是国家振兴富强的必然选择。在他看来，商业是国家的根本所在，通商会使国家运作更顺畅，在各种对付外敌的手段中，商业是最有效的，商业可以使国家富强，是国家的第一要务。

商战不仅仅是口号，必须付诸行动。他提出在诸多领域内，与西方列强进行商战。如进行丝、茶、日用品、零星货物的交易战；实行煤、铁、铜等矿产资源战；自铸金银，展开货币战等。商战的内容涉及国民经济的众多商业、生产领域。

（二）商工结合是商战取胜的关键

郑观应注意到，在中外通商中，中国出口以传统的未加工的原料产品为主，而西方国家能用技术加工原料，再转卖于中国获取利润。因此中国必须实行生产与贸易的结合，商工结合是商战获胜的有效途径。

要在商战中取胜，必须打造出质量过硬，可以和西方国家争夺市场的产品，提高我国商业的核心竞争力。为此就要提高生产商品的工艺，工艺精巧可以提高商品的品质。要提高工艺，就要采取机器制造。郑观应列举了在丝织、纺纱等行业，西方用机器生产，其产品远比中国用手工生产出的货物要精致，所以中国要想增加货物出口，行销欧美，必须采用新机器。他深知我国在对外贸易过程中饱受盘剥，受制于人，因而提倡自制机器，发展中国自己的机器制造业，从客观上摆脱对外国的依赖。

他还进一步提出不但使用新的机器，还要掌握先进的生产技术。郑观应是较早意识到发展技术重要性的先知先觉者。他反对不加分析地简单效仿西方，而应立足中国实际状况，根据中国的国情去学习。这种学习必须是有创造性的，是不脱离中国生产实践的学习。

（三）提出“护商”，促进商业发展的主张

开展商战，政府就要对商业采取有效的保护措施，使商业得到发展壮大。郑观应呼吁政府采取各种措施保护工商业的发展。

首先，设商部。在传统六部之外增设商部，统领商务，协调各部门生产经营关系，有效组织各行业商务活动。推举有才能、有实践经验的人任商部局董，履行统一管理的职能。郑观应本人就担任过局董，深知这一职位设置的重要性。

其次，立商法。郑观应认为要想有力促进商业发展，就应修改不利于商业发展的规章制度。他注意到外商因为有不平等条约的保护，享受许多中国商人没有的特权，往往在竞争中占上风。郑观应提出当今之计，要重新立法，对中外的商人统一征税，建立一个公平贸易的商业环境。

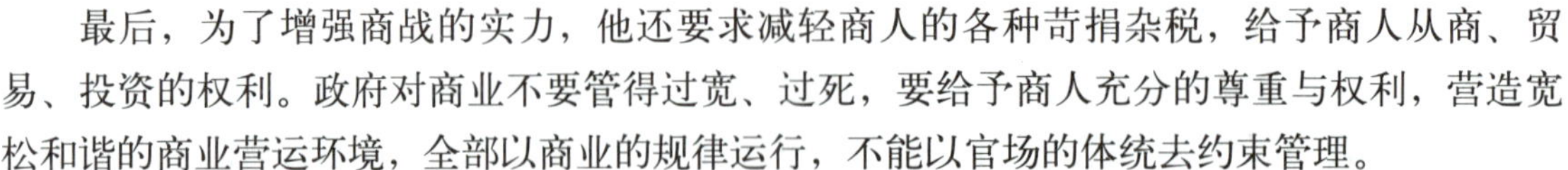

最后，为了增强商战的实力，他还要求减轻商人的各种苛捐杂税，给予商人从商、贸易、投资的权利。政府对商业不要管得过宽、过死，要给予商人充分的尊重与权利，营造宽松和谐的商业营运环境，全部以商业的规律运行，不能以官场的体统去约束管理。

（四）在商战中要大力提倡商学

郑观应批评那种认为商学是简单贸易的思想，指出商务极博，涉及很多的知识领域，需要专门钻研和具有商业智慧的人才。他同时发现中国不缺乏聪明才智之士，可惜的是这些人士长期形成了重视修身、不肯深入探索自然科学知识的陋习，总以为工商界人士所做的是谋利取巧之事，不屑与他们打交道。面对这种情况，设立商学势在必行。郑观应提倡务实之学，这是相对当时形而上学的空洞学问而言的。长期以来中国教育对于西方格致之学的忽略，导致了工商业人才的缺少，要改变这种状况必须培养精通工商业的专门人士。

郑观应眼界宽广，深知西方经济发展的来龙去脉，所以他提倡在中国进行商战，多结合中国的具体情况，向商业发达的国家学习。郑观应在《盛世危言》中反复阐述向西方学习先进经验，消除国人传统的妄自尊大意识，纠正士大夫们的偏见，在当时主张学习西方的改良主义者中独树一帜。

另外，郑观应还指出商战要得天时、地利、人和，要根据不同的气候条件、地理位置、交通设施，发展有创新的技术，多种因素相结合，才可在商战中立于不败之地。

任务二　近代著名商战

鸦片战争至五四运动时期，中国人民先饱受西方列强的欺凌，后遭受军阀割据混战之苦。我国商业人士在这种多灾多难的境况下，开始了商战救国、商战强国的奋斗，表现了商业界人士高度的爱国之情。

一、清末列强经济侵略中的商战

19 世纪三四十年代，西方国家经过工业革命的洗礼，掌握了先进的生产技术。随着鸦片战争的失败，中国这个巨大的贸易市场被西方列强瓜分，他们在中国办厂，冲击着中国自给自足的传统市场。1845 年第一家外资工厂——柯拜船坞在广州建立，至 1894 年外国在华设厂已达 80 余家。他们还在我国设立了各种洋行、商行，以此作为基地进行经济侵略，推销商品，掠夺原料。面对这种态势，我国商界人士开始了抵抗经济侵略的商业之战。

（一）基础性产业的争夺

工矿业和运输业等基础性产业的争夺关系到国家的经济命脉，影响到国家的发展前途。清末，基础性产业争夺战的形式主要是在清政府领导下，以“官督商办”的方式在商业领域内开展。从 19 世纪 70 年代开始，国人在清政府的引领下，兴办了一批民用的工矿业和运输业。主要有 1876 年两江总督沈葆桢在台湾开办的基隆煤矿；1877 年李鸿章在河北开办的开平煤矿，1878 年在上海筹建的机器织布局；1890 年湖广总督张之洞建立的汉阳钢铁厂。1872 年由当时的洋务大臣李鸿章主持在上海创办轮船招商局。当时美国的旗昌洋行与英国的太古洋行是势力最大的船运公司，他们联手制定了“齐价合同”，垄断了长江中的航运业务，在这种情况下，轮船招商局聘用了曾做过买办的唐廷枢为总办，展开抗争。唐廷枢取得朝廷的支持，获得了中央的低息贷款，依靠开展漕运业务在市场上站稳脚跟。在20年的时间里，国人先后创办了20多个基础性企业，创办资本约1 700万两白银，工人20 000余人。这些基础性产业在清政府的领导下，采用“官督商办”的形式，在众多的国家及民用领域，向西方资本主义商业侵略宣战，为我国后来商业的发展起到了重要作用。

基础性产业争夺的过程是我国商业从传统的生产方式出发，引进现代化管理的过程。例如，轮船招商局在内部管理上，凭借唐廷枢为外国公司做买办时积累的丰富经验，结合中国传统的生产、管理方式，根据当时的实际情况，开始对公司进行现代化管理。他们制定了科学的公司章程，公开面向社会民众招股，定期召开股商大会，讨论公司的重大措施，坚守诚信，定期分红、定期公示账目，调动员工的积极性，利用宣传、降价、改善服务等各种手段争夺航运业务。这些经营方法，让英美两大公司倍感压力。这种既坚持传统又向西方学习的方法提高了我国基础性产业的竞争力。

充分利用本土优势，取得国人支持是清代末期基础性产业争夺战胜利的关键。外国公司是在鸦片战争后进入我国市场的，从本质上讲，属于经济侵略。在最初阶段，他们依靠先进的技术和管理经验，以低成本占据优势。随着我国工商界人士学习技术，引进先进设备，创办出自己的产业后，国人对自己民族产业的热情也随之升温。与轮船招商局竞争的美国旗昌洋行与英国太古洋行最开始失败的迹象就是先从股票市场开始的。当时许多商人纷纷购进轮船招商局的股票，导致这两家公司的股票大跌，两家公司已无盈利，连股息也不能按时发放，甚至收入已不能保证公司正常运转。在这种情况下，两家公司的董事会最终只好分别以220万两白银的价格，把公司转卖给了轮船招商局，退出航运业。国人以实际行动表明了他们对国家和民族产业的支持。

（二）民间商业市场的对抗

清末，在以政府为主导的基础性产业与列强展开争夺的同时，民间商业也应时而起，兴办大量企业与外商争夺民间市场，重兴国家的经济。民间企业在纺纱、制豆饼、制茶、制糖、面粉加工等各个领域内纷纷展开商业兴国的行动。他们在形式上仿照资本主义的公司，吸收私人资本入股，大量引进现代技术、设备，训练了一批掌握现代生产技术的工人和技术人员。他们专门从事的商品生产有明确的成本利润计算，工人都是招聘来的自由劳动者，企业资本也是由私人投资组成。这些企业在国家落后挨打的局面下，奋发图强，以兴办民用工厂为基础，以市场争夺为核心，在一定程度上起着抵御外资侵略，以商战来维护国家利益的作用。

首先，民间商业利用我国的传统优势，改进技术，中西结合，走出了一条商战成功之路。造纸术和印刷术曾是中国人民的伟大发明，但后来西方在这些方面的技术超过我国。1881年，英国商人在上海建立了华章纸厂，资本7.5万两白银，采用毛竹竿作为原料，因工艺先进大获其利，在纸张供应市场上占据了优势。面对这种情况，1882年，广州商人合伙建立广州造纸厂，融资15万两，引入先进的纸浆机，以当地价格低廉的稻草做原料，把现代的造纸技术与传统的造纸技术相结合，中国师傅与英国技师在生产车间互相合作，每日可产纸

60余担，与外商展开了市场的争夺。

拓展阅读

清末，以英商美查在上海设立的点石斋石印局为代表的外资印刷企业，凭借着先进的石印技术，获得了很大成功，对我国传统的木板雕刻技术造成了巨大冲击，有霸占行业的势头。在这种情势下，1882年，徐润、徐鸿复等集股在上海开办同文书局，与点石斋抗衡。他们从两个方面做起：一方面购置当时最先进的滚筒印刷机，派人到西方学习先进的石印技术；另一方面发挥传统印刷的优势，影印（石印）古书，先后印出《二十四史》《古今图书集成》等传统文化古籍，获得了广大读者的喜爱。

在民间商业的争夺战中，商人表现出艰苦创业、奋发图强、顽强拼搏的精神内核。民间商业因资本少，往往要经过艰苦的奋斗才能在市场上立得住脚，在与外商的抗争中这一点表现得尤其突出。1866年，打铁出身的方举赞、孙英德以两百元资本（相当于当时苏州洋炮局外国技工一个月的薪水）合伙开办发昌机器厂。发昌机器厂设在虹口外商船厂“老船坞”的对面，开始只有一座打铁炉、四五个工人，主要业务是通过同乡关系承揽“老船坞”船用零件的打制修配。从1887年开始兼造车床、气锤，除此之外还经营进口五金。为招揽生意，发昌机器厂从1873年起就开始在报纸上做广告，其中一则广告在《申报》上连续登了三个月之久。19世纪80年代末，发昌机器厂发展到300余人，拥有20多台机械设备，分设木匠、木模、翻砂、打铁、车床、水铁炉等车间，成为当时上海民族机器工业中规模较大的一家。从无到有，从小到大，发昌机器厂靠的就是奋发图强、顽强拼搏的精神。

二、北洋政府时期国家动荡中的商战

北洋政府统治期间，国家动荡，中央失控，权贵经济横行，中国商业面临着严重危机。以棉纱为例，当时中国棉纺织工业中心天津规模最大的华新、恒源、裕元和裕大四家纱厂25个大股东中，竟有23个是民国政府要员。黎元洪、徐世昌和曹锟三位民国大总统，段祺瑞、龚心湛（代总理）两个政府总理，都在这些纱厂中占据了大量的股份。这些人以官僚或军阀之身，组成了一群错综复杂的利益群体，扰乱市场、攫取暴利，遇到经济危机却毫无办法，到了20世纪30年代初，四大纱厂已有3家落入日本商人之手。

与此同时，西方列强的洋面、洋布、洋火、洋盐、洋油占领了几乎所有的国内民生市场。面对国家动荡，我国民族商业一方面要与外资商业入侵作斗争，一方面还要与腐败的军阀政府斗智斗勇，于是新的“商战”拉开了序幕。

（一）消费领域的对峙与争夺

消费领域的对峙与争夺其存在范围非常广泛。在几乎所有重要的消费领域里，我们都看到了中外企业对峙争夺的景象：棉纺市场，无锡荣家、张謇等人的对手是日本的多家棉纺株式会社；纺织机械市场，华资大隆机器厂的对手是美国萨科－洛厄尔机器厂和维定机器厂；火柴市场，刘鸿生的大中华火柴公司与瑞典火柴公司、日本铃木会社杀得难解难分；出版市场，商务印书馆、中华书局与英资兆祥洋行势同水火；制碱与肥料市场是天津永利制碱公司与英卜内门和帝国化学工业之间的竞争；肥皂市场是五洲皂药厂与英资联合利华的竞赛；水泥市场，周学熙的启新洋灰厂与日本水泥及英资青洲英妮公司进行了一场长达 10 年的竞争；钢铁市场，汉阳铁厂与日本南满株式会社难分高下。

消费领域的对峙与争夺，遏制了外来侵华资本对民族商业的冲击，促进了民族商业的崛起与发展。以面粉行为例，1910 年，无锡的荣宗敬在兄弟荣德生（见图 2-1 和图 2-2）的支持下到上海寻找商机。经过两年的努力，荣宗敬在上海新闸桥创办了福新面粉一厂。他在第一次的股东会上表示，为了扩大生产规模，三年内自己不从厂里提一分红利，所有的钱都用来扩大再生产。为此，他多管齐下，采取了新建、租赁和收购等多种手段。到 1915 年，在上海闸北的光复路上，沿苏州河一字排开四家荣家面粉厂。其高耸的烟囱日日浓烟滚滚，机器的响声彻夜不绝，苏州河里运麦装面的船只更是川流不息，英商所开的增裕面粉独占上海市场的景象已成过眼云烟。据统计，1914—1921 年，我国商人所办的面粉工厂迅速增加了 108 家，是前 20 多年所建面粉厂的两倍。

图 2-1　荣宗敬

图 2-2　荣德生

在国家动荡的局面下，消费市场的对峙与争夺，增强了民族商业界的自信心，激发了国人的民族自豪感。19 世纪中期以后，一方面，中国国内对棉纱的需要不断增长，而另一方面，由于国际局势的影响，国内棉花出口减少，棉花价格下落。棉贱纱贵的结果，使棉纱业的利润成倍增长。英国、日本的商人利用这一时机，在中国大肆创办纱厂，几乎垄断了中国的纺织市场。在面粉行业取得胜利的同时，荣家的棉纱工厂也同步跟进。1915 年，荣宗敬在上海郊外的周家桥开建申新纱厂，购英国制纺机 36 台，盈利额从开办当年的 2.06 万元增加到 22.2 万元。与当时上海的多家英国、日本创办的纱厂展开了长期的激烈对峙。1917 年，荣宗敬出资 40 万元买下上海一家由日本商人经营的纱厂，改名为申新二厂。当时棉纱业是外国公司的天下，荣家企业有气魄和能力收购日本企业，一时成了上海人津津乐道的新闻。荣氏兄弟的奋起不仅有力保护和发展了我国的民族商业，还增加了商业界人士的信心与勇气。

（二）金融领域的奋起抵制

商业界不但与外商争夺市场，还与当时的军阀政府斗智斗勇。其中上海的企业家们在金融领域与袁世凯政府的商业斗争就是一个最明显的案例。

袁世凯政府为了应付盘踞在南方的革命军，拼命扩大军费，肆无忌惮地下令其所控制的官方银行——中国银行和交通银行开动机器印制钞票，发钞数量是过去的数倍。钞票发行过多，势必引起银行的信誉动摇，引起市民恐慌，北京和天津地区的两行钞票持有者纷纷前往银行要求兑现。在这种情况下，北洋政府国务院为稳住金融盘子，于 1916 年 5 月 10 日突然下令中国银行、交通银行停止兑现，一切存款止付。法令传到上海，中国银行上海分行采取了公开抵制。在总经理宋汉章、副总经理张公权（见图 2-3 和图 2-4）的带领下，电复北洋政府，拒绝执行法令。中国银行上海分行面对挤兑风潮，采取紧急措施，积极应对。一方面广泛活动，寻求社会的支持，另一方面调集资金，应对客户提现。5 月 12 日是星期六，下午原不对外营业，中国银行上海分行特意延长营业到下午 3 点，第二天为星期日，破例在上午 8 点半开门营业半天，照常收兑钞票。前两天到银行兑现者每日各约两千人，第一天约兑付四十万元，第二天半日之间兑付二十万元。四天之后，人心稍定，风潮开始缓和，经过一个星期才完全平息。

图 2-3　宋汉章

图 2-4　张公权

在这次发生的与北洋政府之间的商战中，金融领域内的商业人士展示了他们的正义与胆识，同时也表现出金融领域内商战的特点。

（1）金融领域的商战要坚持金融业的原则，坚持客户信誉是银行立身之本的理念。面对当时袁世凯政府停止兑现的严厉政令，总经理宋汉章、副总经理张公权认为事态非常严重，一个银行若不能兑现，就等于失信于客户，而客户信誉是银行的立身之本，没了客户的信任，银行等于自取灭亡。宋、张二人决定拒绝执行命令，电复北洋政府，措辞激烈："为对持票人负责，无论处在任何困难的环境中，愿尽一切力量，将库中现金兑至最后一元，始行停兑。"当时袁世凯的暗探密布各处，这次抗命随时有性命之忧，但二人仍坚持原则，勇敢抗争。

（2）金融领域的商战需要业内人士的群策群力，团结互助。在这次商战中，中国银行的职工团结在一起，各显其能。宋汉章在行内有实权，对外商银行有信用。张公权长于政治活动，对社会各方面和报馆颇有联络。沪行营业主任胡桂萝在钱业中有地位，经过他的疏通，中国银行才能派人到上海钱业市场做交易，各钱庄承认中国银行是同业，不作为普通往来户。三人各有所长，相得益彰。在这次风潮中，中国银行得到了10多家其他银行的帮助，借贷了200万元，尤其在兑换的关键时期，上海的一些银行开会决议，委托其他银行接济中国银行。众多银行界人士在关键时刻，伸出援手，不仅稳定了客户的焦躁心理，也坚定了中国银行工作人员坚持到最后的决心。

（3）金融领域的商战要坚持有利、有节、有理的原则。面对政府的无理政令，宋汉章、张公权和同仁们一方面寻找相关的法律依据，使抵制拒绝兑现的行为有理有节，同时建立组织取得商界人士支持，让局面尽可能向有利的方向发展。中国银行联合银行界的著名人士成立中国银行商股股东联合会，张公权还专程拜访了南通的企业家张謇，说服张謇出任会长，并在当时的《申报》《新闻报》等大报上登报声明，宣布中国银行上海分行的全部业务归中国银行商股股东联合会主持处理，承诺中国银行上海分行的存款随时可以兑现。这样既为事件的发展未雨绸缪，又消除了客户的后顾之忧。

测试与思考

一、单选题

1.（　　）是孔子的弟子，他把老师的儒家学说融入自己的经商理念中，并在经商的过程中宣传老师思想。

A. 子贡　　B. 孟子　　C. 颜回　　D. 孟子

2. 春秋末期（　　）经商三次致富，又三散家财帮助穷人，司马迁评价他“富好行其德”。

A. 子贡　　B. 弦高　　C. 范蠡　　D. 管仲

3. 中国历史上被称为“红顶商人”的是（　　）。

A. 乔致庸　　B. 沈万三　　C. 张謇　　D. 胡雪岩

4. 京杭大运河南起余杭（今杭州），北到涿郡［今（　　）］，全长约1 797千米，是世界上里程最长、工程最大的古代运河，也是最古老的运河之一。

A. 西安　　B. 北京　　C. 沈阳　　D. 天津

5. 马帮主要活跃在（　　），他们的精神又附着在这条商道上，成为中华民族精神的组成部分。

A. 丝绸之路　　B. 茶马古道　　C. 京杭运河　　D. 古蜀栈道

6. 在七次航行中，郑和率领船队从（　　）出发，在江苏太仓的刘家港集结，至福建福州长乐太平港驻泊，伺风开洋，远航西太平洋和印度洋，拜访了30多个国家和地区。

A. 杭州　　B. 上海　　C. 海宁　　D. 南京

7. 中国近代最具代表性的商战思想家是（　　）。

A. 郑观应　　B. 曾国藩　　C. 荣宗敬　　D. 宋汉章

二、简答题

1. 做一名优秀的商人，应该具备什么样的品质？
2. 商人在获取利益的同时应如何履行社会责任？

实训安排

绘制丝绸之路路线图

一、实训目标

1. 了解丝绸之路的意义和影响。
2. 了解丝绸之路上的商品和经营形式。
3. 熟悉陆上丝绸之路和海上丝绸之路的路线。

二、实训内容

绘制陆上丝绸之路和海上丝绸之路地理路线图，标识出重要国家、城市、路线等。说出丝绸之路上商品经营品类和经营模式，提炼丝路商业精神，说明丝路商业精神在商业中的意义和作用。

三、实训要求

能说清陆、海丝绸之路发展历程及路线，提炼商业精神，明确商业精神在国际商贸中的作用与传承。

四、实训成果

绘制陆、海丝绸之路地理路线图，并按要求讲解。

五、评价标准

根据实训成果，进行“优、良、中、及格、不及格”打分。

模块三

传承商业文化

素质目标

◎培养强烈的文化自信和民族自豪感。

◎具有正确的商业道德观念，维护我国传统的商业文化。

知识目标

◎了解商帮及商帮文化。

◎理解“一带一路”倡议的意义和传承。

◎理解传统商业文化的传承与发展。

能力目标

◎能够分析十大商帮商业文化的特点以及如何传承商帮文化。

◎能够理解“一带一路”倡议的内涵，分析老字号文化以及非遗文化的传承意义。

模块导读

在经商的过程中，商人们常常因为经营相同的品类、使用相同的运输工具或同乡同族等原因结成商帮，相亲相助，和衷共济。到明清时期商品行业繁杂，数量增多，商人队伍日渐壮大，商帮发展也达到了顶峰。各地商帮在传统商业文化的基础上，形成了各具特色的商帮文化。改革开放以来，新商帮崛起，成为中国经济的支柱，新商帮既传承了商帮文化，又丰富了商业文化。随着对外贸易的不断发展，我国延续了丝绸之路的贸易往来和合作理念，提出了“一带一路”的合作倡议，丝路文化焕发生机。商帮文化和丝路文化都是中国商业文化的集中表现，其传承显示了商业文化强大的生命力和创造力，对现今和未来的商业活动都有巨大影响。本项目旨在让学习者了解中国商帮、理解“一带一路”倡议，以及传统商业文化在新时期的传承与发展，为商业文化的传承奠定基础。

引导案例

材料一　1900 年，八国联军侵占了北京城，北京城里的达官贵人随着慈禧太后仓皇出逃。山西票号在这次战乱中损失惨重，不但票号被抢，而且账簿被烧。没了账簿，许多存款就缺少了真实的凭证。然而，以日升昌为首的山西票号决定，只要储户拿出折子，无论数量有多大，立刻兑换银两。山西票号的这些举措取得了储户的信任，为自己带来了更多的生意。

材料二　作为徽州茶商的后裔，胡适对家乡人的商业活动了如指掌。他说，徽州商人多半是以小生意起家，吃苦耐劳，累积点资金，就努力发展，有的就变成了富商大贾。骆驼是一种能在极度恶劣的环境中生存下来的动物。直到今天，安徽人仍然在文化寻根中用“徽骆驼”自勉。在他们看来，将徽商称之为“徽骆驼”，代表着他们身上有一种百折不挠的开拓进取精神。

案例思考

1. 山西票号的举动，放在现代社会，是否有可取之处？是否值得推崇？

2. 你认为徽商的“徽骆驼”称谓，是褒义还是贬义？“徽骆驼”精神对徽商的发展有什么作用？

单元一　传承商业文化概述

任务一　明清商帮

明清时期是一个东西方政治、经济、思想文化等领域多方位交汇碰撞的时期，社会经济有了长足发展，商品流通规模、市场发育程度以及商人资本的实力都有了很大提高。在这样一个传统社会面临转型的阶段，出现了一个以地域因素划分的一种商人群体——商帮，成了明清时期独特的商业文化现象。

一、商帮与商帮文化

（一）商　帮

商帮在我国古代很早就出现了，在明清时期最为兴盛。随着商品经济的迅速发展，明清时期从事商品贸易的行业越来越多，商人队伍也日渐壮大，竞争日益激烈。俗话说，“亲不亲，家乡人”，为了在市场开拓和商品贸易方面相互支持、和舟共济，商人们以天然的乡里宗族关系自然地联系起来。由于同一地域的商人使用相同的方言，有相同的生活习惯，甚至拥有相同的思维方式和价值取向，从而形成了同乡间特有的亲近感，因此在亲缘组织的基础上，形成了更大的地域性商业组织。这种以乡土亲缘为纽带，建立在地缘基础上的商人组织就是商帮。商帮拥有会馆办事机构和标志性建筑，贸易活动遍及全国各地，商品远销海内外，对当时市场经济的发展和我国近代对外贸易的兴起起到了重要的促进作用。

明清时期，中国有晋商、徽商、陕商、鲁商、闽商、粤商、宁波商帮、洞庭商帮、江右商帮、龙游商帮等著名商帮，其中以徽商和晋商规模最大，实力最强，纵横商界500年，最后在清末民国时期被其他商帮取而代之。

（二）商帮文化

商帮把中华传统文化的精髓与自己的实际经营活动结合在一起，蕴育出了独具特色的中国商帮文化。在商帮文化中既有商业文化的属性，也有地区文化的特色。不同的区域文化孕育了不同的经济形态和相应的经济人格，商人的不同理念和行为形成了独特的商业气质。山西商帮的“守信不欺”、陕西商帮的“克勤兴业”、宁波商帮的“长袖善舞”、洞庭商帮的“因地逐利”等，都是商帮在长期的经营实践中逐渐积淀而形成的商业特质与商业精神。

视　频

商帮与商帮文化

二、商帮形成的社会基础

（一）明清时期的经济背景

（1）商品生产的快速发展，形成区域性产业结构。明朝商品生产最突出的是棉布和丝绸。

棉花在宋朝已在闽广及陕西地区种植，到元朝中后期，棉花已在全国较大范围种植。明朝的丝绸生产以江南的杭州、嘉兴、湖州和苏州部分属县最为兴盛，形成了江南丝绸畅销海内外的盛况，为徽州商人、洞庭商人、山陕商人、福建商人和广东商人从事大规模、远距离的棉布和丝绸贸易提供了可能。

（2）银货币化改变了支付手段，提高了结算效率。明朝中期开始一系列的改革，推动了白银的货币化进程，客观上推进了商品流通的进程，为商人大规模开展经营活动创造了有利条件。

（3）税赋降低，减轻了商人负担。明朝商业税率偏低，降低了商人的商业经营成本，有利于商人实力的增加和商人集团的产生。

（二）商帮发源地的地域因素

（1）环境因素促使人们走上经商之路。无论是晋商还是徽商，都存在人多田少、土地贫瘠、生产的粮食不够食用的情况，在很多自然条件较为恶劣的地区，经商是当地人无奈也是必然的选择。各地具有独特的资源特点和地理优势，如徽商因山多，可以向外贩卖林、竹、茶、桑、药材等物品；晋商借助丰富的煤炭和盐业资源，走上经商之路。

（2）交通条件改观，有利于大规模、远距离的商品贩运。商人从事的行业是商品贸易，商品流通离不开交通。在交通发达的地方容易发展大商业，甚至形成繁华的商业中心，所以交通条件在很大程度上决定了一个地区的商业结构，也决定了该地区商帮的经营规模、经营水平和影响力。

（三）社会结构与社会价值体系的变化

1. 商人阶级崛起

明朝中叶后，中国的社会结构发生了深刻变化。传统的“士、农、工、商”中的商已不再被排在末位。社会上出现了“士商常相混”的局面，很多人亦儒亦商，甚至弃儒从商，商人的成功对当时的人们来讲是极大的诱惑，同时明清的捐纳制度，又为商人开启了入仕之路。

2. 社会价值体系发生变革

明朝中后期，“士商常相混”的局面无疑缩短了士与商的距离，社会各阶层对商人的看法也在发生变化。儒学对经商理念或商业伦理的渗透增强，晋商家族中一二流的读书子弟去经商，三四流的读书子弟才去参加科举考试，甚至出现获得功名却不做官而从商的进士。

三、明清十大商帮

（一）山西商帮（晋商）：学而优则贾

十大商帮中最早崛起的就是晋商，晋商的历史起源于周朝的晋唐时期，在明代真正崛起，在清乾隆、嘉庆、道光时期发展到鼎盛。晋商是明清时期国内最大的商帮，在商界活跃了 500 多年，足迹不仅遍及国内各地，还涉足欧洲、日本、东南亚和阿拉伯国家，可以与世界著名的威尼斯商人和犹太商人相媲美。到清朝中叶，晋商逐步适应金融业汇兑业务的需要，转向金融业发展，最有名的业务就是钱庄和票号。咸丰、同治时期，山西票号几乎独占全国的汇兑业务，成为强大的商业金融资本集团。

晋商有严格的规章和管理制度，并极具进取精神和敬业精神。晋商大多具有不怕苦、不怕累、勤奋好学的良好品德。同时他们互相信任，不仅形成地方性的商帮，还创办了联号制和股份制的业缘群体组织，类似西方的子母公司，这些方面能够帮助晋商在商业经营活动中发挥企业的群体作用。

视 频

守望相助
太行晋商

（二）徽州商帮（徽商）：贾而好儒

徽商曾活跃于大江南北、黄河两岸，足迹远至日本、东南亚各国和葡萄牙，世有“无徽不成镇”的说法。其商业资本之巨、从业人数之多、活动区域之广、经营行业之多、经营能力之强，都是其他商帮所无法匹敌的，在中国商界称雄数百年。可以说徽州人都是经商能手，他们善于分析和判断经济形势，通过大规模的长途商品贩运牟取厚利。徽商自称徽骆驼，代表着他们身上有一种百折不挠的开拓进取精神，像骆驼一样在极度恶劣的环境中能够生存下来。

视 频

水墨丹青
儒雅徽商

徽商与其他商帮最大不同，就在于“儒”字。徽州是南宋大儒朱熹的故乡，被誉为儒风独茂，因此徽商大多表现出贾而好儒的特点。徽商以儒家诚、信、义的道德要求作为其商业道德的根本，既使得他们在商界赢得了信誉，也促使了商业资本的发展，是其经商成功的奥秘所在。徽商发迹后回馈桑梓的精神也为人称道，在古徽州地区保留下来的牌坊、祠堂和民居中，也能感受到当时徽商的兴旺。

（三）陕西商帮（秦商）：综合性商帮

陕西商帮是我国形成时间最早的商帮之一。陕西商帮的形成得益于千年古都的商业繁荣和陕西商人的自身素质。这些生活在黄土高原上、高吼着秦腔的人们在经商上同样精明，他们即使拥有无数的财富，也不会轻易浪费每一分钱。陕西人的特点更是“一大二土”，“一大”是说他们资本大、生意大，“二土”是说他们在生活享受方面极不讲究，穿棉布衣，戴瓜皮帽。

视 频

炎黄血脉
质朴秦商

陕西商帮以盐商最为著名，经营布业、茶叶和皮货业也是陕西商帮盈利的重要途径。“货真价实好为商，假冒伪劣难久长。”陕西商人不欺不诈，随行就市，按质论价。正因如此，陕西商人被誉为“人硬、货硬、脾气硬”的“三硬商人”。在布匹行，陕西商人提供的货物质量优良，货真价实，而且他们信誉卓著，购销两旺，货敞其流，素有“关中贾来价更高”之称。

（四）山东商帮（鲁商）：亦儒亦商

山东人的特点是质朴单纯，豪爽诚实。正因如此，山东商帮的致富之道显得单纯，直截了当。概括起来，就是长途贩卖和坐地经商的商业经营方式，讲求信用的商业道德以及规范的商业行为。山东商人经营方式很规范，生意对象间靠信义约束，按约定俗成的规矩行事。史载：合资经营企业的做法往往是“邀同亲友，书立合同，出伙时，则书出伙合同”，以示守信用。因为善于规范自己的商业行为，外地商帮与山东商帮打交道很少有过节，也很少听到别的商帮瞧不起山东商帮。

悠悠孔孟
厚道鲁商

山东商帮，儒字当头，仁智礼义信，情深似大海，义重如泰山，忠源黄河水，为国不计多。山东是孔孟之乡，儒家思想植根于山东人的心灵深处。“修身、齐家、治国、平天下”表现在山东商人身上，就是关注民生。他们把经商当事业做，具有强烈的社会责任感。无论企业大小，企业主都会把自己的企业和地方、国家联系起来。这种既重财又重义，心系国计民生的品德，为山东商人赢得了良好的口碑。

（五）福建商帮（闽商）：爱拼才会赢

闽商以“开放、拓展”的精神闻名。闽商闯荡全球的历史显现出典型的海洋文化特征，可以说“有华人的地方就有闽商”。如今，闽籍海外华侨华人遍布全球，闽商成为国际商界的劲旅。

视频

不信天命
只信闽商

闽商敢于拼搏冒险，晋江、石狮一带商人，推崇“少年不打拼，老来无名声”“输人不输阵，输阵番薯面”。这种强烈的“海洋”性格，使闽商在许多领域突破传统。闽商求实变通，认为“道义”和“功利”应是统一，他们主张实效，讲究变通，以家族为核心进行海上贸易和国内交易，并达到大获全胜的目的。闽商恋祖爱乡，以报效家乡为荣，不管走得多远，事业做得多大，始终眷恋故土、不忘乡亲、投资兴业、热心公益。

（六）广东商帮（粤商）：敢为天下先

广义上的粤商包括潮州帮（潮商）、广州帮、客家帮等，历史文化渊源深远，商业氛围浓厚，是现代中国商业经济中最主要的企业群体，也是对中国改革开放影响力最大的一个商帮。

自西汉开始，广州就成为珠玑、犀角、果品、布匹的集散之地，到了宋代，广州已成为“万国衣冠，络绎不绝”的著名对外贸易港。明清时期，广府商人和潮州商人的足迹遍布全国，并把事业拓展到海外。从18世纪开始，广州作为中国唯一的对外贸易口岸，成为“洋船”必争之地。清代广州十三行商人从垄断外贸特权中崛起，经济实力显赫，是近代以前中国最富有的商人群体。代表人物有伍秉鉴、卢观恒、梁经国、吴健彰等。

视频

敢为人先
实干粤商

粤商最大的特点就是具有很强的商业嗅觉，敢为天下先，精明实干。粤商在近现代，也起到了引导潮流的作用。特别是改革开放以来，粤商凭借特殊的地域和政策优势，加上聪明才智，迅速成为全国经济的领跑者。

（七）宁波商帮：后来居上

宁波商帮泛指旧宁波府所属的鄞县、镇海、慈溪、奉化、象山、定海六县在外地的商人。宁波商帮推动了中国工商业的近代化，为中国民族工商业的发展做出了突出贡献。如第一家近代意义的中资银行、第一家中资轮船航运公司、第一家中资机器厂等，都是宁波商人创办。清末上海、天津、武汉的崛起和第二次世界大战后香港的繁荣，宁波商帮都做出了贡献。宁波商人遍布世界各地，其中不乏世界级工商巨子。

视频

近代之王
宁波商帮

宁波商帮的形成是在明朝后期到清朝初期。清乾隆、嘉庆时期，宁波商帮迅速发展，一跃成为国内著名商帮。鸦片战争后，宁波商帮凭借自身的特殊条件，迅速介入新兴的对外贸易领域，形成以买办商人和进出口商人为代表的宁波帮新式商人群体。宁波商帮的致富之道非常有特点，也非常实用，以经营传统行业安身立命，以支柱行业为依托，以新兴行业为方向，而往往一家经营数业，互为补充，使自己的商业经营在全国商界中居于优势地位。

（八）洞庭商帮：善于审时度势

洞庭商帮是在明万历年间才初步形成的。洞庭商帮擅于审时度势，把握时机。洞庭商人没有与徽商、晋商在盐业和典当经营上争夺市场，而是扬长避短、稳中求胜，利用洞庭湖得天独厚的经商条件贩运起了米粮和丝绸布匹。他们还不断更新观念，开拓经营新局面。尤其是鸦片战争后，在金融中心上海，洞庭商帮开辟了买办业、银行业、钱庄业等金融业和丝绸、棉纱等实业。在新的历史背景下，洞庭商帮从事着不同于以往的商业活动，由此，洞庭商帮产生了一批民族资本家，走上了由商业资本向工业资本发展的道路。

洞庭商帮十分讲究具体的经营手段，而这些手段则非常符合现代经商的要求。洞庭商帮非常注意市场信息，时常预测行情。在经商过程中，洞庭商帮会根据市场行情与商品交换的情况调整自己的经营策略，不拘于成见。洞庭商帮还会根据当地实际情况，比如商人资金和民风特点，因地制宜地采取独特的经营方式。

（九）江右商帮：讲究商德

江西商人在历史上被称为“江右商帮”。江西商人绝大多数是因家境所迫而开始经商的，小本经营、借贷起家成为他们的特点。他们的经商活动一般是从贩卖本地土特产开始，因此江右商帮具有资本分散、小商人众多的特点。他们除少数行业如瓷业比较出众外，其他行业与徽商、晋商等商帮相比，其经营规模都显得相形见绌，商业资本的积累也极为有限。当代著名作家沈从文在他的作品中，曾经这样描述江西布商：一个包袱一把伞，跑到湖南当老板。另外，江西商人浓厚的传统观念、小农意识也影响着他们的资本投向，只求广度，不求深度。所以，尽管江西商人人数众多，涉及的行业广、经营灵活，但往往在竞争中容易丧失市场。

视频

商帮鼻祖　堪称赣商

江西商人讲究商德。注重诚信显示了江西人质朴、认真的性格，也是江西人头脑中传统儒家思想的自然流露。江西商人还善于揣摩消费者心理，迎合不同主顾的要求。江西商人艰苦奋斗的创业精神、和合共赢的协作精神、以义制利的儒商精神、潜心学艺的钻研精神等也成了令人景仰的人格精神。

（十）龙游商帮：海纳百川

历史上所称的龙游商帮，实际上是指衢州府商人集团，其中以龙游县商人人数最多、经商手段最为高明，故冠以龙游商帮之称。龙游人脑筋活络，在农耕之外，常借交通之便经商谋生。龙游有丰富的资源，山林竹木和茶漆粮油产量丰富，这些土特产品成为龙游商帮最重要的外贸商品。

龙游商帮的显著特点是埋头苦干，不露声色。龙游商帮在珠宝古董业中独占鳌头，还在造纸、印书、刻书、贩书业中有所建树，并涉足海外贸易，成为颇具实力的一大商帮。龙游商帮具有开拓进取、不畏艰辛的敬业精神，同时龙游商人在营商活动中，历来看重“财自道生，利缘义取”“以儒术饰贾事”。主张诚信为本，坚守以义取利的儒商品格，也使其获得了良好的市场信誉。将诚信作为经商从贾的道德规范，正是龙游商帮获得成功的要诀。

视频

商贾孔明　龙游商帮

拓展阅读

十大商帮文化特征的比较分析见表3-1。

表3-1 十大商帮文化特征比较分析

商帮名称	山西商帮	徽州商帮	陕西商帮	山东商帮	福建商帮	广东商帮	宁波商帮	洞庭商帮	江右商帮	龙游商帮
所在地域	山西	徽州	陕西	山东	福建	广东	宁波	苏州	江西	浙江
文化特征	学优则贾、善于用人	贾而好儒、务实精明	行道较多、追逐厚利	重义守诺、恪守信用	爱拼会赢	内容丰富、敢为天下先	善于超越、后来居上	审时度势、更新观念	白手起家、讲究商德	手段高明、海纳百川
代表人物	雷履泰	胡雪岩	贺达庭	孟洛川	蒲寿庚	张振勋	刘鸿生	荣氏兄弟	李宜民	沈万山

任务二　商帮文化的传承与发展

商帮文化的优良传统是中国商业持续发展的精神动力。弘扬商帮文化优良传统，深度挖掘其精神内涵，传承和发展诚信为本、和合之道、敢为人先等优秀商帮文化，古为今用，对现代企业持续发展与创新都具有深远的影响和意义。

一、我国商帮文化的核心

明清时期正处于东西方文化交融，社会转型的历史时期，商人不再单打独斗，而是结成地域性的商帮组织。近代商帮优良的文化传统是中国商业持续发展的精神动力，现代新商帮文化也是在传统商帮文化的基础上传承发展起来的，弘扬商帮文化优良传统，深度挖掘其精神内涵，坚持古为今用，对现代企业持续发展与创新具有深远的影响和意义。

（一）诚信为本

诚信是中国各地商帮共同信奉的一个原则。商帮文化以儒家文化为依据，主张以儒意通商。商人们将严守信誉作为商业道德，代代相传。在市场竞争日益激烈的今天，追求最广泛意义上的社会信任成为企业共同的目标，诚信理念的确立，匡正了商业秩序，稳定了市场，促进了企业之间的良性竞争。

享誉海内外的北京同仁堂是已有三百多年历史的著名中华老字号，在生产经营中始终坚持厚德诚信的优良传统。时至今日，同仁堂的各处门店都还贴着“炮制虽繁必不敢省人工，品味虽贵必不敢减物力”的对联。如今，它已成为历代同仁堂人的制药信条和诚信原则，确保了同仁堂金字招牌熠熠生辉。

（二）和合之道

中国传统文化倡导群体本位的价值观与和合精神。渊远流长的中华和合文化，成为商帮文化兼容性、创新性的精神食粮。中国商人以海纳百川、兼容并包的文化精神，活跃在世界商场，形成了兼爱互利、凝聚和合、团结互助的优良文化传统。在经过改革开放40多年的不断探索和卓有成效的实践后，现代企业在学习和引进、改革与创新的过程中，重新认识到了中华民族“和合文化”的深远意义，并在历史和现实的分析中揭示出“和合文化”的内涵和真谛——和气生财，合作致胜。

创办至今已400余年仍生机勃勃的“瑞蚨祥”绸布店就是“和气生财”的典范。创造了中外合作“第三类模式”的奥康集团，便是在市场经济深入发展的进程中，中国商业文化由“和气生财”到“合作致胜”的继承与升华。

（三）敢为人先

在商帮的发展进程中，各大商帮均力避墨守成规，根据时势变化不断改进经营方式，并创造出所有权与经营权分离、原始股份制形式等管理理念和运营机制，其科学性、严密性可与现今任何一家跨国公司相媲美。与传承相同，创新同样是当代企业家应有的重要精神，对当代企业家来讲，既要有传统精髓的沉淀，又要有领先一步的创新。敢为人先、勇于创新的商帮文化对现代企业发展影响巨大。在市场经济大潮中，更多的企业家以敢冒风险、敢为人先、改革创新、善避风险的权变精神，在助推中国经济的崛起中发挥了巨大而关键的作用。华为、大疆等著名企业，正在延续着传统商帮的发展传奇，进一步彰显敢为人先、勇于创新、不断进取的现代商帮精神。

二、新商帮的崛起与文化传承

（一）新商帮的崛起

明清时期初步形成的传统市场体系，有赖于作为市场主体的各个地方商帮来连接市场中的网络。随着区域经济新一轮的发展，改革开放以来，日渐崛起的浙商、苏商、沪商、京商、粤商和闽商，正悄然发展的鲁商、豫商，已成为中国新商帮的代表，而商帮成长的那片土地，便是中国经济的支柱所在。商帮的兴起也是中国民营经济崛起的体现，民营经济在改革开放以来一直扮演着不可忽视的角色，是中国经济发展的风向标，尽管发迹于坎坷之中，如今却已占据了中国经济的半壁江山。据统计，民营经济已经占全国GDP比例的65%，因为有了成熟的民营经济，也便进一步催生了商帮的复兴。

以浙商为例，民营经济是浙江经济发展的特色之一，而浙江民企的实力，几乎占据了国内民营经济的半壁江山。浙江人做生意厉害，倒不在于他们有多少叱咤风云的大企业、大人物，而是有深厚的民间基础和庞大的群体阵容，即“抱团精神”，也就是我们所说的“商帮文化”。浙江人通过商会、行业协会等组织，群体合作织成一个无所不在的商业网络。浙商还形成了巨大的人际网络和销售网络，这种网络就像人体的细胞或毛细血管，遍布市场的每一个角落。无论从资金融通，还是市场开拓，商会、行业协会都为浙商的发展壮大起到了不可估量的作用。新中国更加重视商帮文化的传承与发展，改革开放后出现的现代商帮与区域经济发展，也是我国商帮文化传承与发展的一种表现形式。

商会是新时代商帮文化的载体，商会文化也是商帮文化的传承和革新的产物。各省驻京办事处往往承载了这样的职能——团结老乡，多数驻京办事处都会组织在京人员联谊会。“北京浙江企业商会”“北京福建企业商会”等区域性明确的商会组织事实上就是那些远离故土、异乡创业的各地商人的“娘家”，可以称之为“商帮文化”与时俱进的体现。

（二）海外华商的发展

另外一支不可忽视的力量就是海外华商，如今，分布于世界各地的华人社团，就是中国商人在海外的商帮组织。他们为华商的海外经营提供了有力保障，在为所在国经济、世界经济发展做出贡献的同时，也为中国经济的腾飞与发展做出了不可磨灭的贡献。改革开放之初，在全球其他国家对中国还抱观望态度的时候，由于与内地的“亲缘、情缘”关系，首先进来的就是海外华商的投资。正是这些华商，才使闽粤地区形成许多家电城、鞋城、服装城，从而激活了地方经济。

奈斯比特在《亚洲大趋势》一书中讲：“华人社团是宗族和同乡组成的公司和企业网，各企业之间层层连接，规模不断扩大，直至覆盖全球，用个形象的比喻，它就像当今的互联式电脑网络。”目前在全球分布着成千上万个华人社团和星罗棋布的华人商会，他们既是联系华人社会的纽带，也是与国内保持血脉关系的民间桥梁。

（三）新商帮崛起的积极效应

1. 有助于我国商业文化的传承与创新

深受儒家思想的影响，明清时期的各个地方商帮把“仁、德、礼、义”等道德观和商业经营的趋利性巧妙结合，总结出富有智慧的商帮文化。他们秉承“君子爱财，取之有道”“诚信臻善、义利并举”的商业思想，恪守“以诚待人、以义为利、以信接物、仁心为质”的经商理念，维护了商业秩序，获得了公众高度信赖。由于我国疆域辽阔，商帮文化也呈现出鲜明的地域特色。如晋商的守信变通，鲁商的豪爽诚实，徽商的贾而好儒等商业道德、商业思想，对今天社会主义商业文明建设富有启迪意义，其中丰富的经营谋略和法则也值得今天的商人学习和借鉴。

2. 有助于推动区域经济发展

只因有着牢固的乡族观念、共同的文化认同，各商帮都有强烈的反哺家乡的责任感和使命感。或返回家乡捐资助学、修桥铺路、开办企业，或成为家乡政府招商引资的主体对象和牵线搭桥的助手。因此，商帮及其企业家在发展产业集群、加强地区联系、推动城镇兴起、促进人口流动等方面发挥了积极作用。如长江三角洲和珠江三角洲地区的繁荣离不开浙商、沪商、苏商和粤商的重大贡献。在现代，商帮通过发展产业集群形成各自的竞争优势，进而给区域经济带来发展的活力。

3. 有助于构建和谐社会

在古代，构建一个较为和谐、完善的协作网络是商帮增强凝聚力的有效途径。商帮内部一般很少互相排挤，而是主张通行互助、共同成长，发挥集团效应。他们大都十分注重自身整体形象，拥有很强的集体荣誉感。各商帮间也能彼此尊重，诚信合作。在现代市场经济条件下，商帮的文化素质更高，视野更开阔，社会责任意识更强，可以在维护市场秩序方面发挥积极作用。他们能够互相监督、严格自律，有效维护商业秩序，构建和谐商业。同时，商帮内部也会形成一些竞争与合作规则，减少内耗与拼杀，提供公共服务，弥补市场“缺陷”，降低管理成本。商会甚至可以在国际竞争中扮演不可替代的重要角色，成为市场竞争和秩序的维护者。

4. 有助于实现多方共赢

面对激烈的商业竞争，具有集团性优势才能增强实力，合作共赢才有自身发展。通过协作交流、互助互惠，增强认同感、归属感，形成凝聚力和向心力，也是商帮的取胜之道。作为一股独立的力量，商会在社会各界起到极大的协调作用。如浙商商会一向以制度完善、管理严明、公信力强著称，在许多地方，当地政府对浙商商会的承认度非常高。抱团经营使得浙商的价值地位提升，商会协助政府规范商业经营，促进经济增长，使其社会影响力大为提升。反过来又可为商界争取政府支持，实现多方共赢局面。

5. 有助于提高中国商界的整体竞争力

在世界商业竞争中，我国多数企业还缺少规模和实力，从目前看，商帮当属增强我国经济竞争力的一支重要民间力量。商帮联盟能使各方商业力量突破地域限制，联合参与全球化资源配置，增强我国的国际竞争力。经济全球化时代的商帮，不能再靠单个工厂打拼，必须依托产业链，走更广泛的社会化分工、协作之路，在参与全球化资源配置与竞争中做大、做强、做精、做好，这是商帮一直以来的梦想和追求。

拓展阅读

一家书院，传承900年江右商帮厚重文化

“江右书院”绵延了900年的江右商帮文化，影响了一代又一代的赣商。为了传承江右商帮文化，向赣商提供更前沿的管理智慧，由财智名家牵手中外管理杂志，集中资源形成合力，联手创设了“江右书院”。2017年10月20日，江右书院正式落户南昌，并举行了隆重而热烈的揭牌仪式。

提及“江右书院”的取名，余欣永院长解释，赣商在历史上被称为“江右商帮”，曾称雄中华工商业900多年，是中国古代实力较强的商帮。如今再用此名，亦是赋予了自己沉重的历史使命，以此激发广大江西企业家实现中国梦、实现中华民族伟大复兴。

余欣永院长强调，江右书院成立后，将依靠强大的资源与有力的支持，为江西的企业家们提供优秀中华文化与中西方管理智慧的双重滋养，从而努力培育出新“江右商帮”的现代商业文明。

单元二　传统商业文化的传承与发展

任务一　中华老字号文化的传承与发展

一块招牌，就是一段传奇。中华老字号有着独特的文化内涵、独有的品牌价值，关注度高，信任度强。2018 年发布的中国品牌价值百强榜单上，11 家中华老字号入围……可以说，越来越多的中华老字号正在重回人们视野。中华老字号文化要顺应时代发展不断创新，寻找商业文化内核，保持生机与活力。

一、中华老字号的认定背景

中华老字号大都产生于明代或清代。随着商品经济和手工业的发展，在城市中逐渐形成了米市、肉市、布市等行业性专门市场或庙会市场；到了明、清时期，在一些大、中城市中又形成了繁华的商业街区，街区里店铺林立、商贾云集、人头攒动，一大批闻名遐迩、各具特色的老字号就栖身其中。经过长期的竞争和淘汰，各行各业形成了一些历久不衰、颇受消费者欢迎的产品和服务项目——这就是中华老字号的缘起。

1 388 家中华老字号，平均年龄 140 多岁，它们是中华传统商业文化的象征、民族历史的活化石。对中华老字号企业的认定，就是要进一步摸清中华老字号资源，深入挖掘中华老字号潜力，充分发挥中华老字号作用，努力恢复中华老字号活力，将中华老字号做大做强，成为占领国际市场、推动经济发展的生力军。被认定为“中华老字号”的企业或品牌将由商务部授予牌匾和证书。重点培育一批优势明显、具有发展潜力的“中华老字号”，采取多种有效措施，进一步增强这些企业和品牌的自主创新能力和国际竞争能力，成为中华老字号中的名牌，在引导中华老字号整体发展中发挥示范带头作用。

二、中华老字号文化的内涵

中华老字号品牌充分显示出中华文化的多元性、丰富性和差异性，为中华老字号文化增添了无穷的魅力。

1. 以礼待人

中国人都注重“礼数”，中华老字号也不例外。以礼待人、真诚周到是中华老字号的立身之本。中华老字号能在历史的浪潮中生存下来，除了产品自身深受欢迎之外，良好的商誉也是一个重要方面。中华老字号一般都以热情周到的服务和透明公道的价格著称，不少中华老字号都采用宁愿自己吃亏，也不让顾客吃一点亏的薄利多销的方式经营。例如，“协成生”卖布从来都是“老尺加一”，顾客花十尺的钱，在“协成生”能买十一尺布。“瑞蚨祥”不但服务好还注重店容店貌的卫生整洁、服务员的职业着装和文明用语，以为顾客创造一个舒适温馨的购物环境。“天合成”的女顾客多，售货员站柜台，必须梳洗干净，穿戴整齐，不管冬夏都要穿长衫。

2. 注重质量

独特的加工工艺，历经几代人传承的“绝活”是中华老字号得以生存的法宝。“同和居”的“三不粘”（一不粘盘、二不粘筷、三不粘牙）色泽金黄，香甜不腻，是一道火候极为讲究的菜品，功夫不深是很难做成的。“丰泽园”烹制菜肴用汤堪称一绝，清汤色清而鲜，奶汤色白而醇，故有“百鲜都在一口汤”之说。“天章涌”制作黄酱极为讲究，独特的口味背后是一套极为复杂的制作工艺和极严格的操作标准。正是本着选料精、纯正，制作讲究的经营作风，各家中华老字号在市场上才都享有很高的信誉。

3. 以人为本

中华老字号通常会根据季节、时令的变化应时推出各种产品以满足顾客的要求。清明不光有祭祀还有踏青、插柳等民俗，“稻香村”便推出“踏青果”，“内联升”便有了“踏青鞋”。端午节有着深厚的中医文化，在某些地域还有喝药酒的习惯，“同仁堂”“鹤年堂”这些中华老字号，在端午便会推出利于养生的产品。想顾客之所想，真正做到顾客的心坎里，这是中华老字号以人为本的为商之道的基本内涵。

三、中华老字号文化的传承与发展

（一）中华老字号传承代表

中华老字号离我们很近，已融入我们的衣食住行，方方面面。稻香村的糕点、瑞蚨祥的绸缎、内联升的布鞋、荣宝斋的字画、同仁堂的中药、张一元的茶叶、中国照相馆的摄影技术……

中华老字号离我们很远，它们从遥远的历史中走来，栉风沐雨，经受了历史洗礼。中华老字号文化就像一幅浓墨重彩的山水画，徐徐展开，展示它们厚重跌宕的生命脉络。

1. 冰城手信——秋林里道斯

秋林里道斯前身系哈尔滨秋林糖果（肉灌制品）厂，始建于1900年，是一家有着百年历史的老字号知名企业，生产肉灌制品、熏酱卤制品、糖果、冰制品、奶制品等五大系列100多个品种，其中主导产品“秋林·里道斯”红肠，以其完美的欧式风味成为闻名遐迩的特色食品。作为“旅游哈尔滨，必备伴手礼”的里道斯食品，能够在众多哈尔滨特色美食中脱颖而出名声远播，其原因就在于它在传承品牌文化的基础上，更新了生产技术和营销理念，提升了产品服务，为企业注入了新活力。

（1）尊重传统文化，深入发掘产品优势。“‘老’是包袱，也是优势”，是秋林里道斯坦率而自信的表达。狂奔的互联网经济和不断升级的消费模式，对秋林里道斯的老产品、老模式提出了前所未有的挑战，历史浸润沉淀下来的工艺品质如何面对现代创新对企业和产品的高要求，是对秋林里道斯的时代考验。随着人民品质型消费需求的增长，产品所传递的品牌灵魂也越来越受到重视，秋林里道斯精湛的工艺与品质、深入骨髓的“匠人精神”再次成为秋林里道斯无可比拟的优势。

（2）结合传统工艺，寻求产品理念创新。面对时代的变化和考验，秋林里道斯从来都是积极拥抱，主动变革。2004 年，秋林里道斯斥巨资恢复生产了具有 200 多年历史的格瓦斯饮料，收获如潮好评；2006 年，秋林里道斯拥抱国企改制，大胆地提出企业自改；如今，秋林里道斯不断加大传统工艺与现代科技相结合、传统文化与现代时尚相融合的研发力度，致力于开发适合现代人口味的新产品。

针对一些加盟店出现的某些营业员在售卖时缺斤少两、公饱私囊的现象，秋林里道斯将两款智能秤放到一天流水近百万的最大门店试用，测试其灵敏度、感应速度等。甚至将智能秤拆开，看其内部构造是否能实现防水防油的功能。为了掌握主动权，秋林里道斯还为秤开发了配套软件，上线了智能监控系统，以便在里道斯的总部，随时可以按时段、单价等要求调取门店相关视频，从而彻底杜绝了因个体的不当行为影响秋林里道斯品牌的现象。

（3）打破传统形式，开发电商销售渠道。在很长一段时间内，秋林里道斯主要靠门店卖货。后来，秋林里道斯的名字开始频繁出现在电视的各种购物频道上。渐渐地，亚布力景区、冰雪大世界等旅游景点也有了秋林里道斯的商品，哈尔滨、长春、大连、沈阳机场则实现了全面覆盖。

变化最大的，还是在天猫、京东等电商渠道上。秋林里道斯接触电商的时间并不晚，在“双十一”“6 • 18”等活动刚开始出现在大众视线范围内时，秋林里道斯就进行了小范围的电商试水。随着移动互联网的发展，“双十一”“6 • 18”等活动已成为全民购物狂欢节，秋林里道斯也抓住了这波电商发展的红利。2017 年和 2018 年，“双十一”活动当天，秋林里道斯的销售额均突破千万，荣获互联网红肠类、香肠类双冠王。

雪球总是越滚越大，秋林里道斯积累的品牌影响力开始显现。2019 年 4 月，秋林里道斯与中石油黑龙江销售公司结成战略合作关系，双方就营销网络共享、产品品牌使用、产品联合研发等方面实现品牌价值与资源共享。此次合作被形象的比喻为“大手牵小手”，自 2018 年 11 月合作项目试水起，秋林里道斯与中石油在短短的两个月时间内就研发出了在“昆仑好客”连锁便利店渠道全线销售的订制产品。产品一经推出，即获得中石油总公司、十余个省级分公司的广泛认可。

视频

冰城手信——秋林里道斯

124 年沉淀下的“庞然大物”，转身之路势必困难重重，但是，中华老字号的品牌优势和其鲜明的企业文化，都是秋林里道斯未来发展的关键优势，只有将文化与品牌的理念融入产品和经营，不断创新，才能为中华老字号的传承保驾护航。

2.“钢”柔并济——张小泉

英国费顿出版社出版的《经典设计》一书，收录世界范围内 999 款经典产品，其中与美国哈德森火车、英国飞机和瑞士劳力士手表等齐名的正是来自杭州的张小泉剪刀。因其诞生年代最早，设计经典，在此书中排名第一位。

张小泉始创于明崇祯元年（1628 年），至今已历经 390 余年，“张小泉产品标识”是我国剪刀行业的第一个驰名商标，受原产地保护，也是商务部认定的第一批中华老字号。如今的“张小泉”，正在努力铸造着属于自己的、属于民族的、属于国家乃至世界的又一个新的辉煌。“张小泉”的成功，离不开品牌和技术的“钢”与文化和销售的“柔”两方面的完美结合。

（1）传承“良钢精作”的企业文化。“快似风走润如油，钢铁分明品种稠，裁剪江山成锦绣，杭州何止如并州。”这是我国杰出的剧作家田汉 1966 年走访张小泉剪刀厂时写下的一首赞美诗。

张小泉剪刀有着“三百年历史，三百年信誉”，更被誉为“剪刀之冠”。历代张小泉的继承者一直恪守“良钢精作”的祖训，工善其事。张小泉的制造工艺独树一帜，传承了72道传统手工锻造工艺，其中第7道工序“镶钢”为张小泉独创。传统的剪刀都只用铁打成，而张小泉在剪刀的铁槽上嵌进了“钢刃”，把钢的锋利和铁的柔软很好地结合在一起，剪刀具有钢铁分明、刃口锋利等特点，是我国2 100多年剪刀史上的一个重大革新，影响深远。

张小泉剪刀的创始人张小泉曾立下“良钢精作”的家训，几百年来由其后人身体力行，成为张小泉企业文化的核心理念。张小泉剪刀厂“质量为上，诚信为本”的经营宗旨和“用心去做每一件事”的精神，即源于此。在杭州富阳张小泉五金科技园内，虽然机械化生产代替了手工制作，但对工艺的严谨、对质量的苛求并没有变。在坚持良钢精作的基础上，张小泉持续创新，如将生产过程中凭老师傅经验观察的热处理，转变为可量化的热处理等，表现出了极强的工匠精神。

（2）坚持换“新装”不变“匠心”的发展理念。2017年，传统老字号张小泉在杭州河坊街，开出首家中高端直营店，店铺一改老字号陈旧昏暗的印象，灰砖地面，原木装饰，通透明亮。装修古朴，却不失简约明快，尽管面积不大，但店铺里巧妙陈列了数百种商品。就拿小小一把剪刀来说，有普通剪刀，也有“福慧剪”礼盒装剪刀。造型上，也有竹节剪、镂空古典剪、仙鹤剪……小小一把剪刀，外形却千姿百态。

这家店的开设只是张小泉未来发展规划中的一步，目前张小泉已在全国170多家门店启动了换装计划，未来三年内将从产品到思路，再到品牌形象，做到全面升级。企业目前的设计师团队是清一色的“90后”，经过他们打造的“张小泉祖师爷”形象不再是一脸严肃的老古板，而是Q版卡通形象，甚至还设计了一组表情包。

（3）寻求适应时代的新零售路线。近年来，这家数百年来一直以剪刀、刀具闻名的企业，开始生产适合当下消费者生活方式的新产品，如开瓶器、吃蟹工具等。走进“张小泉”的产品展示厅，除了最常见的不锈钢民用剪，厨房剪、指甲剪、旅行剪、儿童剪、瑞士军刀等各种各样精致的刀剪摆满了整个房间，给人赏心悦目的体验。

2011年，“张小泉”开了天猫官方旗舰店，希望增加年轻消费者的黏性。线下门店的产品种类共有1 000多种，线上有400多种，产品有很大不同。不仅是换包装、换颜色，而是基于消费者的需求不同导致的产品细微区别。如，外观看起来几乎一模一样的指甲剪，线上版产品的刀头弯度是30°，线下则是37°。原因是线下消费者年龄结构偏大，随着年纪增长，指甲会越来越弯，因此刀头弯度也要适当增大。同样，线下版的修脚刀会比线上版多一道打磨的工序，这样会使刀具更加锋利，原因是线上消费者多以年轻人为主，他们可能刚开始尝试使用修脚刀，经验不足，过于锋利会增加风险。

“张小泉”通过“‘钢’柔并济”，并将“旧的传承”与“新的市场”快速融合，让老字号留住老顾客，拉进与年轻人的距离，给不同消费者带来舒适的消费体验，通过产品和老字号文化，使中国传统元素受到越来越多人的欢迎。

视频

“钢”柔并济
——张小泉

3. 百年炉火——全聚德

1864 年，在北京前门一家经营干鲜果品店的“德聚全”因经营不善濒临倒闭，以贩卖鸡鸭为业的杨全仁倾其所有盘下这家店铺，并以“全聚德”立为新字号。此后，杨全仁重金聘请当年皇宫御膳房的师傅专营“挂炉”烤鸭，为打响招牌奠定了基础。全聚德在百年的经营中，积淀了深厚的文化底蕴，形成了全聚德特有的文化体系。

（1）特色鲜明的烤鸭文化。人常说“不到万里长城非好汉，不吃全聚德烤鸭真遗憾”。游客到北京除了要逛长城，还要尝一尝全聚德烤鸭。烤鸭作为全聚德百年不衰的主产品，在选料、加工、烤制工艺、片鸭刀法等方面已经被今日的全聚德人赋予了更加丰富多彩的文化内涵，使得这道精品名肴在中华传统饮食文化中与众不同，广受欢迎。

（2）海纳百川的菜品文化。全聚德不仅以烤鸭饮誉海内外，而且还以全鸭席、特色菜、创新菜、名人宴为代表的系列精品菜肴形成了海纳百川的菜品文化。为了保证菜品质量和风味的统一，达到实质性的连锁，全聚德还努力探索中餐标准化和规模化的实现形式，组成了专门的技术攻关小组，进行全聚德传统特色菜品的量化定制标准。现已完成了含冷菜、热菜、面点在内的 22 个传统特色菜和 7 种全聚德调味品的标准，为实现全聚德传统特色菜品的质量统一、品质一致提供了保证。

（3）意境深远的环境文化。全聚德的文化不是单一的，而是多元的、复合的，是一种兼收并蓄、开放融合的文化体系，特别是全聚德的环境文化定位，充分体现了全聚德文化的多样性。和平门全聚德烤鸭店是宴请国内外政要首脑的重要场所，因此该店以“名人、名店”效应为出发点，环境风格以高雅祥和为特色。前门全聚德烤鸭店是“全聚德”的起源店，已经具有 160 年的历史，采用跑堂服务方式，传统的八仙桌、青色地砖、木质阁楼、老式的留声机、黑漆柜台，伴随着青衣小帽的伙计们的热情招呼，传统怀旧的文化风貌尽收眼底。王府井全聚德烤鸭店则融合了“王府”特色，仿清王府建筑的风格，更显华贵文儒的风采。三张文化牌的有机结合，使“全聚德”的环境文化得到了升华和延续。

（4）格调高雅的营销文化。多年来，全聚德集团利用品牌优势，积极实施品牌营销战略，以文化促营销，以营销塑品牌。在申奥前夕、申奥成功后，举办了一系列大众活动，并积极参与各项庆祝盛典；与北京旅游学院签署联合办学签约仪式；为各国运动员准备近万只烤鸭品尝美味。这些不胜枚举的营销文化，为全聚德树立了良好的形象，也带来了大众的口碑。

（5）顾客至上的服务文化。全聚德有“十个好帮手难抵一个好堂头”的行话，这里的堂头指的是服务员。坚持“服务员围着客人转，厨师围着服务员转，后勤围着一线转”的服务理念，用以顾客为中心的细致入微式服务，拉近了企业与顾客的距离，深受顾客好评。

视频

百年炉火——全聚德

中华老字号文化需要保持特色，并在继承中创新，在创新中发展。“全聚德”的文化无疑是民族传统饮食文化中宝贵的财富，它历经百年锻造，铸就成驰名中外的民族品牌，同时适应现代化企业制度的要求，使传统中华老字号转变为现代餐饮集团，开拓着中华民族品牌新的事业。

（二）中华老字号的优秀特征

（1）中华老字号具有悠久的历史和文化内涵。中华老字号都至少经历了几十年甚至上百年的历史沉淀，被视为中国传统文化、商业文化的“活化石”“活文物”。作为商业企业的中华老字号更像是一段段历史的记忆留在人们心中，历久弥新。它们是中华民族经济发展的缩影和精华。尽管一些中华老字号可能就是一个小店面、小门面，但历史的印记已经深深刻入骨髓，写满了文化特质，令很多现代企业、集团都无法企及，更无法效仿。历史和文化是老字号不可替代的底蕴与积淀。

（2）中华老字号具有无可替代的产品、技术、特色和服务。大部分的中华老字号最初都是创始人的小生意，在多年的经营中积累了宝贵的经验，独特的理念和神秘的配方，并在中国特有的家文化下代代相传。受传统思想的约束，这些独特的东西以血缘和家族为纽带，一脉相承。

（3）中华老字号享有盛誉，品牌知名度非常高。中华老字号的高信誉表现在：第一，产品质量优良，在消费者心目中树立了良好的形象；第二，以人为本，以顾客为核心的经营理念。“黍稻必齐，曲蘖必实，湛之必洁，陶瓷必良，火候必得，水泉必香”的“六个必须”是六必居一直恪守的古训。“自采、自窨、自拼”的“三自经”是吴裕泰保品质、立品牌的基础。内联升创办人赵廷秘藏的《履中备载》，专记特殊的靴鞋尺寸、样式和特殊脚型。这些老字号的古训、标准、原则是其技能、特色、服务的体现。再比如，送货上门、微笑服务、包退包换等现代服务和经营理念，最早都是中华老字号使用起来的。老字号的经营治店理念和水准可见一斑。

（4）中华老字号因扎根地域文化而具有民族性和文化性。在数百年的历史洪流中，中华老字号逐步打造出了自己的文化特质，其商号招牌、经营理念、商业传统、祖训店训等都具有鲜明而独有的特征。中华老字号作为一个行业的佼佼者既与行业发展息息相关，又与地方经济紧密联系，具有明显的地域特征，更是整个中华文明发展的缩影和见证。

（三）中华老字号的传承与创新

1. 坚守主业、推陈出新

中华老字号是国家文化软实力的重要组成部分，历经数百年变迁发展，有着深厚的历史文化底蕴，承载着历史的记忆，蕴含着传承与创新的精神。经过岁月的洗礼，时间的冲刷，不仅未被大众所遗忘，反而是披沙拣金，以更饱满的姿态展现于人前。老字号要坚守初心，扎根丰富深厚的历史文化内涵，打造现代中国的特色品牌。中国茶叶有限公司在深耕中国茶产业的辉煌历程中，长期承担着为国家建设事业出口创汇的重任。“做好老字号品牌，需要扎扎实实做产品，认认真真搞研发，老老实实做品质，要做老百姓买得起、喜欢用的产品。”这是中国茶的定位。不忘初心，是中国茶讲究“和”文化的核心要义，茶如此，药更是如此。被称为“百年国药”的老字号寿仙谷药业秉承“重德觅上药、诚善济世人”的祖训，恪守“为民众的健康、美丽、长寿服务”的宗旨，坚定不移地走研发之路，是其保持长盛的秘诀之一。

除了保持中华老字号文化理念之外，如何在现有的基础上不断研发，增加产品的技术竞争力，也是中华老字号保持品牌活力的要素之一。江苏恒顺集团有限公司（以下简称恒顺）是镇江香醋的创始者、中华老字号企业。恒顺保持品牌活性的秘密，很大程度在于其在研发

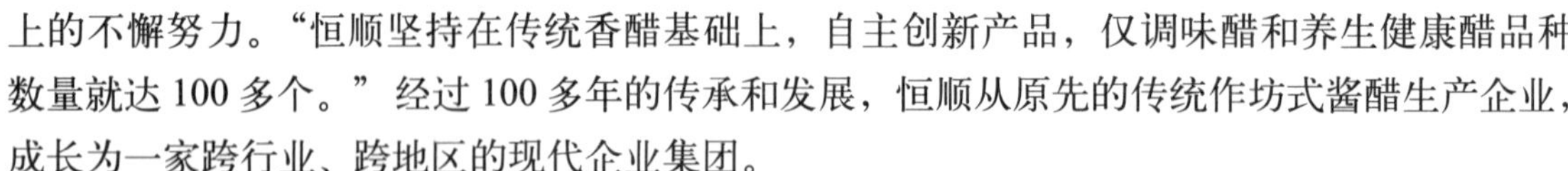

上的不懈努力。“恒顺坚持在传统香醋基础上，自主创新产品，仅调味醋和养生健康醋品种数量就达 100 多个。”经过 100 多年的传承和发展，恒顺从原先的传统作坊式酱醋生产企业，成长为一家跨行业、跨地区的现代企业集团。

2. 转变思路、放眼未来

随着互联网时代的深入发展，渠道不断下沉，消费场景与消费主体也逐渐朝着多元化发展，“品牌年轻化”成为热词。中华老字号作为中国的宝贵遗产，也是现代中国的特色品牌，如何在新一轮的消费形势下，吸引作为消费主体的年轻人的注意力，同时又保持中华老字号传统的品牌理念，成为一个值得所有中华老字号品牌深思的问题。与此同时，在如何转变思路，如何在传承与创新之间进行权衡等方面，已有诸多企业做出了良好示范。在如何赢得消费者认同方面，重庆登康口腔护理用品股份有限公司（以下简称登康）便是一个很好的例子。自登康旗下品牌冷酸灵与火锅品牌小龙坎跨界合作推出火锅牙膏以来，冷酸灵又以极其新潮的方式接触到了年轻人，让国货印象得到了新一次的刷新。登康的理念是，品牌创新要紧跟时代步伐，用心去关注消费者的迭代升级，既要满足消费者的需求，更要创造消费者的需求，助推老字号品牌产品升级、产业升级。同时也要持续学习、深度学习，积极引入新的现代企业管理思想和管理方法，让中华老字号焕发出勃勃生机。

有的中华老字号专注于技术创新，有的则专注于品类创新。广州医药集团有限公司便是一个品类创新的极佳案例。广州医药集团有限公司最早可以追溯到 1600 年始创的陈李济，陈李济是载入吉尼斯世界纪录的“世界最长寿制药厂”，旗下的“王老吉”也是吉尼斯世界纪录“全球历史最悠久的凉茶品牌”。近年来，广药集团通过资源整合、科技创新，在王老吉凉茶系列，在抗生素、心脑血管系统等治疗领域，形成了众多明星产品。

3. 多方助力、共创品牌

中华老字号品牌指的并不仅仅是一个产品、一个企业，而更多指的是具有中国特色的中华老字号品牌集群。中华老字号并不仅仅代表商业上的品牌，同时还承载着文化层面的深刻内涵。创一个产品品牌可能是一家企业能够做到的事情，可是保持整个中华老字号的活力，则需要多方助力，从不同方面去维护、提升中华老字号的国际影响力。

打造中华老字号品牌，首先离不开在品牌上的高站位，强强联合是做大品牌的必由之路。企业作为最重要的品牌建设主体，在品牌集群的建设中更是发挥了举足轻重的作用。中华老字号企业之间也要进行广泛的跨界合作，强化知识产权保护，同时要借助媒体开展整合营销传播、互动传播、口碑传播及精准传播，以此促进中华传统文化的继承与发扬。扎根中国，创新产品特色；着眼海外，拓宽发展道路，促进国内就业和产业升级同样是中华老字号的历史责任。

中华老字号是我国历史传承下来的具有优秀文化内涵的瑰宝，中华老字号常常通过其自身所展现出来的文化元素和其他品牌产生差异化。随着时代的发展，各种外来文化纷纷涌入国内，我国具有鲜明特点的中华老字号也应走向世界，让世界各国人民都了解中华文化。中华老字号的发展不仅是品牌企业的发展，更是中国文化在世界中影响力的体现。因此，要想实现中华老字号的传承与发展，就需要提升中华老字号持久发展的识别性，走出一条符合实际、特色鲜明的品牌建设之路。

拓展阅读

“中华老字号”认定规范

名称：

中华老字号 China Time-honored Brand

定义：

历史悠久，拥有世代传承的产品、技艺或服务，具有鲜明的中华民族传统文化背景和深厚的文化底蕴，取得社会广泛认同，形成良好信誉的品牌。

认定范围：

中华人民共和国境内的有关单位（企业或组织）。

认定条件：

（1）拥有商标所有权或使用权。

（2）品牌创立于 1956 年（含）以前。

（3）传承独特的产品、技艺或服务。

（4）有传承中华民族优秀传统的企业文化。

（5）具有中华民族特色和鲜明的地域文化特征，具有历史价值和文化价值。

（6）具有良好信誉，得到广泛的社会认同和赞誉。

（7）经营状况良好，且具有较强的可持续发展能力。

认定方式：

（1）由商务部牵头设立“中华老字号振兴发展委员会”（以下简称振兴委员会），全面负责“中华老字号”的认定和相关工作。

（2）中华老字号振兴发展委员会下设秘书处、专家委员会。秘书处设在商务部商业改革发展司，负责振兴委员会的组织、协调和日常管理工作。专家委员会由各行业专家、法律专家、商标专家、品牌专家、企业管理专家、质量专家、历史学家等组成，主要负责“中华老字号”的评审，并参与相关工作的论证。

（3）原经有关部门认定的“中华老字号”要重新参加认定。

认定程序：

具备“中华老字号”认定条件的单位，向所在地市级商务主管部门申报，并由省级商务主管部门（含计划单列市商务主管部门，下同）审核后报振兴委员会认定。程序包括：提出申请、资料提交、调查鉴别、认定评审、公示、做出决定、复核、注册存档、核发证书等。具体步骤：

（1）提出申请：有关单位根据自身情况填写申报表，并报所在地市级商务主管部门。

（2）资料提交：所在地市级商务主管部门对提交的申请进行初评，确认申请有效的，指导申报单位按照规定格式提交有关资料，并报所在省级商务主管部门。

（3）调查鉴别：省级商务主管部门组织有关机构、专家对申报单位提交的资料进行调查与鉴别，并提出初步评估意见报振兴委员会。

(4) 认定评审：振兴委员会组织专家对资料进行分析，必要时对有关内容进行现场调研，提出评审意见，撰写认定报告。

(5) 公示：在有关媒体公示拟认定为“中华老字号”的企业和品牌名单，任何单位或个人对名单有不同意见的，均可向振兴委员会提出异议。

(6) 做出决定：拟认定为“中华老字号”的企业和品牌在公示期间无异议或者异议不成立的，由振兴委员会做出决定，认定为“中华老字号”。

(7) 复核：申报单位对认定结果有疑义的，可向振兴委员会提出复核，复核结果在接到复核申请后30天内做出。

(8) 注册存档：认定过程涉及的所有资料均由振兴委员会存档保留，并负责管理。

(9) 核发证书：对通过认定的“中华老字号”以商务部的名义颁发牌匾和证书。

动态管理：

(1) “中华老字号”所在单位须于每年3月15日前向振兴委员会提交上一年度经营情况的报告，由振兴委员会审核备案。

(2) “中华老字号”所在单位出现严重的违法违规、失信行为，或未按规定提交年度经营情况报告的，经振兴委员会核定后责令其整改。6个月内未见明显效果的，振兴委员会可以暂停或取消相应的“中华老字号”称号，并予以公示。

有关“中华老字号”的具体管理办法另行制定。

任务二　非遗文化的传承与发展

一、非遗文化的认定

非遗全称为非物质文化遗产，是指各族人民世代相传，并视为其文化遗产组成部分的各种传统文化表现形式，以及与传统文化表现形式相关的实物和场所。非物质文化遗产是一个国家和民族历史文化成就的重要标志，是优秀传统文化的重要组成部分。“非物质文化遗产”与“物质文化遗产”相对，合称“文化遗产”。

中国是一个多民族国家，悠久的历史和灿烂的古代文明为中华民族留下了极其丰富的文化遗产。中国政府历来高度重视文化遗产保护工作，在全社会的共同努力下，文化遗产保护工作取得了显著成效。为进一步加强中国文化遗产保护，继承和弘扬中华民族优秀传统文化，推进社会主义先进文化建设，国务院决定从2006年起，将每年六月的第二个星期六设立为“文化遗产日”。

文化遗产包括物质类和非物质类。物质类包括：古遗址、古墓葬、古建筑、石窟寺、石刻、壁画等不可移动文物，历史上重要实物、艺术品、文献、手稿等可移动文物；以及历史文化名城、街区、村镇等。非物质类包括：口头传统和表现形式、表演艺术、民俗活动和礼仪节庆、传统手工艺等以及与此相关的文化空间。中国政府希望通过设立“文化遗产日”，使文化遗产保护得到全面加强。

二、我国非遗文化的代表

非物质文化遗产世代相传，在人类活动中被不断地再创造，为人们提供精神认同感，从而增强对文化多样性和人类创造力的尊重。2022 年 11 月，随着“中国传统制茶技艺及其相关习俗”的申遗成功，中国已有 43 个项目被联合国教科文组织列入非物质文化遗产名录（名册），位居世界第一。

（一）送王船

送王船是广泛流传于我国闽南地区和马来西亚马六甲沿海地区禳灾祈安的民俗活动（见图 3-1）。自 15 至 17 世纪形成以来，随着“下南洋”和海上贸易的兴起，逐步从我国闽南地区传播到东南亚地区。送王船传递着人们对先辈走向海洋的历史记忆，体现了人与自然和谐相处、尊重生命的理念，为推动包容性社会发展提供了丰富的文化资源；其承载的观察气象、潮汐、洋流等海洋知识和航海技术，是人们长期海上生产生活的智慧结晶。送王船被中马两国的相关社区视为共同遗产，是中华文化在海上丝绸之路沿线国家传播与交融的生动例证。

图 3-1　送王船

（二）中国珠算

联合国教科文组织保护非物质文化遗产政府间委员会第八次会议于 2013 年 12 月 4 日在阿塞拜疆巴库通过决议，正式将中国珠算项目列入教科文组织人类非物质文化遗产名录。这是我国第 30 项被列为非遗的项目。

珠算是以算盘为工具进行数字计算的一种方法（见图 3-2），被誉为中国的第五大发明，此前已被列入中国国家级非物质文化遗产名录。

随着计算机技术的发展，珠算的计算功能逐渐被削弱，但是古老的珠算依然有着顽强的生命力。随着珠算成功申遗，将有助于让更多的人认识珠算，了解珠算，增强民族自豪感，吸引更多的人加入到弘扬与保护珠算文化的行列中来。

图 3-2　珠算

（三）中医针灸

2010 年 11 月 16 日，在肯尼亚首都内罗毕，联合国教科文组织保护非物质文化遗产政府间委员会第五次会议审议并通过“中医针灸”入选“人类非物质文化遗产代表作名录”。作为中华文化的一张“名片”和使者，中医针灸得到了世界的广泛认可。

针灸是针法和灸法的合称。针法是把毫针按一定穴位刺入患者体内，运用捻转与提插等针刺手法来治疗疾病（见图 3-3）。灸法是把燃烧着的艾绒按一定穴位熏灼皮肤，利用热的刺激来治疗疾病。针灸是中医学的重要组成部分，其内容包括针灸理论、腧穴、针灸技术以及相关器具，在形成、应用和发展的过程中，具有鲜明的中国民族文化与地域特征，是基于中国民族文化和科学传统产生的宝贵遗产。

从国家中医药管理局获悉，世界上大部分地区都有华人或当地人士开设的中医、针灸诊所。据报道，美国登记的职业针灸师有 1.1 万余人，德国有 3 万名针灸师，墨西哥的针灸师有 5 000 多人，澳大利亚有 4 500 个针灸、中医师，巴西有针灸师 1.5 万余名，新加坡有中医师 1 500 人，甚至在只有两万人口的南太平洋岛国基里巴斯也有两个中医诊所。这些数量众多、分布广泛的中医、针灸诊所，为中医针灸走向世界打下了广泛基础。

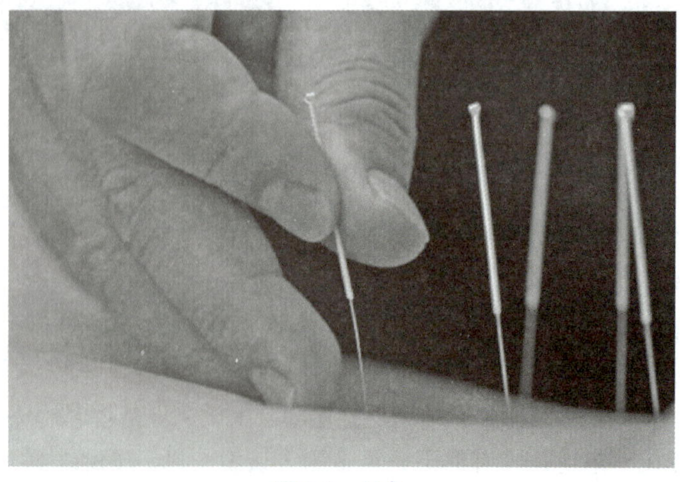

图 3-3　针灸

（四）粤　剧

粤剧又称“广东大戏”或者“大戏”，广东传统戏曲之一，源自南戏，流行于岭南地区等粤人聚居地（见图3-4）。自明朝嘉靖年间开始在广东、广西出现，是糅合唱念做打、乐师配乐、戏台服饰、抽象形体的表演艺术。粤剧是用广东话演唱的戏剧样式，有300余年的历史。粤剧吸纳了多元的音乐、戏剧元素，将梆子、二簧声腔与粤方言音韵予以完美的结合，创造性地拓展了中国戏曲的艺术表现，成为中国南北戏曲艺术的集大成者，迥异于中国其他戏曲剧种。2009年9月30日，粤剧获联合国教科文组织肯定，列入世界非物质文化遗产名录。

图3-4　粤剧

为保护和传承粤剧，广东省先后出台《广东省非物质文化遗产条例》《广东省粤剧保护传承规定》等政策制度，各地市结合实际制定实施意见和方案计划，设立广东省繁荣粤剧基金会，为粤剧的保护传承提供保障支持。增设粤剧演出场所，广东粤剧艺术中心、广州粤剧艺术博物馆等专业场馆，以及各地综合剧场的建成和改造升级，为粤剧创作、生产及演出创造了良好条件。

（五）二十四节气

联合国教科文组织保护非物质文化遗产政府间委员会第11届常务会议于2016年11月28日至12月2日在埃塞俄比亚首都亚的斯亚贝巴的联合国非洲经济委员会会议中心召开。委员会经过评审，正式通过决议，将中国申报的“二十四节气——中国人通过观察太阳周年运动而形成的时间知识体系及其实践”列入联合国教科文组织人类非物质文化遗产代表作名录。

“二十四节气”形成于中国黄河流域，以观察该区域的时令、气候和物候的时序变化为基准，作为农耕社会生产生活的时间指南逐步为全国各地所采用，并为多民族所共享。作为中国人特有的时间知识体系，该遗产项目深刻影响着人们的思维方式和行为准则，是中华民族文化认同的重要载体。

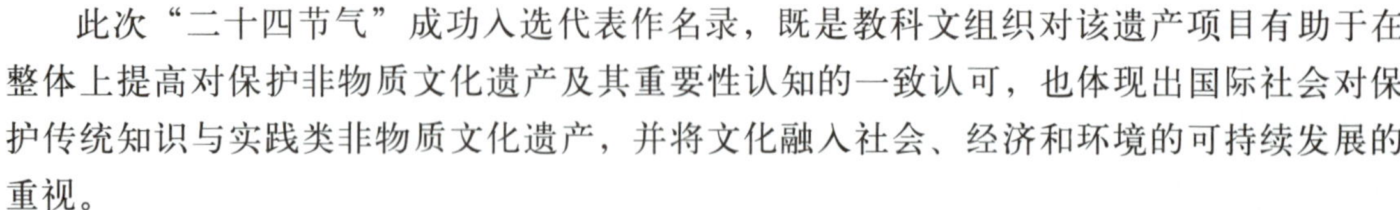

此次“二十四节气”成功入选代表作名录，既是教科文组织对该遗产项目有助于在整体上提高对保护非物质文化遗产及其重要性认知的一致认可，也体现出国际社会对保护传统知识与实践类非物质文化遗产，并将文化融入社会、经济和环境的可持续发展的重视。

（六）中国书法

2009 年 9 月 30 日，联合国教科文组织保护非物质文化遗产政府间委员会第四次会议审议并通过“中国书法”入选“人类非物质文化遗产代表作名录”。

联合国教科文组织关于非物质文化遗产代表作的认定有两种情况：一种是濒危、亟待抢救的项目；一种是历史悠久、非常优秀而有民族特性的项目。书法属于后一种。

中国书法是中国文化的一种代表性符号，是维系东方艺术审美的一根重要缆绳，是中华民族传统文化绵延不绝的象征，是具有古老文化特点的“活”的显现。中国书法的申遗成功，其特别意义不仅在于对汉字书法艺术持久散发出的独特魅力的认可，而且还在于把最具中国文化代表性的书法艺术推向了全世界，促进了汉字书法艺术和世界各民族文化的交流与合作，增加了世界文化的多样性。

三、非遗文化的发展途径

非物质文化遗产是人类文明进程中逐步演变形成的宝贵财富，是一个地区劳动人民的艺术结晶，对地区文化发展历史的研究价值起着基础性的支撑作用，其不可再生、难于挽回的特性需要人们及时地传承和保护。

1. 非遗文化传承面临的问题

第一，由于民间文化历史悠久、种类繁多，加上非物质文化遗产工作长期不被重视，因此导致人们对民间的非物质文化遗产的整体状况、存在种类数量和消失的状况等缺乏深入和广泛的了解。第二，保护非物质文化遗产的观念滞后，资金技术贫乏，对非物质文化遗产缺乏正确的开发利用。一些小规模的非遗文化产业，在艰难的环境中自生自灭；旅游市场对民间艺术遗产庸俗化的廉价开发，对社会造成文化误导和原生态破坏。第三，社会受众范围逐渐萎缩，只有官方一直在努力，而群众参与的积极性和热情度却显得严重不足，尤其是未得到基础教育的重视。第四，创新性不足，尤其是一些文艺表演类，对观众的吸引力降低。第五，传承人的收入偏低，收入微薄打击了传承人的技艺传承积极性。

2. 加强非物质文化遗产传承和保护

（1）将非物质文化遗产传承引入校园，培育下一代传承人。从长远看，学校是非物质文化遗产保护和传承的根基。学校应将非物质文化遗产保护和传承工作当作学校德育教育的一项重要内容，高度重视且要求各科教师在实际教学中开展“非遗”相关知识讲授。同时，采取“请进来，走出去”的策略，长期扎实地开展相关活动。请进来，即是邀请专家到校为学生们表演“非遗”的相关节目，以故事的形式讲授相关知识，让孩子们组建表演队伍或动手实践小组，长期与专家保持联系，从培养孩子们的兴趣入手，逐步锻炼孩子们的技艺；走出去，即是学校要定期组织学生深入艺术团、艺术馆或艺术家的家中参观和访问，与“非遗”艺术家共同开展表演和创作活动。通过多措并举，引导孩子们爱上“非遗”，进而扎实地学习“非遗”技艺，为非物质文化遗产的长远保护和传承奠定坚实的基础。

（2）开展广泛的宣传，营造良好的保护和传承氛围。逐步培养观众的兴趣。非物质文化遗产都是经过长期的文化演变逐步形成的，具有深厚的文化内涵，经得起观众的考验和推敲，只是因为受到时代变迁和社会文化变革的冲击，使得非物质文化遗产被当下的流行文化所掩盖。因此，深入挖掘非物质文化遗产所具有的文化底蕴，通过开展各种文化宣传活动吸引人们参与到非物质文化遗产保护中来，向人们宣传非物质文化遗产的相关知识，努力营造保护和传承非物质文化遗产人人有责的氛围；同时，充分发挥各类社会组织、民间团体的作用，充分调动广大志愿者参与保护非物质文化遗产项目的宣传，充分利用各种媒体，广泛开展非物质文化遗产保护活动的宣传报道，普及保护知识，营造全民尊重热爱、参与保护非物质文化遗产的良好氛围，就变得十分重要。

（3）提高传承人的经济收入和社会地位，使其乐于从事传承工作。当前，非物质文化遗产的技艺多是掌握在少部分人的手中，因为社会关注度的日益降低，导致非遗传承人经济收入十分微薄，其技艺所得不足以维持生计，更不用说大力传承和创新技艺，更为不利的是传承人社会地位得不到广大人民群众的认可，有人甚至认为传承人是不务正业，严重打击了传承人的自信心。因此，打造非物质文化遗产品牌，提升非物质文化遗产的市场影响力，首先要抓住传承人这个关键。传承人既了解自身品牌特色，又掌握品牌的传统技艺，因此便于他们以开放的心态将传统品牌与现代技术结合起来，不断创新，扩大品牌效应。其次要抓住传统技艺这个核心。发挥传统技艺的独特作用，把传统技艺与现代技术结合起来，增强非物质文化遗产品牌特色。最后要抓住文化精神这个根本。从非物质文化遗产中获取文化精髓，吸收文化艺术养分，以丰富多彩的文化精神元素，传播非物质文化遗产风韵，创建出具有中国特色、中国风格、中国气派的非物质文化遗产品牌。只有传承人的经济和社会地位提高了，自信心增强了，并且深刻感受到掌握这门技艺是无比的光荣，传承下去更是自己的义务，才会有越来越多的人愿意从事这项工作，乐于将技艺传承给下一代。

（4）加强科技创新，提升产品竞争力。现代科技可以把互联网 +、VR、AR 等新科技元素融入非物质文化遗产的产品设计，促进传统文化元素与现代科技的结合，增强非物质文化遗产的产品魅力，提升非物质文化遗产的产品价值。现代科技可以提高非物质文化遗产的产品设计和生产能力，解决传统非物质文化遗产产业存在的产品单一、生产规模小、效率低等问题，提高非物质文化遗产产业的生产效率。现代科技还能促进非物质文化遗产产业的融合，加强非物质文化遗产与其他文化产业融合渗透，增加非物质文化遗产产业的跨行业衍生品，健全非物质文化遗产的产品开发创新体系。同时，非物质文化遗产传承人大多年龄较大，因此他们在非物质文化遗产传承过程中的影像资料就显得十分珍贵，须运用现代化的手段对这些珍贵的影视资料进行保存和传播，促进人们的关注和保护。

总之，非物质文化遗产是人类共同的宝贵财富，是劳动人民的艺术结晶，我们必须想方设法保护好，传承好，使其发扬光大，为子孙后代留住宝贵的艺术财富。

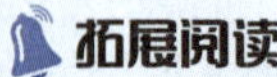

人类非物质文化遗产代表作名录（中国 43 项）

2001 年：昆曲；2003 年：中国古琴艺术；2005 年：蒙古族长调民歌（与蒙古国联合申报）、新疆维吾尔木卡姆艺术；2009 年：中国传统桑蚕丝织技艺、中国朝鲜族农乐舞、南音、南京云锦织造技艺、宣纸传统制作技艺、侗族大歌、粤剧、《格萨（斯）尔》、龙泉青瓷传统烧制技艺、热贡艺术、藏戏、《玛纳斯》、蒙古族呼麦歌唱艺术、花儿、西安鼓乐、中国书法、中国篆刻、中国剪纸、中国雕版印刷技艺、中国传统木结构建筑营造技艺、端午节、妈祖信俗；2010 年：京剧、中医针灸；2011 年：中国皮影戏；2013 年：中国珠算——运用算盘进行数学计算的知识与实践；2016 年：二十四节气——中国人通过观察太阳周年运动而形成的时间知识体系及其实践；2018 年：藏医药浴法——中国藏族有关生命健康和疾病防治的知识与实践；2020 年：太极拳、送王船——有关人与海洋可持续联系的仪式及相关实践（与马来西亚联合申报）；2022 年：中国传统制茶技艺及其相关习俗。

任务三　民族文化的传承与发展

文化是民族的血脉，是人民的精神家园。中华文明源远流长，蕴育了中华民族宝贵的精神品格，培育了中国人民的崇高价值追求。自强不息、厚德载物的思想，支撑着中华民族生生不息、薪火相传。中华优秀传统文化独一无二的理念、智慧、气度、神韵，增添了中国人民和中华民族内心深处的自信和自豪，文化自信也给我们带来更基本、更深层、更持久的力量。

一、民族文化的内涵

民族文化是一个比较宽泛和相对性的概念，在不同的系统中有不同的概括形式。相对主流文化、强势文化或精英文化而言，民族文化是指具有历史传统的、地域性的、非主流的文化。

民族作为一个历史范畴，是人类社会发展到一定阶段的产物，有其产生、发展和消亡的客观规律。在原始社会后期，随着生产力发展，剩余产品的日益增多，掠夺财富和奴隶的战争不断扩大。为了加强实力，亲属部落或邻近部落结成地域联盟，对立的阶级与国家逐步形成。在这一长期过程中，以血缘关系为纽带的氏族、部落，逐步发展成以地缘关系结合的人群共同体，民族就产生了。文化作为一个历史范畴，是人类社会在适应和改造自然环境的过程中，思想意识外化为物质、精神和行为方式的结果，两者相互依存、相互影响、共同发展。其中人类社会和民族是决定性因素，一切事物只有加上人类的自觉意识，才能涂上文化的色彩；文化则为人类社会和民族的发展提供精神动力和智力支持。

从文化的外在表现和内在本质来看，民族文化包括人类社会和民族实践活动中创造的全部物质成果和精神成果。一个民族最基本的社会实践活动就是物质生产活动和精神生产活动，这是民族为了生存和发展所进行的必不可少的活动方式。正是这一基本活动，创造了民族自己的物质文化和精神文化。文化的内在本质，正如许多学者指出的：“文化就是人化”。

世界上凡经过人加工改造，经过人化的非自然物，都涵括在文化领域之内。客观世界只有渗入了人的意识，才能称之为文化，离开了人，就无所谓文化。因此，是人、人类社会和民族创造和发展了文化，而一个民族的文化也是对一个民族特性的集中反映，对民族文明的延续起到不可忽视的作用。

民族文化的内涵很广，包括一个民族在长期的历史发展中共同创造并赖以生存的一切文明成果的总和。这一成果包括物质方面的、精神方面的和介于两者之间的制度方面的成果。其中，物质方面的成果实质上就是民族在物质生产活动中创造的全部物质产品，以及创造这些物品的手段、工艺、方法等，包括人的衣、食、住、行、用所属的多种物品，以及制造这些物品的物品。如食物、服装、日用器物、交通工具、建筑物、道路、桥梁、通信设备、劳动工具等。精神方面的成果是观念性的东西，通常以心理、观念、理论的形态存在，包括两个部分，一是存在于人们心中的心态、心理、观念、思想等，如伦理道德、价值标准、宗教信仰等；二是已经理论化、对象化的思想理论体系，即客观化了的思想，如科学技术、文学、艺术等。制度方面的成果是精神成果的外显，是人们反映和确定一定的社会关系并对这些关系进行整合和调控而建立的一整套规范体系，包括政权体系、法律法规等，如历史上少数民族的土司制、合款制、各种规约等；又如党和国家结合少数民族的实际，建立的民族区域自治制度。

二、民族文化对世界的影响

中国文化内容之丰富，可谓灿烂如星河，随着社会的不断发展，文化的内容也日趋丰富深厚。同时随着各国之间的不断交流，中国的文化也漂洋过海，在异乡彼岸生根发芽，其中最受欢迎的莫过于中国功夫文化和中国的美食文化。

（一）中国武术对世界的影响

20 世纪 70 年代从中国香港移民到美国的叶永康，带着武侠梦在纽约华埠开了当地第一家龙形拳武馆。刚开始，和许多华人新移民一样，叶永康为了贴补家庭并融入新生活，一边学英文一边在餐馆打工。后来，因兴趣使然，便开起了武馆。他所开的叶氏龙形拳馆，不仅教授龙形拳，还教授广受欢迎的太极拳和舞狮，多年来中外学徒已数以千计。叶永康说，他在最困难的时候也没有想过要关闭武馆，因为中国传统功夫既已随着他走出国门，他就有义务让它在异国传承。

像叶永康这样的武术传播者，并不是单枪匹马一个人在奋斗。以中华武术在美国的发展为例，“华人移民是武术得以在美国传播的主要力量”，据此可以认为在世界其他国家，华人移民已经成为武术在海外传播的主要力量。比较常见的传播方式有两种。第一，以创办中华武术武馆的形式传播中华武术。以当前在国际、国内比较有影响的太极为例，相关门派掌门人创办自己门派的武馆，是中华武术海外传播的重要力量和途径之一。例如，一些武术派别在美国等国家采取了“段位制”，是海外武馆“可持续发展的有效手段”。第二，其他汉语文化类学校的武术课程传播。以在世界各地流光溢彩的孔子学院为例，其开设的中华武术课程成为中华武术海外传播的又一重要途径。武术课程相对某种武术的武馆而言，前者能传播的中华武术种类更多，如开设少林长拳、八卦拳、形意拳等，一般以传授基本的武术套路为主；后者则对所属武术门派的武术传播更精深，如陈氏太极馆不仅要传授基本的太极套路拳法等，还会传授门派内的更多特色技术等。

中华武术作为中华传统体育项目与传统文化的最佳结晶，蕴含了丰富的中华优秀传统文化，因此中华武术的海外传播过程自然就是中华传统优秀文化走向世界的过程。在海外传播实践中，除了中华武术自身的强身健体、抵御外侮与伸张正义等文化内涵外，还有珍贵的服装文化、图腾文化、儒家文化、绘画文化、造型文化、中医文化与战略战术文化等中华优秀传统文化。如“易传”记载的“易有太极，是生两仪。两仪生四象，四象生八卦”，就诠释了中华武术中的“太极”，“太极”蕴含着丰富的道家文化，是道家文化的具象。另外，中华武术中的兵器更是中华传统文化的集大成体现之一，十八般武器的造型各具特色，其功能又各具特长，如“枪挑一条线”“棍扫一大片”等，把中华文化中的几何学、力学、美学与攻守统一的战术学等文化凝结起来。因此，随着中华武术在海外的广泛传播，会有更多的中华优秀传统文化被展示出来，使得世界各地人民更加全面地认识中华武术、认识中华文化，并积极地开展学习与融合创新活动。

（二）中国餐饮对世界的影响

中国文化走出去，要让有感染力的文化先行，而中餐就是最有感染力的文化。从 1850 年第一家中餐馆在美国亮相，海外中餐已走过 170 多年的历史，至今海外中餐企业已达 30 万家，遍及 150 个国家和地区，形成了一定规模。近年来，中餐成为海外受访者眼中最能代表中国文化的元素，谈及中国文化的代表元素，有 52% 的受访者首选中餐，其次是中医药和武术。

从 19 世纪中叶开始，数以百万计的华人远涉重洋，足迹遍及世界各地。从东南亚和南亚次大陆到非洲、大洋洲、欧洲及美洲大陆，无处不见华人社区。华人海外移民，与近代中国的政治、社会及经济的重大变迁息息相关，也对国际贸易、外交关系和所在国发展产生了深远影响。同时，海外移民也是一部中餐全球化的历史。华人把中华饮食文化传播到世界各国，并在不同的文化环境下，衍生出众多分支。研究中餐的拓展，也是进一步理解中国海外移民和华人社会变迁的一个关键，中餐的发展状况在很大程度上反映了各地独特的社会文化环境和华人的政治经济地位。

1848 年加利福尼亚发现黄金。在席卷全球的淘金热中，人们从世界各地蜂拥而至，这也开启了大规模的华人移民美洲的浪潮，中国饮食文化也由此得以落户北美大陆。旧金山是因淘金热而迅速兴起的三个城市之一，是连接中美太平洋最重要的枢纽，也是华人进入北美大陆的最重要的口岸。这里的中国城，在很长一段时间内，一直是全美国最大的华人聚居地，被老华侨称之为“大埠”，在华人政治和文化生活中有举足轻重的地位。旧金山也是中餐在美国拓展的发源之地，早在 1849 年，这里就已经有四家华人经营的餐厅。当时的旧金山正处于飞速发展期，其人口从 1848 年的 1 000 人猛增到 1850 年的 35 000 人。新增的人口几乎全是外来的，大多是单身的年轻男子，加上包括餐饮在内的服务业又都十分匮乏，所以光顾这些餐馆的顾客，不只有中国人，也有其他各个国家的人。

中国城从一开始就成为华人社区一个最显著的特征。早在 1856 年，三藩市的中国城以卖各类食物为主的杂货店就多达 33 家。此外，还有 5 家肉铺和 5 个餐馆。这凸显饮食业在华人的生活和经济上的中心地位。杂货店出售各类来自中国的食物，从大米、竹笋、陈皮到燕窝、鲍鱼。人们在此也能买到不同品种的茶叶。很多店家把这些中国食物卖到了远在金矿区的华工。中餐不仅给予倍感文化孤独的中国移民情感上的慰藉，也是他们对自己华人身份和饮食传统的自豪感的宣示。中华饮食和中国移民就像是一对双胞胎，密不可分而且相互依存。中华餐饮文化随着第一批中国移民浪潮而落户美洲，其发展轨迹，一直随移民浪潮的起伏而波动。同时，它也成为中国移民的生活及华人社区的一个重心。

从 19 世纪末开始，中餐异军突起，走出唐人街，进入各大城市的非华人社区。到了 20 世纪初叶，诚如熟悉美国的孙中山先生所言，“美国大小市镇，中餐馆无处不在。”在其理念和经营实践中，中餐分为服务于华人的传统中餐和服务于美国人的“美式中餐”。这在中餐馆的菜单上得到了充分体现。20 世纪上半叶巴尔的摩市有一家名为“顶好”的中国餐馆。老板是 1922 年从珠三角来到美国的移民，他把菜单分作两部分，左边是他称为“美式中餐”的菜肴，菜名全是英文；右边是“中国菜”，菜名同时用英文和中文标出。为了招徕非华人客人，就连中国城里的中餐馆也纷纷推出美式中餐。

中餐在美国 170 多年的发展史，是华人移民史上的一个重要篇章，它也印证了美国华人所遭受的种种艰辛和他们不屈不挠的奋斗精神。中餐的变迁，也是美国经济发展及其生活方式和种族关系演变的一部分，可以说，来自中国的美食，影响了美国的餐桌，甚至是全世界。

三、民族文化的发展途径

中国是举世闻名的文明古国，在漫长的历史发展过程中，勤劳智慧的中国人，创造了丰富多彩、绚丽多姿的文化。人创造了文化，文化滋养了人，这些经过锤炼和沉淀的传统文化，凝聚着中华各族人民的性格、精神、智慧，是中华民族相互认同的标志和纽带，在人类文化的百花园中摇曳生姿，展现着自己独特的风采，对人类文化的多样性发展做出了巨大贡献。中国传统民俗文化内容广博，风格独特，深深地吸引着世界人民。

实现中华民族文化的复兴，必须传承和发扬中华文化的优秀传统。近年来，已有不少有志之士，开始了复兴中国传统文化的努力，不少孩童乃至成年人，开始重拾经典，品味古人的智慧，发现优秀传统历久弥新的魅力。传承和发扬民族文化，可从以下几点入手。

（一）树立民族文化认同感、增强国民的民族自豪感

民族文化对一个民族至关重要，历史是民族的根，文化是民族的魂。民族文化承载着这个民族从古至今的一切，民族文化是民族之灵魂、民族之根脉，民族之纽带、民族之智慧、民族之文明和民族之精神。中国人民要了解民族文化的渊源和发展知识，建立对自己民族强烈的民族自信心和自豪感。这是一项长期而艰巨的任务，不是一时的情趣高涨，也不是一时的热血澎湃，而是让民族自豪感和自信心融进血液之中，从而形成一种自觉、自发的保护和传承意识。

（二）提升民族文化创新能力、推动民族文化的可持续发展

一个民族的文化不仅积淀着其历史的全部智慧和文明成果，而且蕴含着走向未来可持续发展的文化基因。文化的兴衰关系到国家的兴衰，而决定文化兴衰的核心要素是文化的创新能力。在继承和弘扬的基础上进行创新，必须正确对待民族文化。民族文化中优秀的部分会成为社会发展的动力，而保守的方面会成为社会发展的桎梏。因此，既不能搞“民族虚无主

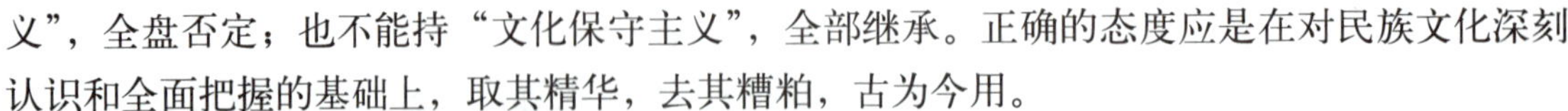

义”，全盘否定；也不能持“文化保守主义”，全部继承。正确的态度应是在对民族文化深刻认识和全面把握的基础上，取其精华，去其糟粕，古为今用。

（三）利用传媒力量普及民族文化知识

人们对民族文化的认识度普遍偏低，要提高人们主动参与的热情度。利用现代媒体力量宣传民族文化知识，不仅包括传统媒体，还包括短视频、社交平台等新媒体，这些新媒体通过长期、不间断地向普通民众进行民族文化知识的普及教育和宣传，让人们认识到民族文化的基础知识和存在意义，树立人们尊重和保护民族文化的意识。

（四）大力培育民族人才、壮大民族文化人才队伍

人才是民族文化传承和被保护的基础，对民族文化的保护归根结底是对人才资源的保护。民族文化是人类智慧的结晶，注重对民族文化技术人才的发掘、保护、培养和支持，发展壮大人才队伍是保护民族文化的根本。

（五）保护民族文化的知识产权

充分利用法律、法规等，对民族文化知识产权进行保护，包括著作权、使用权、商标权、专利权，以使我国传统民族文化免受其他国家或组织的盗用，以及民间组织、个人的非法牟利。“民族的就是世界的”，民族文化表现了中华文化的独特魅力，对民族文化的保护、传承和利用可充分实现传统民族文化的经济价值和社会价值。

（六）民族文化与商业有机融合

在保护环境和文化的基础上，适度发挥民族文化的特色优势，同心同力发展地方产业。如甘肃临夏回族自治州尊重原居民的生活习惯和宗教信仰，以“文化为先、利民为本”为指导思想，在保持街区原有整体格局和群众生活方式不变的基础上，将八坊十三巷的历史文化传承保护同改善困难群众生活和开发特色旅游相结合，将 45 处公房院落改建为民俗馆、手工艺馆、人物故事馆等公共文化场所，将民族文化与非物质文化遗产创新性融合，大力支持非遗的传承与保护，推动传统商贸转型升级，激励企业与商户开拓创新，引导八坊十三巷居民实现创收增收，打造开放、包容、充满个性与活力，集文化、旅游、商贸和宜居为一体的崭新社区，如图 3-5 所示。

图 3-5　临夏八坊十三巷

拓展阅读

“珍珠球”运动

珍珠球是由满族的民间游戏“采珍珠”发展起来的一个民族传统体育项目，来源于生产劳动——采珍珠，是满族人民传统的体育项目，在北京、辽宁、河北、吉林、黑龙江等省市民族传统体育运动会中，均被列为正式的比赛项目，现为全国“民运会”竞赛项目。1999年，在广西举行的第四届全国少数民族传统体育运动会上，该项目第一次被列为运动会的正式比赛项目（见图3-6）。

图3-6　“珍珠球”运动

珍珠球运动的竞赛方法比较简单，双方对垒，每队出六名运动员，其中一名队员站在一端准备持网捕捞，三名手拿蚌型木拍的队员站在对方捕珠者前面拦截珍珠，其他三名队员下“水”与那队员争夺珍珠，夺到后把珍珠投向自己队的持网人，而对方的队员又要设法用蚌型木拍把投来的珍珠拦截回去，只有把珍珠躲过对方蚌型拍的拦截，把珍珠投入自己队的持网人网里才算得分。这项体育活动对抗性强，又有游艺性。参加比赛的队员个人既要有高超的技艺，又要具备全队整体配合的战略战术。

珍珠球运动是在参考篮球、手球规则的基础上制定而成，它具有场地、器材的简易性和游戏形式的大众性等特点，场地所需面积不大，所用器材较为简单，除正规比赛需要标准的场地与器材外，一块平整的空地即可组织比赛，具有较强的实用价值。

由于珍珠球运动是综合的非周期性集体运动，对技术、战术的运用都有一定要求，选手要根据时间、位置、距离、场地、设施、环境条件等，运用跑、跳、投等手段来完成的，在这一过程中，无论智力、生理、心理都要承受各种复杂因素的影响，科学地参加珍珠球活动，对提高人体内脏器官与感受器官的功能和中枢神经系统的支配能力、增进健康、发展身体素质、促进心理修养、培养集体团队精神等都有积极的作用。

少数民族传统体育是民族精神的象征。通过对珍珠球运动的练习，选手可以了解我国多种多样的民族文化，树立民族自豪感，增强民族凝聚力，加强民族团结，弘扬民族精神。同时，通过参与珍珠球比赛，可以有效强化参与者的拼搏意识，敢于进取，学会尊重规则，尊重对人，使竞争心态更为健康，实现身体和个性的健康发展。

由此可见，满族“珍珠球”运动是满族重要的传统体育项目，更是满族重要的体育文化遗存，它动作优美，具有较高的民族文化价值和健身价值。2008 年 6 月，满族珍珠球被列入第二批国家级非物质文化遗产名录，而与这项活动一同传承和延续下来的，还有满族先民在久远的历史岁月中同大自然搏斗的那种勇敢勤劳的精神。

测试与思考

一、问答题

1. 明清时期十大商帮的各自经商特点是什么？
2. 传承商帮文化的重要性是什么？
3. 如何传承中华老字号？
4. 结合自身情况，请回答我们可以对“非遗”文化的传承做出哪些努力？
5. 民族文化是怎样与商业文化融合的？

二、案例分析题

早年，娃哈哈的创办人宗庆后拉着“黄鱼车”奔走在杭州街头，推销冰棒。虽然只是一个简单的工作，但他却在送货的过程中留心观察。很快，宗庆后了解到许多孩子食欲不振、营养不良，成为家长们最头痛的问题。为了解决这一问题，他萌生了做儿童营养液的想法。当时的宗庆后已经 47 岁，面对自身的不利条件和外界的质疑，宗庆后并没有退缩，而是坚持要在有生之年实现自己的创业梦。他通过各种途径筹集了 14 万元，开始组织专家和科研人员开发儿童营养液。

不久，娃哈哈儿童营养液诞生了。它是我国第一个专供儿童饮用的营养品，投入市场后效果非常好，受到了孩子和家长的热烈欢迎，取得了巨大成功。1992 年，娃哈哈的销售收入达到 4 亿元，净利润 2 000 多万元。

竞争激烈的商场就像是辽阔的海洋，商人一定要有广阔的视野，善于在海浪中拼搏，既要勇于冒险也要善于驾驭风险，而且能够根据当前的形势随机应变。

“第一个吃螃蟹”的人纵然要面临很大的风险，但是，风险与机遇总是并存的。商场如战场，要取胜，必须具备创新意识和冒险精神，要敢于放手一搏，否则你永远迈不出成功的第一步。

请回答：以宗庆后为代表的“浙商”是商帮文化精神传承的代表。在他的事迹中，能够总结出商帮文化的哪些理念和精神？

实训安排

聆听传统商业文化的故事，理清商业文化传承的脉络。

一、实训目标

通过本次实训，使学生更加深刻的感受到商帮文化对现代商业文化的影响，以及“一带一路”倡议的意义，并分析传统商业文化在传承和发展中的重要性。

二、实训内容

通过观看视频、查阅书籍、参观博物馆、实地游览等方式，整理古代商帮、丝绸之路、老字号品牌店铺、非遗文化以及民族文化的资料，并且提出传承和发展传统商业文化的可行性建议，形成报告。

三、实训要求

能充分了解商帮文化、丝路文化等商业文化，能认真查阅传统商业文化的资料，认真分析，提炼重要信息，并思考如何传承发展。希望有创新观点，且观点切合实际。

四、实训成果

学生通过小组讨论形成报告并汇报。

五、评价标准

根据实训成果，进行“优、良、中、及格、不及格”打分。

模块四

提升商业道德

素质目标

◎传承健康正面的义利观，激发爱国主义精神。

◎具备经商的基本职业道德素质，提升个人商业素养。

知识目标

◎理解商业道德的产生、内涵，了解遵守商业道德的重要性。

◎理解商人品格的含义，了解商人品格的功能和作用。

◎掌握用人之道。

能力目标

◎能够结合所学知识，判断商业活动是否符合道德要求。

◎能够根据实际案例，分析商业道德缺失引发的问题并提供解决方案。

模块导读

商业道德是道德规范在具体商业情景和商业活动中的应用。作为一种意识形态，不仅为一定的社会经济和文化所决定，而且也反作用于一定的社会经济，对商业活动具有重要的指导意义。中国商人自古以来就有诚信经营、合义取利、价实量足等要求。伴随着商业的发展，这些品质构成了中国商人最基本的职业道德。本项目旨在让学习者了解商人应具备的品格和经商、用人之道，了解这些道德品质在商业经营活动中的功能及作用，构建遵守商业道德的意识。

引导案例

任正非成就华为的商人品格

每个优秀企业家都具有独特的商人品格，华为的创始人任正非也不例外。他身上兼具了专注、自省、诚实守信、自律节俭、艰苦奋斗、坚韧、淡泊名利、终身学习等难能可贵的精神品格。

任正非于1944年10月出身在贵州安顺地区镇宁县一个贫困的小村庄。虽然是农村，却是一个知识分子家庭，他的父母都是教师，家中有7个兄弟姊妹。身为老大的任正非，从小就经历了战争、贫困、三年困难时期的磨炼。

1963年，任正非考上了重庆建筑工程学院（现并入重庆大学），但此时家里的经济状况更加捉襟见肘，母亲竭尽全力为他缝的两件衬衣和一条拼接起来的被单，陪伴任正非度过了四年艰苦的大学生活。1987年，任正非集资2.1万元创立华为。那时，他认为，华为没有资金、没有技术、没有资源，唯有艰苦奋斗才能活下去。“活下去”成为任正非的一种执念。

创办华为后，他确立了“以客户为中心，以奋斗者为本，坚持艰苦奋斗，坚持自我批判”的华为核心价值观。历经37年艰苦奋斗，华为从一个没有技术、没有产品、没有背景的小公司发展成如今全球信息与通信技术行业的领导者和世界500强，创造了中国乃至世界企业发展史上的奇迹。

任正非是一个坚守理想的企业家，创办华为37年来，他不忘初心，甘于寂寞，始终坚持只做一件事——专注ICT领域。在华为的成长过程中，正逢中国房地产业爆发，很多做实业的企业家都去做房地产生意，赚得盆满钵满。面对巨大的诱惑，任正非从未动摇过初心，坚守实业，坚守自己的理想和信念。正是任正非37年如一日，守望自己的理想，始终坚持认认真真、踏踏实实，真心诚意为客户服务，为客户创造价值，才成就了华为的今天。

任正非严于律己，率先垂范，从不搞特殊化。他没有专车、没有保镖，也没有私人飞机和游艇。即便现在他已近80岁，也不坐头等舱，下飞机后仍自己打的，拒绝下属和客户接机，任正非一生自律、节俭，用自己的精神品质影响了无数人。

案例思考

1. 你认为商人应该具备哪些品格？

2. 任正非的优秀品格有哪些值得大家学习之处？

单元一　商人品格

商人想在充满竞争的商场赢得一席之地、立足长远，必须具备开拓的思维、坚韧的意志和高尚的品格。商人品格代表了商人及企业的形象，塑造宝贵的商人品格对企业发展具有至关重要的意义。商人的优秀品格体现在众多方面，最为突出的是诚实守信、义利并重、精明强干和勤勉节俭。

任务一　诚实守信

《论语》讲："民无信不立。"诚实守信是每个人立足社会的根本，也是社会良性运行与和谐发展的基础和价值支撑。作为商业文化的核心，诚实守信是商人必备的品格，也是商人从事经营活动的基本准则。诚信是企业发展的资本，是当代信用经济的基础，是社会经济运行的原则。

一、诚实守信的含义

诚实守信即古文中的诚信，最初并不是一体的概念，而是分开使用。直到春秋时期，管仲提出"诚信者，天下之结也。"诚"与"信"才开始合在一起使用。诚实就是诚恳真实，忠于事物的本来面貌，言行一致、表里如一，不说谎，不弄虚作假，不歪曲事实真相。守信就是讲信用，讲信誉，信守承诺，忠实于自己承担的义务，答应了别人的事一定要去做。

"诚"左半部为"言"，意为说话、发言，右半部是一个"成"，意为全部、完全的意思，合起来的意思就是讲话要全心全意，不掺杂任何水分和欺瞒，真挚地表达自己的想法和观点，不遮遮掩掩。《礼记·中庸》中提到："诚"乃天之根本，做人要不断的追求，只有达到了诚的阶段，人才是一个完整、完美的人。一个人要遵循的道德底线和基本原则就是真实、真切。在社会生活中，"诚"常常表现在"诚实""真诚""不欺骗"等方面。

"信"是由"人"和"言"两个字组成，从中可以直观地看出其强调的核心就是人要说到做到，不说假话、大话、空话，一言九鼎，信守承诺。"信"始见于《尚书》，其中记载了商汤讨伐夏桀时的誓词："尔无不信，朕不食言。"这里的"信"意为可信、守信。孔子认为，"人而无信，不知其可也"，他把"信"列入"恭、宽、信、敏、惠"五德之中，强调要"言而有信"，认为只有"信"，才能得到他人的"信任"。守信即做到遵守信约，一个人只有说话算话、信守承诺，才能在他人面前建立起信用，得到社会的认可。"信"是一个人的立身之本，如果没有信用，也就失去了做人的基本条件。

诚实、守信组合起来，意思就是一个人要真实完整地表达自己的想法，并且说过的话不能轻易的改变，要言而有信。诚实侧重于"内诚于心"，是个人内在的道德体现；守信则侧重于“外信于人”，是人们外在的准则、规范。于是就形成了一个由内而外，内外兼修，内涵丰富的词汇，成为传统文化的核心理念之一。

拓展阅读

镇江商人的商业信誉

近代以来，镇江丝织业非常发达，以此为龙头，带动了蚕桑、印染、缫丝、织造等行业。丝绸产品以“江绸”出名，其质地细软柔滑，由于物美价廉，因而畅销国内外。在多年经营中，镇江丝绸业产生了陶聚茂、陈恒顺、毛凤记、蔡协记四大家，他们兼营工商，凭借雄厚的经济实力，垄断镇江的丝织生产。其中为首的陶谱华，创立陶聚茂谱记绸号于城南谢家巷内，其第三子陶怡，字又怡，从小随父习商，以信守商规，重视承诺而著名，为丝织同业所敬重。1853 年，太平天国军攻陷镇江，为逃避兵灾，陶又怡率家人由辛丰、丹阳转徙江北安平之仇家村避难。1862 年，陶又怡积劳成疾，日渐沉重，而他的两位兄弟厚培、怡心恰巧远出未归，临终时又怡召来两弟媳谆谆告诫：“往年有溧阳人王性明，卖丝银 800 两存我号，有书券（凭证）给他。将来王性明来兑，一定要如数偿还，商业以‘信’字为本，切莫损害了陶家招牌。”

过了两年，果然有一中年妇女，携子来店造访，并诉告：“我是溧阳王石氏，夫王性明已死二年，遗嘱有售丝银 400 两存于贵号陶又怡处，原券毁于兵火。亡夫嘱咐：陶又怡是长者，汝往哀求，他必哀怜孤寡，如数偿还所存银两。”该妇女说着说着，悲从心来，声泪俱下。厚培、怡心因她所言银数不符，恐有差误，寻访熟知他家概况的某一伙计，并请来当面求证，得知王石氏确是王性明之妻。厚培、怡心即以白银 800 两偿付。王石氏和幼子跪拜二人，千恩万谢携金而去。在没有借贷凭证，且两位当事人都去世的情况下，陶聚茂谱记绸号能够信守为商根本，诚信为上，实难能可贵。

二、诚实守信的作用

“人无诚信不立；家无诚信不和；业无诚信不兴；国无诚信不宁。”诚实守信，在社会生活中，无时无刻不在发挥着重要作用。诚实守信作为一项道德基准，对人们兼具教育激励功能，也具有约束规范功能。就个人而言，诚实守信是高尚的人格力量；就企业而言，诚实守信是宝贵的无形资产；就社会而言，诚实守信是正常的生产生活秩序；就国家而言，诚实守信是良好的国际形象。

第一，诚实守信是个人安身立命的基础。

诚实守信是个人必须具备的道德素质和品格，个人诚信是社会诚信的基础。“诚实”不仅是德、善的基础和根本，也是一切事业得以成功的保证。“守信”是一个人形象和声誉的标志，也是人所应该具备的最起码的道德品质。孔子说：“信则人任焉。”“人而无信，不知其可也。”诚于中而必信于外。诚信是实现自我价值的重要保障，也是个人修德达善的内在要求。缺失诚信，会在他人面前暴露缺陷，难以再取得他人信任，影响后续合作。因此，诚信是个人立身之本，处世之宝。诚意所达到的程度决定修德所能达到的高度，正可谓“精诚所至，金石为开”，“天下无不可化之人，但恐诚心未至；天下无不可为之事，只怕立志不坚。”所以，中国人特别强调诚实做人，踏实做事。

第二，诚实守信是企业创业守业的根本。

诚实守信作为一项普遍适用的道德原则和规范，是建立行业之间、企业之间良性互动关系的道德杠杆。诚实守信是社会主义职业道德建设的重要规范。诚实守信是所有从业人员在职业活动中必须而且应该遵循的行为准则，它涵盖了从业人员与服务对象、职业与职工、职业与职业之间的关系。在市场经济社会，市场是铁面无私的审判官，企业如果不诚实经营，其结果必然是被市场所淘汰。诚信是塑造企业形象和赢得企业信誉的基石，是竞争中克敌制胜的重要砝码。

第三，诚实守信是国家立国的支撑。

中国古代政治伦理强调“民惟邦本，本固邦宁”，认为国家的领导者应当以诚心诚意的态度和方法去取信于民，进而达到人民安居乐业，国家太平清明。在现代社会，诚信是领导者治理国家的基本原则。

三、诚实守信品格的塑造

诚实守信是中华民族的传统美德，是社会主义先进文化的核心部分，是传承商道精神、促进市场经济发展、构建和谐社会的重要品格。

（一）诚恳真实

“诚者，天之道也；思诚者，人之道也。”诚恳真实是做人最根本的条件。从事商业活动更应以真实的想法、诚恳的态度为基础，用真心换取信任，做到货真价实、实事求是、童叟无欺。诚恳真实不但是一种自尊、自重、自爱，更是一种来自灵魂的光荣。

（二）言行一致

言，往往是行的先导，行，往往是言的实践，言行一致是成功的开始。经商从商，应深思熟虑，谨言慎行。一旦言志，则应做到意志坚决，态度认真，踏踏实实开展行动。作为商人，在经商过程中，应坚持言行一致，言出必做，树立良好形象，建立良好声誉。

（三）建立信誉

信誉即信用和名声。诚实守信的声誉，是依附在人之间、单位之间和商品交易之间形成的一种相互信任的生产关系和社会关系。信用既是无形的力量，也是无形的财富。良好的信誉是企业的招牌，能够帮助企业树立正面形象、建立口碑，甚至可以成为企业的核心竞争力。

（四）信守承诺

信守承诺是中华传统文化的传承。“一诺千金”“一言九鼎”“君子一言，驷马难追”都透露着我国古人对信守承诺的重视。信守承诺是诚实守信的体现，是做人的一项道德基准。人或企业能够建立起良好的信誉，也受益于信守承诺。商人讲信用、守承诺的品格，能使其获得尊重，帮助其在残酷的商业竞争下脱颖而出，基业长青。

任务二　义利并重

一、中国传统义利观

“非其义，不受其利。”在中国传统美德中，正确的义利观占有很高的地位，是中国古代人民所推崇的做人经商的终极追求。在当代社会，以重义轻利为基础，处理好义和利的关系，为社会普遍群众创造价值，适度汲取物质财富是商业文化的精髓。

“义”是指思想行为符合一定的道德标准；而“利”则指利益、功利。义利问题不仅存在于商业领域，也关系到人们生活的各方面。纵观我国历史，关于“义利”问题的争辩从未停止。

1. 重义轻利

以孔子、孟子、荀子等人为代表的儒家坚持“重义轻利”的观点。重义轻利即重视道义，而轻视利益。这里“利”为“利吾国”“利吾家”“利吾身”的狭隘“私利”。儒家认为：“义”与“利”是对立的，应把道德追求置于优先于利的地位，但并非不言利，而是“以义制利”“义然后取”。

孔子认为“君子喻于义，小人喻于利”（《论语·里仁》）。说的是君子以坚持道义为行为准则，小人以追求利益最大化为终极目标；在经济关系上，“义”是最高的行为准则，有道德的人要遵守，做到在利益面前不贪不义之财（儒家思想中义利观的现代阐释）。

孟子认为“王亦曰仁义而已矣，何必曰利？亦有仁义而已矣”（《孟子·梁惠王上》）。说的是治理国家有“义”就行，不用说“利”。

荀子在继承孔孟二人义利观的基础上，又进行了进一步的探索和创新。荀子对义利观的态度，主要围绕在两者的关系上，他认为“义与利者，人之所两有也”（《荀子·大略》）。说的是道义和利益是人们所需要的两样东西。也就是说，义和利并不是完全对立的，两者可以有一定程度的融合。

2. 先利后义、重利轻义

与儒家“重义轻利”的义利观不同，法家推崇“先利后义，重利轻义”的义利观。法家代表人物管仲（见图 4-1）曾提出：“仓廪实而知礼节，衣食足而知荣辱”（《史记·管晏列传》）。说的是要从物质中寻求道德的根源，他肯定了“利”对“义”的决定性作用。管仲认为物质文明决定精神文明，只有物质生活条件得到保障，人们才会追求精神方面的进步。人的生存一旦面临威胁，生活没有保障，自然很难考虑仁义道德。因此，管仲认为“利”先于“义”，只有“利”得到满足，人们才会考虑道义的问题。

法家另外一位代表人物韩非子（见图 4-2）认为，人之好利主要源自人们的生存需要，每个人都有追利之心，人的任何行为都受好利的本性支配，即使是父子、君臣之间，也是计利而行的。

图 4-1　管仲

图 4-2　韩非子

重利轻义是一种偏激的价值观。但是自古以来，商人“重利轻义”“见利忘义”乃至“利令智昏”的现象却屡见不鲜，受到人们的谴责。

3. 义利并重

在儒家思想的深远影响下，当义和利发生矛盾时，我们似乎更看重义，更推崇重义轻利的做法。但事实上，义和利二者从来都不是对立的。

南宋思想家朱熹说：“义者，天理之所宜；利者，人情之所欲”（《四书集注》）。说的是追求利益源自人们共同的天性，崇尚义则取决于人们后天的修养，利与义是人们在物质与精神两方面的追求。获取利益应合乎常理、合乎法度，不悖“天理之所宜”。我们所要反对的是那种不择手段、巧取豪夺或唯利是图的逐利行为。正当的、合理合法的利益取得应得到保护。

二、传承和发扬科学的义利观

（一）“义利兼顾”是商人应遵循的义利观

市场经济的发展冲破了传统的“重义轻利”观念，反对义利分离或义利失衡，明确主张义利统一或义利并重。市场经济环境下要求企业在遵循商业发展规律、商业秩序的基础上，通过为消费者提供优质的产品或服务而获得利益。秉承“义利并重”的义利观，才能使更多的人共享发展成果，建设和谐社会。

倡导“义利并重”的意义在于：第一，抛弃封建道学家所崇尚的空谈道德、君子不言利的说教，鼓励和保障企业追求正当的合法利益；第二，充分尊重企业的合法利益，鼓励和引导每一个企业维护和争取自己的合法利益，企业的合法利益增加了，国家和人民的利益才会得到保障；第三，在以义导利、以义取利等义利观的引导下，企业才能树立良好的声誉，提升经营水平，保证经济可持续发展。

因此，只有实现义利并重，企业才能处理好自身与员工的关系、与股东的关系、与供应商的关系、与消费者的关系以及与整个社会的关系。企业在追求自身利益的同时，要考虑到与其交易的另一方的利益获取，以实现双赢的局面。

（二）“履行社会责任”是商人应弘扬的义利观

任何人都不能脱离社会而生存，商人更无法脱离社会这个大环境而存在。在古代，商人社会地位极低，甚至被当时的人们称为“市侩奸商”。但在当今社会，商业是国民经济中至关重要、不可或缺的一部分，现代商人对社会的影响力是十分巨大的。对于现代商人而言，必须有较强的社会责任感，积极为社会做贡献，比如多参加公益活动，强化绿色环保经济观念，生产环保低碳的产品，建立节约型企业等。

（三）“合作共赢，持续发展”是商人应崇尚的义利观

商业活动离不开各参与方的精诚合作，只有合作才能实现共赢，尤其是在快速发展的互联网时代，合作可以使双方共同克服困难，提振信心，共同发展，共赢商机。

1. 遵循“人类社会与自然界和谐共生”的原则

人类的生活与自然界息息相关，自然界是人类生生不息的源泉，自然界有序、健康的发展离不开人类发挥的作用。习近平总书记在浙江省吉安县余村调研时提出“绿水青山就是金山银山”的理念，体现了人与自然界和谐共处的原则。发展人类社会就要利用好自然界，管理好自然界，建设好自然界，做到人类社会与自然界的和谐共生。

2. 培养“全球一体化、企业协作共赢”的和谐世界观

在经济全球化的大背景下，任何一个企业都必须与行业中的其他上游、下游企业组建共同体，建立一条经济利益相连、业务关系紧密的行业供应链来实现优势互补和资源整合，达到“多赢”的目的。经济全球化促使人们对传统的义利观进行反思。各国在利益上的高度融合与交集使很多不同的国家成为共同利益链条上的一环，损害他国利益，很可能导致自食恶果。越是关键时刻，人类越要保持理性，越要各个国家以负责任的态度共渡难关。尊重经济运行的客观规律，把握开放融合的发展大势，才是应对风险挑战的正确态度。

3. 坚持“可持续发展”的理念

科学的义利观不仅要考虑到人与自然的和谐相处、各个国家的合作共赢，还必须考虑到利益相关者的可持续发展问题，既满足当代人的需要，又考虑到后代人的发展，不仅要考虑自然层面的问题，在更大程度上还要考虑人文层面的问题。

在人类社会的发展过程中，为了追求眼前利益而牺牲后代人的利益，是对子孙后代的不义之举。人类只有一个地球，只有大家秉承休戚与共、和谐共处的世界观，坚持走可持续发展的道路，人类社会才会有美好的明天。

任务三　精明强干

在现代商业环境下，作为一名商人，其品格的塑造除了诚实守信、遵循“义利并重”的价值观外，还要成为一名精明强干之人。

一、精明强干的含义

“精明强干”一词最早出自《新唐书·苏弁传》：“弁通学术，吏事精明，承延龄后，平

赋缓役，略烦苛，人赖其宽。”后来在《清史稿·卷四一八·毛昶熙传》中有：“今日之封疆大吏，以地方多事，喜用精明强干之员，而不求恺悌循良之吏。”由古至今，对“精明强干”的解释大体相同，其含义也并不复杂，按照《现代汉语词典》中的解释，精明强干是形容一个人精细明察，办事能力强。

二、精明强干的要求

作为现代商人，要塑造精明强干的品格需要达到以下五方面的要求：

（一）渊博的知识

在现代商业环境下，商人们首先要熟悉与本企业相关的许多工程技术方面的知识。网络在企业中的应用越来越广泛，办公自动化、管理信息系统、决策支持系统等已成为管理工作中不可缺少的组成部分，这需要商人们有一定的互联网、大数据等基础知识。除此以外，与工作相关的经营管理、经济贸易、法律法规、社会学、心理学等方面也要相对精通。因此商人一定要重视学习，拥有丰富的知识，不断汲取新知识。

（二）强烈的责任感

联合国教科文组织曾经指出：“现代人才必备的基本素质是责任心与爱国心。”一个普通人如果缺少了责任感将遭到舆论的谴责，被其他人疏远。责任感是什么？简单来说，责任感就是要讲信用、守规则、勇于承担责任，勇于应对风险，关心他人。

（三）成熟的独立人格

1. 处事冷静，但不优柔寡断

处事冷静，善于考虑事情的多个方面或问题涉及的各利害关系方，行事不冲动，要在周密思考后再做出决定或者阐明自己的观点。一旦决定，坚决执行。

2. 做事认真，但不苛求“完美”

做事认真仔细，善于统筹。不苛求事事尽善尽美，合理安排工作节奏，竭尽全力解决关键问题。具有这种特征的人往往能把事情做“对”，并且容易创造出价值。

3. 关注细节，但不拘泥于小节

善于关注事情的细节，观察身边的人和事，抓住问题的要害，善于将问题“扼杀”在萌芽状态。不要过分在意别人的小过错或小过失。

（四）远见与自信

只看到眼前利益，不考虑长远利益，可谓浮躁与短视。在当今复杂的商业环境下，商人们要将目光放得长远一些，不能为了获取短期利益而忽视企业的长远发展。要时刻关注商业环境的变化情况，根据环境的变化进行准确预测，进而做出合理的、有远见的商业决策。除此以外，商人在任何时候都要充满自信，不能畏首畏尾。一个自信心不足的人是很难管理好企业的。

（五）重视实践

精明强干的品格并不是与生俱来的。要承认天赋在人成长过程中的作用，但更要重视后天的教育和实践，尤其是实践的作用。商人们需要在实践中接受磨炼，不断积累实践经验，增长才干，提高自身的综合素质和能力，舍此别无他法。

从基层到董事长：董明珠的进阶之路

董明珠，格力集团董事长，36岁从基层做起，一步步通过自己的努力，获得了今天的成功，用自己的坚韧和执着走出了一条别人很难复制的路。

20世纪90年代，全国掀起了一股公务员辞职下海的热潮，董明珠正是下海大潮中的一员。她骨子里不贪图安逸的要强个性，让她在丈夫病世后，孤身一人选择南下闯荡。据董明珠回忆：一次偶然的机会，我从深圳到了珠海，觉得珠海太美了，天然的那种美，我本来想歇脚，结果到了海利（格力的前身），在海利工作时，我不愿意安逸，我想做有挑战的事情，所以我选择了销售。

1990年的格力还是一家投产不久、年产能约2万台的国营空调厂，没有核心技术，只能做空调组装。董明珠36岁从销售员做起。一开始她被安排到一名老业务员手下做学徒，跟着跑北京和东北市场。她学得很勤奋，没多久就出师了，自己去跑各大百货商场，结果半年时间就跑出了300多万元业绩。1992年，董明珠在安徽的销售额突破1 600万元，占整个公司的1/8。随后，她被调往南京，很快就签下了一张200万元的空调单子。不仅如此，一年内她个人的销售额上蹿至3 650万元，创造了当时的销售神话。1993年，董明珠在格力的销售额达到了5 000万元，占到格力总销售额的1/6，确立了她“金牌销售”的地位，也得到了格力董事长朱江洪的赏识。她依靠对市场的敏锐把握和专业分析说服经销商，靠热情和韧劲让人折服。

1994年，格力出现了一次重大危机，部门的主干业务员忽然“集体辞职”（辞职原因不详），董明珠经受住了诱惑，留在了格力，在格力电器最艰难的时刻，董明珠接过了格力电器运营部长一职。1996年，中国迎来一个凉爽的夏天，华东地区经历了40多天的梅雨期，气温的持续走低使得空调销售放缓，行业一片萧条。为了在萎缩的市场中争得份额，大批空调产销厂商开始大幅降价，打着“让利不让市场”的旗号开展价格战，但时任格力电器经营部长的董明珠却坚定立场不降价，她带领23名营销业务员奋力迎战国内厂家成千上百人的营销团队，公司销售收入增长了7倍，从4亿元增长到28亿元。格力的销售额在当年增长17%。

2001年，董明珠出任格力电器的总经理，开始整顿干部作风，这一行为使公司发生了根本性的变化，从此以后的10年，公司没有发生过员工罢工现象。2012年5月，原董事长朱江洪退休，董明珠同时出任格力集团董事长、格力电器董事长兼总裁三职于一身，成为绝对意义上的“一把手”，从此格力开启了“董明珠时代”。

格力电器1996年上市，上市以来增长近400倍。格力家用空调在全球市场占有率为22%，连续13年保持全球第一。这当然不是董明珠一个人的功劳，但她作为掌舵者的作用无疑是巨大的。2019年格力股东大会上，董明珠成功连任格力电器董事长，说明了人们对她的极大认可。董明珠对研发也有极大热情，格力有近千个先进实验室，1.3万名技术开发人员，已申请专利5万多项，在2018年国家知识产权局排行榜中，格力电器排名全国第六，家电行业第一，那句耳熟能详的“格力，掌握核心科技”实至名归。2022年，董明珠再次当选公司非独立董事，并在之后的董事会上通过半数投票当选董事长，任期三年。

任务四 勤勉节俭

一、什么是勤勉节俭

（一）勤勉节俭的含义

勤勉节俭即“勤勉”和“节俭”，是指一个人工作勤劳，生活节俭。勤劳行为和节俭意识紧密相连，如果勤劳是侧重于劳动力资源上的最大限度地“开源”；那么节俭则是侧重于在消费支出上最大限度地“节流”。

关于勤勉。《荀子·富国》中“奸邪不作，盗贼不起，化善者勤勉矣”记录了勤勉一词的起源。《左传·宣公十四年》说：“民生在勤，勤则不匮，是勤可以免饥寒。”可见，勤勉能使人生活富足。勤勉是人们对待劳动的态度和品质，作为道德规范，它要求人们热爱劳动，用自己的工作和智慧创造并积累财富，显示了人类自强不息、勇于进取的精神。

关于节俭。孔子曰“奢则不孙，俭则固。与其不孙也，宁固。”自古以来，儒家把“俭”视为个人修身养性的准则之一，它要求人们节制自己的生活欲望，约束自己的消费行为，节约生活，合理消费，正确理财。《左传·庄公二十四年》中说“俭，德之共也，侈，恶之大也。”认为节俭是人最高尚的品德，而奢侈则是万恶之首。

需要说明的是，虽然节俭和吝啬两种行为都存在对财物节制的表象，但二者有本质的区别。节俭是自身修德的主观要求，是对自己行为的约束和克制，并非刻薄待人、为富不仁的托词，否则就不是真正意义上的节俭，而是吝啬。勤勉节俭是中华民族的传统美德，中华文明的传承凭借的就是人民的勤劳努力、克勤克俭和自强不息。

拓展阅读

竹头木屑

陶侃是东晋的名臣，曾担任侍中、太尉、大将军等。他虽身居高位、重权在握，但却始终保持勤俭节约的作风。任荆州刺史期间，有一回地方上造船，他叫人把造船剩下的竹竿和木屑收藏起来。大家对于陶侃此举都议论纷纷，不明白他保存这些废物有什么用。到了冬天下起大雪，路面又湿又滑，很不好走，陶侃叫人把木屑拿出来铺在地上，有效地解决了人车通行的问题。后来国家发生战争，要造战船，可是没有足够的钉子可用。陶侃拿出收藏的竹竿，劈成竹钉，解决了造船的困难。陶侃去世后，东晋大将桓温要伐蜀，发现缺少装船用的竹钉，于是陶侃生前保存的竹头又派上了用场。至此，人们才明白陶侃爱惜物力的用心。

在他节俭的影响下，荆州地区的人民都养成了勤俭的风尚，从而使农业迅速发展，成为当时的富庶之地。

（二）勤勉节俭的意义

1. 勤勉节俭是治国之大道

回顾历史不难发现，“成由勤俭，败由奢”是王朝兴衰更替、社会变迁的普遍规律。春秋战国时期，齐桓公、晋文公、秦穆公等都极力提倡俭朴而摒弃奢华，从而达到了富国强兵、称雄列国的目的；西汉文帝躬修节俭，思安百姓，选贤治国，大度安邦，使当时出现了社会安定、人民乐业的“文景之治。

2. 勤勉节俭是治家之法宝

“家业之成，难如升天，当以俭素是绳是准”，强调家业成就不易，必须以勤俭朴素作为准绳。只有家庭中形成勤劳、节俭的风气，以“勤劳”为治家之基，通过自己的勤劳努力创造财富，以“节俭”为守家之本，具有节俭的品质，才能守住财富，积少成多，获得越来越多的成绩。一个家族将勤勉节俭作为家训，世代相传，家族才能长久兴盛。

3. 勤勉节俭是做人之美德

“静以修身，俭以养德”是做人的美德。在中国人长久以来的价值观里，节俭不仅是一种行为意识，更是一种大的德行，是培养良好道德的基础，一个勤俭节约的人，一定是一个自知、自律、自省的人。今天我们提倡节俭，不仅是要倡导一种健康适度的生活方式，更是要让人们养成勤俭节约的道德品质，去除骄奢淫逸的不良之风，珍视有限的资源。

4. 勤勉节俭是经商成功之基石

世界上的许多商人，在谈其成功之路时，都会将勤劳节俭放在重要的地位，尽管商人发财致富的原因不止一种，但勤俭是原始积累的重要途径，如山西商人、徽州商人，虽然他们的文化背景不同，却不约而同地强调了勤俭的重要性，可见，这种勤勉节俭对商业经营起到了非常积极的促进作用。

拓展阅读

世界勤俭日

10 月 31 日是世界勤俭日。为号召人们勤俭节约以共同应对日益严重的资源危机，进而促进社会的健康可持续发展，联合国于 2006 年专门把每年的 10 月 31 日设立为世界勤俭日。该节日的设立是一种提醒也是一种督促，只有人们养成勤俭的生活方式，我们的地球才有可持续的未来。

二、传承勤勉节俭文化

中华民族向来崇尚勤勉节俭的美德，也将之看成是修身、齐家和治国的重要途径。从古至今，大多数商人都教育自己的子孙后代只有勤俭持家才会使家业代代兴旺。如今进入新时代，我们更应树立正确的劳动价值观，弘扬勤劳俭朴的美德，创造美好生活。

1. 发扬艰苦奋斗的传统美德

在有的人看来，勤俭节约、艰苦奋斗是过去战争年代和艰苦岁月提出的特殊要求，现在条件和环境改变了，再提倡这个就不合时宜了。但实际上，没有人是一帆风顺的，人的一生就是奋斗的一生，为了成功需要不断努力，不停奋斗。能够吃苦耐劳，遇到困难，还能再站起来，才能真正地获取成功。艰苦奋斗是中国人民创造生活与文明的基本力量和重要内核，新时代的中国人更要发扬前辈艰苦奋斗的精神，为国、为家努力。商界无平道，遇到困难和挫折是难免的。正所谓“一勤天下无难事”，商人艰苦奋斗、积极进取的品格就表现在不安于现状，努力拼搏。

2. 倡导适度消费的生活方式

苏州各大家族传世家训把“俭”视为个人修身和家庭美德的内在道德基础，立足饮水思源，告诫子弟要懂得珍惜物资和人力，从日常衣食住行等小处做起。《资敬堂家训》教导子弟居家“能省俭处即省俭”。《昆山砂山王氏家训》训言：“穿衣、设席、住屋要俭朴，要精洁……浪费大不孝也……”告诫子孙后代节衣缩食以养生，布衣蔬食以自足，不得暴殄天物。历代商人一直信奉“勤与俭，治生之道也”。可见，勤俭节约是维持生活的根本之道，它既是一种崇高的道德修养，也是一种健康向上的生活方式。

现代社会，物质条件的富足、成长环境的安逸使得很多人缺少忧患意识，存在着大量盲目消费、过度有害消费现象。因此每个人要保持清醒理性的认识，注重提升个人素质和修养，在日常生活中养成勤俭节约的行为习惯。勤俭节约不是一味的倡导“省钱”，而是强调“适度消费”，珍视有限资源，在不浪费的前提下享受有质量、健康的生活。

3. 传承克勤克俭的致富精神

《尚书·大禹谟》：“克勤于邦，克俭于家”。在克勤克俭的艰苦奋斗精神中，除了勤奋与节俭，还应包含一种朴素无华的生活作风与生活态度。同时，克勤克俭是普通人持家致富的诀窍，也是商人累积财富的密码。

出身在徽商世家的清代歙籍货币理论家、财政学家，被马克思在《资本论》中提及的唯一中国人王茂荫曾经总结说：“以商贾之道言之，大抵能创一肆守一业者，其人必工心计，习俭勤，且旦夕以身入其中而又知人而善任，非是则败。”所谓习俭勤，意即作为一个商人，不论是创业还是守成，都要克勤克俭，以利原始资本积累。明末清初大学者顾炎武说：“新都勤俭甲天下，故富亦甲天下”，说的就是包括徽商在内的徽州人曾是以勤俭而蜚声遐迩的，正所谓 “非勤俭无以治生”。

4. 提倡勤俭节约的经营理念

勤劳工作，才能通过自己的努力获取财富；节俭生活，精打细算，才能守住财富。作为企业来讲，提倡勤俭节约、杜绝浪费的经营模式，能够帮助企业更好地盈利守财。从企业的管理者到每一位员工，在每一个工作环节都融入勤俭节约的精神，大到基础设施的建设要多方考虑，选取成本最低的方案，小到员工使用打印机、纸张、空调、供暖用电等，都尽量本

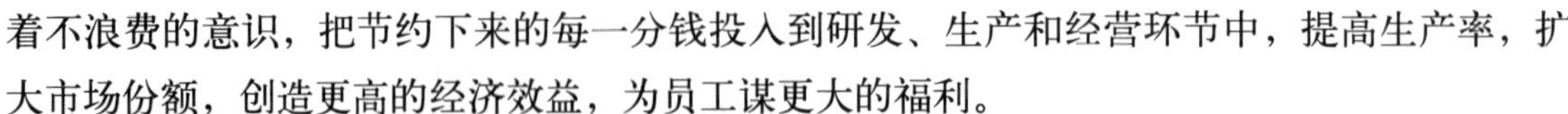

着不浪费的意识，把节约下来的每一分钱投入到研发、生产和经营环节中，提高生产率，扩大市场份额，创造更高的经济效益，为员工谋更大的福利。

提倡勤俭节约的传统美德，可以提高资源的有效利用。商人以勤俭节约为经营理念，可以获得财富并用好财富；将此生活态度传承于后代，可以帮助后代养成勤俭的好习惯，懂得珍惜来之不易的资源，从而使家族长盛不衰。

单元二　经商之道

中国商业在几千年的发展过程中，晋商、徽商等各地商人在经营之中都通过积累教训、总结经验，归纳出了独具特色的经营之道。对经商之道的研究学习，能够帮助企业科学谋划经营策略，掌握经营的方法和技巧。

任务一　诚信是经营之本

在当前市场经济环境下，诚信是企业在市场上发展和竞争的最基本要素。企业之间需要相互信任才能达成合作，企业诚信经营，才能长久发展。在当代社会中，诚信是帮助企业提升经济效益的重要资源，是企业经营之本。

一、诚信经营的意义

在现代经济社会中，诚信不仅是一种道德规范，也是能够为企业树立品牌口碑、带来经济效益的重要保障。企业塑造和坚持诚信经营，能够帮助企业建立特有的文化特征，对推动企业发展，从优秀迈向卓越具有巨大的促进作用。

1. 诚信经营是提高企业生产力的精神动力

企业的诚信建设，取决于员工个体的诚信素质。塑造企业诚信经营的观念就要高度重视生产力中人的因素，在精神层面进行诚信教育，保证员工间真诚相待，从而调动员工工作的积极性、主动性、创造性，使企业生产力得到进一步的释放和发展。

2. 诚信经营是促进沟通的桥梁

企业管理存在的问题归根结底都是沟通的问题。沟通能够交换思想观念，让人们之间诚信友爱、团结互助、携手发展。沟通也是企业进步的必要条件和动力源泉。一个企业建立起乐于沟通、勇于沟通的诚信文化环境，才能保证人们相互尊重，克服部门之间的本位主义，激发员工的主人翁意识，增强企业的凝聚力和向心力。

3. 诚信经营是企业发展的基石

诚实守信能帮助企业建立起良好的工作环境，形成大家认同和遵守的价值规范。同时能够提升员工的责任意识，使个体间积极地凝聚为整体，从而增强企业的生命力和活力。企业对外诚实守信，能够提高美誉度，赢得发展机遇。坚持做到“内诚外信”的企业能够受到客户和合作企业的拥护，建立“共生共赢”的合作关系，保证企业长久发展。

4. 诚信经营是企业盈利的基础

盈利是企业生存与发展的目标，而坚持诚信经营才能保证持久地获得经济效益。商业发展环境瞬息万变，企业若想在变动中保持稳步发展，必须以诚信服务为前提。企业需要与客户进行深入交流，了解客户想法，建立符合彼此要求的诚信服务体系，提高客户的满意度，从而保证客户的忠诚度，进而使企业在激烈的竞争环境中，平稳发展，持续获得经济利益。

二、企业诚信文化

企业诚信文化是指企业在社会化生产服务中，依靠企业管理者、参与者自觉地、有意识地形成的一种诚实守信的经营理念，是贯穿于企业本身的一种人文属性。

（一）建设企业诚信文化的意义

1. 为员工指引企业发展目标

企业中不同部门、不同员工都有各自的工作目标。企业诚信文化能够让员工明确企业的发展战略，将员工的个人目标引导到企业目标上来，让个人、部门形成统一的行动方向。员工认同企业价值观念，能够增强凝聚力，团结协作，实现个人和企业的共同利益。

2. 增强企业经营的约束力

企业诚信文化作为一种被群体内广泛认同的价值观念，能够对企业经营者以及员工的思想、行为起到一定的约束和规范作用。企业内部关于诚信经营的奖惩制度，同样对员工具有一定的约束力。

3. 提高企业核心竞争力

良好的企业文化具有较强的辐射作用，是企业整合更多资源、提高市场份额的利器。诚信文化能够帮助企业提高信誉度，培养出高素质、高水平员工，激励员工士气，增强企业凝聚力和核心竞争力。

（二）企业诚信文化的建设

1. 在精神层面建设企业诚信文化

建设企业诚信文化应培育诚信理念和诚信精神，塑造企业的诚信形象。首先，确立企业诚信的前提，即在企业内部建立诚信的共同价值观。其次，加强企业内部诚信教育，坚持正确的价值和道德导向，培养和强化企业员工的诚信服务意识，提高员工的诚信服务水平。在企业上下牢固树立“守信光荣，失信可耻”的理念，使诚信意识真正深入人心，融入日常工作规范中，变成自觉的行为与行动培养，从而让每个员工都认识到，企业诚信文化是企业最宝贵的无形资产，是个人和企业成长必不可少的精神财富。

2. 在行为层面建设企业诚信文化

企业的诚信文化要在集体和员工个人的生产经营、学习娱乐等行为过程中建立起来。其建设途径主要有以下几个方面。第一，企业要使个人行为与企业行为统一起来，变制度规范为行为规范，保证企业价值观念制度化与员工行为的高度统一。第二，企业管理者应在树立企业诚信形象的过程中率先垂范，以身作则，为全体员工树立典范。第三，企业应通过各种活动推选出模范人物，从而更好地引导全体员工的诚信行为。第四，企业要注重通过活动塑造企业员工群体诚信行为。企业员工群体诚信行为决定着企业的产品质量、服务质量和企业信誉的好坏。

3. 在制度层面上建设企业诚信文化

建立保障诚信行为的制度和规范，将诚信纳入企业的规章制度中，并带有一定的强制性，使其贯穿于企业生产经营的各个环节，成为企业全体员工共同遵守的行为规范，才能使诚信行为普遍化。在建立诚信制度的过程中，还应建立公平、公正、公开的诚信奖惩制度，加强约束和激励机制，形成相应的考核评价体系，对诚信者进行表彰和奖励，对失信者进行批评和处罚。

4. 在物质层面建设企业诚信文化

企业物质文化是由全体员工创造的产品和各种物质设施等构成的物态文化，是一种以企业外在性的物质形态为主要研究对象的表层企业文化。物质文化是企业文化的外在表现和载体，是制度文化、行为文化和精神文化的物质基础。一项产品是否优质，一项服务是否尽责，都体现了企业的诚信度。只有具有优质的产品和诚信的服务，企业诚信文化建设才能有所保证。

三、企业诚信经营的方法和途径

（一）树立诚信经营的价值引领

首先，企业应树立正确的价值取向，大力倡导将社会主义核心价值观作为企业诚信建设的重要理念。要充分把握“民无信不立，业无信不兴”的精髓，发挥诚信经营的作用。其次，在企业内部建设信用文化，开展形式多样的诚信活动，营造良好的诚信文化氛围，形成对完善社会信用系统有益的优良风尚。最后，企业应积极响应政府号召，做好诚信经营的宣传配合工作，强化员工诚信价值理念，增强员工诚信意识，提升竞争软实力。

（二）管理者率先垂范

在企业诚信建设中，管理者应该严守诚信原则，坚持以诚信态度、思考方式和行为模式对待各方面的利益主体，在组织中形成以诚信为主流的企业文化。在企业管理中，管理者要有“以企业为家”的观念，树立吃苦耐劳、敬业奉献的榜样，还要有正确的经营目的，组织企业员工全力打造企业诚信品牌，把诚信理念原原本本地传递给职工。管理者必须致力于倡导、维护企业形象，运用正当合法的竞争手段，承诺构筑企业内部诚信机制，使员工忠诚于自己的本职工作，即便在招募新员工时，也需要严格考核其诚信度。同时管理层也要带头守信，尤其是要兑现对员工的承诺，抓好落实，才能形成良好的诚信氛围。

（三）制定诚信经营准则

企业内部以人为本，认真制定诚实守信的经营准则，使企业明确自己的社会责任和使命；使员工明确自己该做什么，不该做什么。将诚信经营理念、内容、目的、要求和评定标准等具体化、条理化、通俗化，以便员工理解并按准则规范自己的行为。通过施行诚信经营准则，企业员工诚信行动和企业诚信目标同步协调，把企业的诚信经营准则转化为企业全体人员的自觉行动，促进企业持久发展。

（四）建立诚信经营奖惩制

企业结合实际情况制定一套科学、合理的诚信经营监督和奖惩制度。尽可能使奖惩制度科学化、合理化。奖惩结果应落实到用工选择、岗位分派、职务任免、级别升降、薪酬分配等具体环节之中，对诚实守信、遵守规则、维护企业信誉的员工给予表彰，对违反企业诚信经营准则或给企业信誉、形象造成损害的员工给予责罚和惩处。坚持公平、公正的原则，做

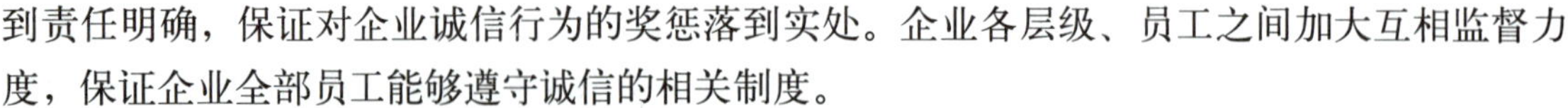

到责任明确，保证对企业诚信行为的奖惩落到实处。企业各层级、员工之间加大互相监督力度，保证企业全部员工能够遵守诚信的相关制度。

（五）加强质量监督、完善服务体系

为保证产品质量、提高服务水平，在生产销售过程中应当加强质量监督，完善售后服务体系。建立一套科学高效的质量监督管理制度，确定质量合格标准。在企业原材料采购、生产、销售、运输等环节严格把关，保证产品质量。

市场经济是诚信经济，也是服务经济。企业服务要做到有诺必兑现。企业应建立完善的售前、售中和售后服务体系，设立专项服务电话，相关工作人员要做好客户服务培训，保证服务质量。要切实落实“客户至上”的服务宗旨，热心、耐心协助顾客解决问题。建立客户档案，定时问访、了解产品使用信息和客户反应等，对客户反馈的信息更要认真对待，查看问题到底出在哪里，以便及时加以纠正、解决。

（六）加强诚信经营教育

企业定期开展诚信经营教育培训，组织员工认真学习企业诚信经营相关文化、制度，加强安全质量意识、诚信意识的教育。通过培训、参观、团队活动等提高对诚信文化的理解，认识诚信经营的重要性，践行企业诚信文化，杜绝违法违规行为的发生。企业内部设置专题板报、宣传栏等形式的文化设施，在潜移默化中增强诚信意识。

拓展阅读

打造“老百姓自己的市场”

华润万家生活超市以提升市场美誉度和实现“零投诉”为目标，通过加强教育、健全机制、优化放心消费环境，打造淮海经济区“老百姓自己的市场”。

首先，加强教育，树立“诚信为先”的经营理念。为营造“守信者荣，失信者耻，无信者忧”的文化氛围，企业设立放心消费教育基地，邀请专家分期、分批为商户开展企业经营的法律法规、诚信理念等知识讲座，增强商户对企业文化的认同。

其次，健全机制，打造诚信消费环境。通过建立商品查验、台账登记、先行赔付、质量承诺、退市召回等信用管理制度，对商户日常经营行为进行约束。设立文明诚信管理机构，成立消费者保护科，定期组织相关人员进行企业经营的法律法规、市场管理规定及信用管理案例分析等方面的知识培训；建立失信预警机制，严把招商关，依法审查入场经营者资格；构建消费者维权网络，设立消费者维权联络站，及时处理消费者投诉，保障消费者合法权益，实现多年“零投诉”。

最后，制度创新，营造“学比赶帮超”诚信氛围。企业积极施行《文明诚信积分管理制度》，设定信用基本分、信用增减分标准和失信预警线，将商户的经营信息、行政管理部门管理过程中产生的信息以及经营主体荣誉性信息等，以折算分值的形式录入商户个人信用档案，综合形成信用评价结果。诚信“积分制”不仅帮助市场把握经营秩序、分析波动走向，使管理更具针对性和前瞻性，而且以引领和示范作用，带动商户队伍素质的提升，形成了“学比赶帮超”的浓厚氛围。

任务二　守法是经营基础

没有规矩，不成方圆。遵纪守法是每个公民的底线，是商人最基本的职业道德准则。社会主义市场经济发展到今天，已逐步走向法制经济时代，依法办事、依法经营是每个社会经济体必须遵守的市场准则。要建设高度文明、经济秩序稳定的社会主义国家，实现中华民族的伟大复兴，就必须在全社会形成“以遵纪守法为荣，以违法乱纪为耻”的经营观念，让遵纪守法成为每个商人的荣誉。

一、守法对企业经营的意义

（一）守法是从业人员工作的根本

企业由所有者及从业人员构成，任何成员在从事任何商业相关活动时，均受法律规范约束。作为商业经营者，在上岗后，应接受行业、工作职务相关的法律知识培训，认真履行遵纪守法的义务，深刻认识违法乱纪将导致的后果及危害，在工作中不存在侥幸心理，不触及法律底线。

（二）守法是企业经营和发展的基础

诚信守法、依法纳税是企业经营的一项基本原则。在企业生产经营活动中，应严格遵守工商、税务、财会、合同等各项法律法规，遵守行业规定，不做任何违法乱纪的行为。在市场运营中，企业只有树立诚信守法经营理念，恪守市场行为规则，才能在激烈的市场竞争大潮中扎稳脚跟，稳健发展。

“赚钱无定法，经商要守法。”商人经营买卖什么都可以，但是绝对不能触犯法律，这是经商的基本原则，然而在实际经营活动中，商人也常常遇到法律规则与经营目标发生冲突，形成两难的情况，这时，如果不在法律的尺度之内经营，必然会自食苦果。企业只有做到守法经营、规范经营，引导积极向上的价值取向，才能受到法律保护，在业内树立正面形象，在消费者心中建立良好口碑。

例如，徽商的族规、家训中强调族人应遵纪守法，所以徽商从小就谨记“安分守法”的教诲。随着商业经营的发展、市场竞争意识增强，徽商的法律意识也越来越强，非常善于利用法律和规范来维护自身利益。在徽商的经营活动中，一直依靠着“约”和“法”来维护权益，协调关系，也逐渐形成了凡事“立字为据”的习惯。

二、推动企业守法经营

（一）企业经营者知法守法

1. 加大普法力度、建立守法意识

市场经济是法制经济。在法律制度的制约下，要想推动企业长久稳定发展，就必须合法经营。企业经营管理者作为企业的领头人物，应当提高法律意识，重视法律在经营中的重要性。适当开展法律宣传教育，普及所处行业、领域涉及的法律知识，强调违反乱纪可能产生的重大危害。坚持学以致用，适当进行测验，强化法律法规专业化建设，提高全体人员的思想素质、业务能力和职业道德水平。

2. 建立规范化、制度化管理体系

规范化、制度化管理是企业参与竞争、有效防范经营风险的基本前提和必然要求。首先，企业应遵守国家的各项法律法规，根据相关法律完善企业经营模式和管理体制，将守法经营落实到工作统筹规划当中。其次，企业需在专业法律人士指导下将依法经营写进公司章程、发展规划和重大经营决策中。再次，随着科技、信息技术的发展，商业也随之发展变化，与商业经营相关的法律规范也在不断更新。企业应当关注行业发展动态，及时关注与经营相关的各类法律规范和从业要求，保证合法、合规开展经营活动。

3. 强化风险防控、保证稳定发展

强调风险防控在法律工作中的重要性，不断健全“源头预防、过程控制、末端治理”的风险防范机制，梳理各项业务流程，把依法合规的理念和要求全面落实到企业生产经营管理各领域。全方位防范各业务领域法律风险，确保各项业务符合法律制度程序和标准，提高企业管理效能。

4. 提高依法维权意识、保护合法权益

尽管目前消费者和企业的维权意识有了很大提高，但员工对于维权的认识还存在一些误区，企业维权意识也缺乏预见性和专业性。例如，某省水果出口到欧洲、美洲、非洲等 63 个国家和地区，但贴有专利和品牌标签的不足 40%，结果饱尝了品牌专利被人抢注的苦果，价格大大降低，吃了哑巴亏。因此加强企业维权是顺应全球一体化挑战的迫切需要。加强企业维权需要建立自律机制，增强沟通和协调，减少和避免贸易中的争端，同时运用法律武器，查出侵权行为，依法治企，拓展企业的生存和发展空间。

5. 加强财务管理、坚持依法纳税

自觉依法纳税是每个公民应尽的义务。企业是市场经济发展中的核心主体，需要树立积极、全面的税务筹划意识，设定合理、科学的税务筹划方案。企业要想在竞争较为激烈的市场经济环境中谋发展、求生存，需要注重财务管理工作，让财务管理和税务筹划与企业发展目标协调一致。同时，企业应当重视审计工作，加强企业内部监督，做好财务监管工作。

6. 聘用专业法律顾问、让专业的人做专业的事

作为企业的经营管理者，虽然不能要求对法律的了解做到面面俱到，但也需要培养法律意识，了解法律框架，明确经营业务内所涉及的法律常识，了解从业人员及经营活动可能触及的法律底线。在能力范围外的法律事务，不要盲目决断，要听取专业人士意见，适当地聘用专业法律顾问为企业开展服务，以保证企业经营过程中，不触及法律红线。

（二）依法制企与以德治企有机融合

企业推进依法合规治企，是坚持和发展中国特色社会主义的本质要求和重要保障，是实现治理体系和治理能力现代化的必由之路。当企业发展到一定阶段、一定规模后，依法制企的局限性将会显现，必须把加强道德教育、推进道德工程作为一项重要任务，将“以德治企”和“依法制企”有机融合起来，以道德的力量弥补法制管理的不足。

1. 守法是商业经营的底线

在商品经济活动中，企业追求利润天经地义，但这必须建立在守法和诚信的基础上。如

果连法律这条底线都不遵守，眼里只有利润，陷入拜金主义泥潭不能自拔，即使一时尝到甜头，也会很快受到法律的制裁。市场经济一定要在法制的有效保证下，安全有效发展。从企业经营管理者到员工都必须树立法律意识，约束言行，依法经营，这些都是企业经营的基本要求，也是企业应时刻坚守的底线。

2. 守德是行业发展的要求

商业道德是伴随企业的产生和发展而自然形成的一种深刻影响企业的管理力量，而且它比纯粹的经济手段、行政手段乃至法律手段的作用都更加广泛、深刻和持久。历史和现实告诉我们，以纯经济的手段来组织、管理企业的经营活动，很难达到理想的经济目标，即使达到了，也是暂时的。因此，在政策的制定和执行过程中，都必须遵守道德原则。企业是行业的一份子，也是社会的中坚力量。可以说，企业作为“小社会”，其道德状况如何，会深刻影响着整个行业的发展，也影响着整个社会面貌。守住商业道德是全面建设社会主义精神文明不可忽视的途径。

拓展阅读

我国与企业密切相关的法律、法规

中小企业的形式主要是有限责任公司，公司是拟制的人格，按照公司从成立、经营到解散或破产的顺序，我国与企业密切相关的主要法律、法规有以下几种。

一、公司成立之初

1.《中华人民共和国公司法》

公司法是规范公司行为的基本法律，公司的设立、股东资格、公司章程、股东责任、股东权利、公司高管、公司解散、清算等事项，都应当按照公司法的规定来进行，它是中小企业贯穿始终的一部法律。

2.《中华人民共和国市场主体登记管理条例》

公司登记管理条例是公司设立、年检、注销必须遵循的法规。

二、公司成立运营期间

1. 民法

公司在经营过程中，涉及的土地、房产等不动产以及有些动产的交易，需要受到物权相关法律的调整；涉及商品交易需要订立合同、公司的股权交易、知识产权交易、物权变动等事项时，需要受到合同相关法律调整；公司在运转的过程中，可能出现股东因为婚姻、继承等事项，而出现股东或股份的变动，需要受到婚姻、继承等相关法律调整。2021 年 1 月 1 日，《中华人民共和国民法典》正式实施后，涵盖了《中华人民共和国合同法》《中华人民共和国物权法》《中华人民共和国婚姻法》《中华人民共和国继承法》《中华人民共和国担保法》等一系列民事法律法规。《中华人民共和国民法典》是规定并调整平等主体的自然人、法人间及非法人组织之间的人身关系和财产关系的重要法律规范。

2. 金融类法律

公司成立之后，运营期间，要支付结算，要贷款融资，这个时候，涉及的法律、法规有

《中华人民银行贷款通则》《中华人民共和国票据法》《中华人民共和国证券法》《中华人民共和国保险法》等。

3. 知识产权类法律

公司要有自己的商誉，同时还会为自己的产品或者服务注册商标，有自己的商业秘密和专利技术，这些涉及《中华人民共和国商标法》《中华人民共和国专利法》《中华人民共和国反不正当竞争法》的调整。

4. 税收类法律

公司作为最重要的纳税义务人，在缴纳税款时要遵循《中华人民共和国增值税法》《中华人民共和国企业所得税法》《中华人民共和国个人所得税法》《中华人民共和国税收征收管理法》等法律的规范和约束。

5. 劳动类法律

公司作为用人单位要遵守《中华人民共和国劳动法》《中华人民共和国劳动争议调解仲裁法》以及相关的配套法规的规定，为劳动者缴纳各种社会保险。

6.《中华人民共和国会计法》

公司运转，各种经济指标都要受会计法的规定。

三、公司终止时

公司终止就是公司作为法人人格的消灭，无论是股东自行决定解散还是申请法院解散，都要成立清算组，此时的操作在公司法中有规定；而到了资不抵债时，申请破产就要受《中华人民共和国企业破产法》的调整。

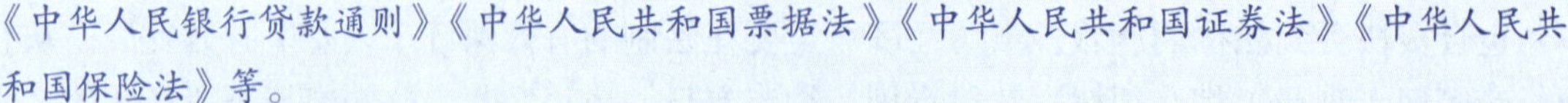

任务三　谋略是经营手段

一、谋略的含义与作用

商场即战场，企业之间的竞争是一场不宣而战的特殊的经济战争。竞争需要谋略，成功离不开机遇。好的机遇也要靠使用适当的方法发挥出实力才能抓住、用好。商业成功的关键在于谋略，足智多谋，合理布局才能在竞争中取胜。在信息社会，从一定意义上讲，谋略就是财富。随着市场经济的发展，谋略越来越受重视，其作用也越来越大。

（一）谋略的含义

谋略是指计谋策略。计谋，即在社会领域对峙双方的斗争中，预见、设计、谋划的计策。策略则是在某一社会领域的斗争中，根据形势的发展而制定的行动方针和采用的方式方法。

谋略是一个古老而永恒的话题，它源于战争、政治斗争，又关乎人类生活生存的点滴。谋略是整个中国传统文化的重要内容，发源于商周，兴盛于春秋战国，成熟于秦汉，尤在春秋战国到秦汉之间是当时中国社会主流观念，这与当时的社会环境密切相关。在当时的治国、处世和军事斗争中因为强烈的功利性，谋略受到欢迎，各国为了在严酷的环境下生存与发展，必须接受这种功利性。此后，谋略作为中国文化中的一种观念一直流传至今，并成为传统文化不可或缺的一部分。在中国发展历史中，谋略始终影响着社会的各个层面，包括治国、外交、军事、为人处世和商业经营等活动。

商业谋略是指一个企业在其所从事的行业中指导竞争行为的战略总和，包括一系列政策措施、组织结构等，是企业为获取利益和优势进行的积极思维过程，是竞争中为取胜而策划的计谋和斗争艺术，它包括计划、预算、方案、手段等。如采用智慧、言论、文化、传统和科学技术多方的力量来达到赢得市场的目的。

（二）谋略的作用

无论是斗争激烈的动荡年代，还是在清明安稳的和平年代，谋略都起到了很重要的作用。谋略的作用主要包括：

1. 军事上、政治上无形的战斗力

军事领域是谋略的发源地之一，该领域充满着复杂的形势和牺牲的危险。因此，谋略的作用在军事上表现得最为充分，可以说是“四两拨千斤”“运筹于帷幄之间，而决胜于千里之外”。

无论是带兵打仗、治理一个国家，还是管理一个企业、团体，作为管理者，都应使高明的谋略成为成就事业的先决条件之一。领导者应把政治谋略用活，审时度势，用较小的代价，带来较大的凝聚力，为最大限度地克服困难实现既定目标而服务。领导者应有深谋远虑，而不是以一时一事乃至一方的判断去做出评论和决定，要从历史的角度、全局的高度、辨证的态度去对待和处理问题。只要决策正确、方法得当，就能得到更多人的拥护，达到既定的目标。同时高明的政治家无不善用“赏”和“罚”这两张“王牌”。那种一切依赖“赏”，喜欢搞重赏、重复赏的做法，只会把被赏者的胃口吊得越来越高，从而使赏逐渐失去应有的作用。领导者应该赏罚分明，交替运用，活学活用。

2. 外交上灵活的应变力

高明的外交谋略可以产生巨大的物质能量，对朋友和中立者可以产生巨大的吸引力，使其帮助自己；对敌人可以产生巨大的威慑力，使其不敢轻举妄动。高明的外交谋略不仅能维护国家主权与尊严，而且可以使国家免遭战争，甚至能化敌为友，使国家绝处逢生。面对未来的不确定性，经营管理者也需要具备较强的交往能力和公关能力，善于随机应变，巧使谋略。

3. 经济上巨大的生产力

古往今来，无论是一个国家的经济建设，还是个体经济或集团经济的兴旺，无不依赖于正确的经济谋略。比如在春秋战国时期，哪个国家首先采取奖励耕种、休养生息的政策，哪个国家的经济就发展，就国富民强。

4. 经营上强大的管理能力

企业经营谋略是为实现经营目标，通过对内外环境的全面分析，从企业发展全局出发做出的长期性、总体性的谋划和策略。企业经营管理过程带有的谋略性思维可以通过一些异常情况，预测到可能发生的事，从而采取相关的行动，预防和防止事物变坏，促进和保证企业顺利发展，提高生产经营的目的性，增强企业的管理活力，提高企业经营人员或企业家的素质等。企业家必须认真学习和研究谋略，只有这样，才能振兴企业经济且永远立于不败之地。

拓展阅读

知彼知己

德国巴伐利亚汽车公司的产品在准备进入日本市场之际了解到：日本已有几家大汽车公司，如丰田、日产、三菱、铃木等，并有2万家汽车经销站，但只销售日本国产的汽车，不愿意销售外国汽车。巴伐利亚汽车公司在进一步了解中发现，日本人买汽车怕上当，喜欢向熟人买。日本销售网络多样化的特点是可以利用的，于是，该公司便与非汽车行业挂钩，通过它们的营业网，向各关系户出售自己生产的汽车。利用这条渠道，仅5年就创下了在日本年销14万辆汽车的纪录，成功地在日本打开了市场。巴伐利亚汽车公司能打入日本市场，并站稳脚跟，原因就在于它研究了日本的市场信息，摸清了竞争对手的情况，从而突破各种阻碍，获得成功。要争取顾客，必须先了解顾客。了解顾客的需要和喜爱，才能争取顾客的光顾。企业应该把“以顾客为中心”的经营思想放在首位。“了解你的顾客”是市场营销的一个重要环节，了解顾客的需要，提供更受顾客欢迎的产品，提高企业在市场上的竞争能力，是企业的经营目标。

二、经营谋略的分类

从经营管理的角度来讲，经营谋略可以分为：单向经营谋略和多向经营谋略。

(1) 单向经营谋略。单向经营谋略是指会思维的人和不会思维的动物进行争斗中，人类思维的过程以及思维的结果；人与人之间非直接地围绕同一问题而进行的对抗性思维结果；或是对抗中的一方并无特定争夺对象的思维。如人与动物之间的有“竭泽而渔”“设网捕雀”“打草惊蛇”“顺手牵羊”等；人与人之间的有“美人计”“韬光养晦”等典型案例。

(2) 多向经营谋略。多向经营谋略是指在对抗中的思维主体为了最大限度地保护自己或者消灭对方而进行的抗争思维运筹的过程或抗争思维运筹的结果。这种思维抗争的特点是双方或多方都围绕同一个问题或主题进行较量，各出高招，借以保全自己而消灭对方或其他对手。如周瑜的“反间计”、诸葛亮与司马懿对抗的“空城计”、孙膑与庞涓的马陵道较量等，都是有广泛影响的多向经营谋略，也称抗争谋略。

三、经营谋略的商业应用

兵战同商战既有异质性，也有同质性。如决策的预见性、谋划的宏观性、信息的盖然性、投入的风险性、实施的灵活性、管理的法规性、以功利为目的的竞争性和以小的代价换取最大胜利的价值观念等。《孙子兵法》常被用于商业，为企业经营管理提供借鉴。随着市场竞争的日益激烈，经营谋略正为广大企业所运用。一个成功的企业家往往擅长打造经营谋略，但不同的企业、不同的境遇所运用的经营谋略不同。

1. 知人善用

企业应该重视人才的作用，通过选才和用才，把所需的人才举荐到合适的岗位，让其发挥巨大作用，促进企业发展。唯才是举、知人善荐是历代杰出人物的用人准则。用人要识人，识人要把人放到与之匹配的岗位上，让其施展才华，发挥高度的责任心、事业心和积极进取的精神，在关键时刻发挥重要作用，使企业兴旺发达。

2. 顺势而为

顺势才能够借力，顺势才能够减少阻力，顺势才能够抓住环境给予的机会，以比较小的代价获得比较大的成果，形成与竞争对手的差异。“以虞待不虞者胜”是说对未来的变化有充分准备的人能够战胜那些轻敌冒进的人。顺势的关键一步就是预测，要专门搜索一些资料，包括国家政策方针，明了大势，顺势而为，同时关注影响企业经营环境的变化因素以及竞争对手的情报信息，再用合适的理论知识对未来的发展方向作出预测。无论是顺应环境的变化还是跟随市场的变化，都要做到以下三点：第一，运用综合知识，预测未来趋势，根据所预测的未来趋势做决策；第二，针对以前没有预测到的而现在发生的变化，影响企业的经营的，要调整当前的决策，来适应当前的情况；第三，在过去发生的趋势，企业没有及时发现的，要根据当前的经营情况来调整未来的决策以此弥补过去，并想方设法化威胁为机会。

张瑞敏在海尔创业 20 周年研讨会上的讲话谈到：第一个感悟就是“顺势”，没有改革开放就没有海尔。这是非常肯定的，如果海尔不是赶上了改革开放这个大潮，这个有利的时机，就不可能有海尔的存在。

3. 借力打力

荀子在《劝学》中有一段论述：“登高而招，臂非加长也，而见者远；顺风而呼，声非加疾也，而闻者彰。假舆马者，非利足也，而致千里；假舟楫者，非能水也，而绝江河。君子生非异也，善假于物也。”精彩地描述了善于借助他人力量和外部条件的论调。这段话的意思是：登上高处，挥动手臂，并非手臂变长了，但在很远的地方也能看到；顺风而呼，声音并非变宏亮了，但听的人都觉得很清楚；借助车马，不用腿跑也能行千里之远；借助船只，水性不好也能渡过大江大河，君子并不是与生俱来的不同，关键在于他能借助外力。

中国的太极拳、日本的柔道，都讲究“借力”。太极讲究“借力打力、以柔克刚”，柔道强调“移动、平衡、杠杆借力”三原则。这两种运动有很多相通的原理，比如保持自己平衡而使对手失去平衡。在商场，借力的方式有很多种，商人只要能正确运用，就可以用最少的资源使自己的实力得到最大幅度的增长，就像杠杆效果一样。

浙江省嘉善县的互联网通信小镇吸引了光通信领域的龙头企业——富通集团。小镇的招商团队在评估后，一次性拿出 1 100 亩土地，供富通集团根据产业链规划布局。有了龙头企业的带动，嘉善县招商人员一鼓作气，邀请了 100 多家企业负责人前来考察。最终有 18 家能与富通集团形成上下游配套生产的项目达成落户协议。自此，全球最大的光通信产业集群在此形成。

4. 有的放矢

要想做到有的放矢，必须研究市场细分战略。市场细分是以消费者需求为立足点，依据消费者购买行为的差异性，划分出不同的消费者群体。要尊重商品经济内在规律，结合企业自身特点，组织生产适销对路产品，采取差异性营销策略，满足各个细分市场的需求，收到最大的营销效果。

河南省上蔡酒厂生产的“状元红”是有 300 年历史的名酒，古方酿造，省优产品，行销全国，远销国际市场。1981年，“状元红”以古老名酒的资格，再度进入上海市场。然而“状元红”并没有“红”起来，反而成了滞销货。上蔡酒厂于是与“状元红”在上海的特约经销单位——黄浦区烟酒公司，认真研究，通过对各类酒店的走访调查，了解到青年是上海瓶酒最大的消费者，他们购买瓶酒的目的有两个：第一是送礼，初次到恋人家做客，总要带上几瓶好酒孝敬长辈；第二是装饰，布置新房时，在玻璃柜里放几瓶名酒，以显其风雅，选择偏好也以中档酒为主。根据调研结果，上蔡酒厂决定重新制定营销策略：以青年消费者为目标市场；以“礼品酒”“装饰酒”为主要销售产品；以中档价格为定价策略。他们又在《解放日报》和《文汇报》上连续刊发文章，对“状元红”加以介绍。几天之后，人们争相购买，“状元红”终于在上海市场走俏。

5. 抓住时机

抓住时机不是投机，而是能看到机会并把握机会，有决断力。新加坡的“玻璃大王”陈家和在政府制定出“大新加坡计划”时说：“我的机会来了！”并抓住新加坡大兴建设之机由一个一无所有的学徒工成为一个成功的商人。在市场上，人们大多数反对投机，但能够深刻了解到抓住时机的含意，把握住机遇，对企业发展是很有帮助的。

6. 从长计议

在商业竞争中，有得有失是很自然的。得的时候要想到失，失的时候为了得，得而复失，失而复得。商场没有常胜将军，有时风调雨顺，有时疾风暴雨，从长计议就是长远打算，不能为了眼前的利益而失去了长远目标。

海湾战争中，石油紧张，科威特石油大亨纷纷逃往国外，生命难保，更谈不上合同履约的生意经了。这时，有一个石油商人却一反常规，在客居法国期间，从别的石油出产国那里调来一批又一批的石油，供应给客户，即使国家遭受战争，却依然遵守合同。尽管调来的石油价格很高，他甚至连成本都保不住，可这位商人却因此赢来了信誉。这种不顾眼前得失，一切从长计议的防御技术，被世界商界传为佳话。海湾战争结束后，科威特石油渐渐恢复生产，这位商人的合同也像雪片一样飞来。人们都愿意与这种不惜血本履约的商人建立长久的贸易合作关系。

任务四　创新是动力源泉

创新是推动一个国家、一个民族向前发展的重要力量，也是推动整个人类社会向前发展的重要力量。伴随着知识经济的到来，创新成为企业获得持续竞争优势的源泉。

一、创　新

创新是指创造新事物或首开先例。该词出自《南史·后妃传上·宋世祖殷淑仪》：“今贵妃盖天秩之崇班，理应创新。”

（一）创新的含义

创新是指以现有的思维模式提出有别于常规或常人思路的见解，利用现有的知识和物质，在特定的环境中，本着理想化需要或为满足社会需求，而改进或创造新的事物，包括但不限于各种产品、方法、元素、路径、环境等，并能获得一定有益效果的行为。

在社会学概念中，创新是指人们为了发展需要，运用已知的信息和条件，突破常规，发现或产生某种新颖、独特的有价值的新事物、新思想的活动。创新的本质是突破，即突破旧的思维定式，旧的常规戒律。创新活动的核心是“新”，它或者是产品的结构、性能和外部特征的变革，或者是造型设计、内容的表现形式和手段的创造，或者是内容的丰富和完善。

企业创新是现代经济中创新的基本构成部分。企业往往由生产、采购、营销、服务、技术研发、财务、人力资源管理等职能部门组成，因而企业的创新涵盖这些职能部门，主要包含思维创新、产品（服务）创新、技术创新、组织与制度创新、管理创新、营销创新以及文化创新共七类。

（二）创新的作用

1. 创新是民族进步的灵魂

创新是一个民族进步的灵魂，是一个国家兴旺发达的不竭动力，也是中华民族最深沉的民族禀赋。在激烈的国际竞争中，唯创新者进，唯创新者强，唯创新者胜。

2. 创新是经济长远发展的动力

经济长远发展的动力源自创新。总结历史经验，我们会发现，体制机制变革释放出的活力和创造力，科技进步造就的新产业和新产品，是历次重大危机后世界经济走出困境、实现复苏的根本。企业能够在激烈的竞争中脱颖而出，离不开经营理念创新、制度创新、技术创新等各种创新手段。只有坚持创新，才能帮助企业摆脱一成不变，推动企业向前发展。

拓展阅读

华为成功的秘密就是创新

“不创新才是华为最大的风险”，华为总裁任正非的这句话道出了华为骨子里的创新精神。“回顾华为 20 多年的发展历程，我们体会到，没有创新，要在高科技行业中生存下去几乎是不可能的。在这个领域，没有喘气的机会，哪怕只落后一点点，就意味着逐渐死亡。”正是这种强烈的紧迫感驱使着华为持续创新。

华为虽然和许多民营企业一样从做“贸易”起步，但是华为没有像其他企业那样，继续沿着“贸易”的路线发展，而是踏踏实实地搞起了自主研发。华为把每年销售收入的 10% 投入研发，数十年如一日，近 10 年投入的研发经费有 1 000 多亿元人民币，在华为 15 万名员工中有近一半的人在搞技术研发。为了保持技术领先优势，华为在招揽人才时提供的薪资常常比很多外资企业还高。

华为的创新体现在企业的方方面面和各个细节之中，但是华为不是为创新而创新，它打造的是一种相机而动、有的放矢的创新力，是以客户需求、市场趋势为导向，紧紧沿着技术市场化路线行进的创新，是一种可以不断自我完善与超越的创新力，这样的创新力才是企业可持续发展的基石。

二、企业创新文化及其构建

当今，人类社会已进入知识经济时代和创新的时代。社会各界精英无不崇尚创新，呼唤创新。“创新是企业获得持续竞争优势的源泉”已成为政界、企业界和学界的共识，但企业要持续创新就要建立创新型企业文化。

（一）企业创新文化的含义

创新文化是一种激发、培育和实现创新的文化。创新是企业活力的源泉，在企业中培育创新文化是实现创新活动的前提，是企业保持战斗力和创造力的有效保障。只有将创新精神融入企业文化之中，才能形成有利于创新的文化氛围和文化环境。

企业创新文化是企业为激励创新人才成长，促进创新活动进行，营造创新环境而形成的企业理念、制度、行为规范的总和。企业创新文化就是为适应市场变化和竞争环境而形成的以创新为核心，并对创新具有导向、牵引作用的新型文化，它能够激发企业创新思想和创新行为的产生。企业创新文化一旦形成就会对企业产生积极的影响，它有助于企业创新成果的取得和创新效率的提高，是形成企业核心竞争力的原动力。

（二）企业创新文化的构成

企业创新文化由创新价值观、创新制度、创新行为构成，其核心层是创新价值观。

1. 创新价值观

创新价值观是指企业在生产经营管理过程中所倡导的创新观念，它向所有员工表明了一种共同的创新意识，也为员工日常的创新行为提供了指导方针。

2. 创新制度

创新制度是指企业在生产经营管理活动中所形成的与企业创新精神、企业创新价值观等意识形态相适应的企业制度、规章、组织结构等。

3. 创新行为

创新行为是指创新主体在创新精神、创新制度要素的作用下，为了实现创新目标而采取的一系列行动。

（三）企业创新文化的建设

1. 建立有利于创新的企业制度

企业要根据公司所处的行业、经验管理情况制定出适合企业自身情况的整套鼓励创新的制度，设立各种激励创新的奖项，对提出创新意见的员工给予物质奖励和精神奖励，从而充分发挥员工对企业创新文化建设的积极性。建立与创新能力相联系的绩效考评机制，增强企业员工的创新热情，激发员工的创新潜能。

2. 建立学习型组织、培养创新型人才

学习型组织是一种具有持久、较强创新精神和创新能力并不断创造业绩的组织，是一种以创新和学习为最高价值的组织。培养学习型组织可以增强员工的创新积极性，提高全体员工的文化素质和技术技能，不断培养出创新型人才。企业要鼓励创新型的人才不断提高自身的知识技能，开展更多的创新活动，创造更多的创新成果，使企业成功地在企业内部建设一种创新型的企业文化。

3. 搭建企业创新平台

为了使创新不沦为口号，企业应当将创新真正贯彻到生产实践、运营管理中，构建创新平台。上海汽车工业（集团）总公司在创立之初，就设计了用户满意工程、全面创新工程、全球经营工程、人本管理工程四个操作平台，推动文化创新。宝钢集团有限公司则开展技术交流，举办“观念与创新”研讨会，提供创新想法。

三、商业创新的方法与途径

企业只有通过不断创新才能适应新时代下新的机遇，只有创新才能使企业产生突变，才具备“应万变”的适应能力，以应对快速变化的市场。企业要适应互联网时代下新的市场、新的商业环境，企业要转型发展，离不开创新。

（一）制度创新

制度创新是指在人们现有的生产和生活条件下，通过创设新的更能有效激励人们行为的制度、规范体系来实现社会的持续发展和变革的创新。所有创新活动都有赖于制度创新的积淀和持续激励，通过制度创新得以固化，并以制度化的方式持续发挥着自己的作用，这是制度创新的积极意义所在。

制度创新是创新之本，没有制度创新，就没有核心竞争力。深圳市自主创新之所以达到了一个比较高的水平，就是因为其科技体制、政策体系和激励机制在不断地创新，反过来调动了企业和广大科技工作者的创新积极性，营造起了有利于创新成果生长发育的良好环境。企业管理制度创新的策略包括：

1. 管理思维的创新

我国企业要实施管理创新，首先要进行管理思维的变革，树立科学发展观；其次，要坚持“人本管理”的管理观念，在企业中建立起浓厚的管理创新意识和氛围；最后，要树立新的市场竞争观念，追求管理思维的及时性和有效性。

2. 管理制度的创新

由于生产和服务流程变得更加复杂，企业必须进行管理制度创新。创新要获得成功，需要有效的组织结构和富有经验的专业性管理。在组织结构创新方面，企业可以对实际的组织结构设计做出重大的变革，也可以对企业中一个或多个关键要素加以变革。例如，可将几个部门的职责组合在一起，或者精简某些纵向层次，拓宽管理幅度，使组织扁平化或机构更少；可以制定更多的规章制度，提高组织的正规化程度；可以通过提高分权化程度，加快决策制定的过程等。在管理创新方面，管理的重点要由对物的管理转向对人的管理，使管理进入人的内心世界，相信人、尊重人的价值和能力，激发人的创新性和能动性。

3. 管理方式的创新

在经济全球化形势下，由于信息化、科学技术、网络化的迅猛发展，为保证企业在激烈的竞争中求得生存和发展，企业在管理方式上必须进行创新。采取与时俱进、符合行业企业特点的管理方式，通过实施新的和有效的管理模式、管理方法和手段，变革和替代原有的不适应组织发展要求的习惯做法和模式，使组织的管理系统具有更高的管理效能。

（二）商业模式创新

商业模式是指企业与企业之间、企业的部门之间、企业与顾客之间、企业与渠道之间都存在各种各样的交易关系和联结方式。商业模式创新是改变企业价值创造的基本逻辑以提升顾客价值和企业竞争力的活动。

企业经营过程中应考虑为目标消费者提供什么样的产品或服务；如何将产品和服务传递给目标消费者；公司在其所处的商业生态网络中该如何定位自己的角色。企业必须适时创新自身的商业模式，以保证持续的盈利，获得竞争优势。具体方法包括以下几方面：

1. 重新定义顾客

企业的经营应以顾客需求为导向，根据顾客需求的变化，细分顾客群体，为顾客提供更具特色的优质产品和服务，满足顾客的需求，进而获取潜在的利润。比如中国民营航空公司——春秋航空，为了避开与大航空公司的竞争，做了特别的顾客定义，抓住了观光度假旅客和中低收入商务旅客的需求，仅对顾客提供最基本的服务，如在飞机上仅提供一瓶免费的矿泉水等，以此降低机票价格，创造了国内第一家“廉价航空”的商业模式。

2. 改变提供产品或服务的路径

改变提供产品服务的路径就是要改变分销渠道，例如，戴尔消除了分销商的环节，创造了直销商业模式。通过直接接触，戴尔能够掌握第一手的顾客需求和反馈信息，为顾客提供“一对一”的服务。围绕直销，戴尔打造了整合采购、装配、输出的高效的运转链条，将电脑送到顾客手中。戴尔的直销模式，去除了中间商所赚的利润，极大地降低了成本，取得了巨大的竞争优势。

3. 改变收入模式

改变收入模式就是改变一个企业的用户价值定义和相应的收入模型。例如，是否采用信用交易，推行消费信贷，采用批发还是零售交易等。全球连锁快餐企业麦当劳有90%的收入来源于房地产，因为麦当劳将租来的房产转租给加盟店，通过赚取租金差额来获得大量利润。

4. 改变售后服务体系

海尔公司无疑是国内公认的售后服务体系最完善的公司。海尔依靠庞大而有效的信息化组织保障，建立了闭环式的服务体系，服务创新每次都走在行业的前列。如顾客拨打“海尔全程管家365”热线，就可以预约海尔提供的先设计后安装、清洗、维护家电的全方位服务。增值的服务已经成为海尔商业模式中不可缺少的部分。

5. 改变技术模式

产品创新往往是商业模式创新的最主要驱动力，而产品创新离不开技术变革。企业可以通过引进先进技术来主导自身的商业模式创新，如当年众多企业利用互联网进行商业模式创新。

视频

经商之道

单元三　用人之道

“得人才者得天下，失人才者失天下。”简单的一句话说明了人才对于国家的重要性。对于企业而言，人才的重要性更是不言而喻，“企业之间的竞争归根结底是人才之间的竞争”，“企业最宝贵的资源是人才”，能够经营好人才、用好人才的企业才能长期在激烈的竞争中立于不败之地。

商道在于得人、得人心。以人为本是现代企业最重要的管理理念，因此如何赢得人才、使用人才就成了一个重要问题。

他们都是出类拔萃的人

在一次工商界的聚会上，几位老板正大谈自己的经营心得。其中一个说：“我有三个不成才的员工，我准备找机会将他们炒掉。”另一个老板问：“他们为什么不成才？”他说：“一个整天嫌这嫌那的，专门吹毛求疵；一个杞人忧天，老是害怕工厂有事；一个整天在外面闲荡。”有一个老板听后，想了想说：“既然这样，你就把这三个人让给我吧。”那三个人第二天到新公司报到了，新老板给他们分配工作：喜欢吹毛求疵的人负责质量管理，害怕出事的人负责安全保卫，整天在外面闲荡的那个人负责产品宣传和推销。三个人都很高兴。过了一段时间两个老板又遇到了一起。抱怨员工不成才的那个老板问：“这三个人是不是也让你头痛了？”新老板回答说：“哪里，他们都是出类拔萃的人。”

任务一　知人善任

知人就是要了解人才的特长，善任就是为人才安排最适当的工作。只有知人才，才能善任，只有善任，知人才有意义。

一、识人之道

在经商活动中，要想做到知人善任，首先就要掌握识别人才的方法。察古可以鉴今，中国几千年积累下来的识人的宝贵经验，对于现代商人仍然具有一定的参考价值。

（一）庄子识人之“九征”法

庄子（见图 4-3）从忠诚、敬慎、能力、智识、信誉、廉洁、节操、仪态、人际等九个标准，提出一种识别人才的办法——“九征”。

图 4-3　庄子

（庄子，约公元前 369 年—约公元前 286 年，名周，战国时期宋国蒙人。战国中期思想家、哲学家、文学家，道家学派代表人物，与老子并称“老庄”）

1. 远使之而观其忠

在我国古代社会，“忠”指尽忠于自己的上司、君王。庄子的“远使之而观其忠”是指权力中心有意疏远、冷落考察对象，看他是否依旧忠心耿耿，会不会立马牢骚满腹，由此观察他的忠诚度。在企业，“远使之”的观察点则落在员工在工作岗位上恪尽职守，是为了得到上级的表扬才去履行职责，还是因为自身所具有的责任感而主动去完成任务，维护企业利益。如果因为远离了权力中心，远离了领导层，就开始心理失衡、言行失度，甚至破罐子破摔，这样的人，其忠诚度不言自明。

2. 近使之而观其敬

与“远使之”相对，庄子还有一个“近使之”的考察策略，即与考察对象近距离接触，与其建立良好的私人关系，考察他是否还能保持应有的礼仪与尊敬，是否就由“对事负责制”变为“对人负责制”，是否会进一步发展为恃宠而骄、得意忘形。普通人大约都有这种“远则怨，近则不逊”的人性弱点，只有自信、诚实、客观，有素养，有原则的人，才能无视距离权力中心的远近，全身心地专注于发挥自己的才能。

3. 烦使之而观其能

人是复杂的，能力总会有所不同。如果要达到“各司其职，各尽其能”的完美局面，对人能力的考察不可避免。庄子的“烦使之而观其能”，即让他处理纷乱事务，观察他是否有较强的工作能力。

4. 卒然问焉而观其知

即对他突然提问，观察他是否能应付自如。作为负责任的员工，在自己的职责范围内，每出现一个新情况都可以说是一种“卒问”。只有对所负责的工作有全面的了解，才能应对来自各方的“卒问”，才能做到知行合一，以“知”来指导“行”，以“行”来验证“知”，这是庄子对人才综合素质加以判断的重要依据。

5. 急与之期而观其信

“信”是我国传统文化中重要的、应当遵循的价值观。诚信从来都是做人之本。不仅儒家提出“上好信，则民莫敢不用情”，法家对诚信立政的作用也很重视，对庄子而言，“信”是非常重要的德行。“急与之期而观其信”，即急迫与他约定时间相会，观察他的守信程度。由于古代交通不发达，因此“急与之期”，再看他能不能按时赴约，是检验守信的一种好方法。现代社会是契约社会，“诚信”是人与人之间建立合作关系的基石，一个人如果做不到诚信，那他在这个社会将一事无成。

6. 委之以财而观其仁

“仁”在此处是廉洁的意思。对此，庄子的“委之以财而观其仁”，即安排他管理财物，看他是否廉洁。时至今日，金钱的诱惑仍然是每个人时常面临的一大考验，对人才廉洁品质的考察仍是至关重要的一环。

7. 告之以危而观其节

即把危难告诉给他，观察是否恪守节操。在当今企业，如何处理突发事件，应对危机，不仅是一种“节”，更是一种“能”。这考察的也是一种综合能力，包括经验、学识、判断力、执行力等，当然也有着对节操的考察。面临危机是临阵脱逃，还是冲锋在前？德行之高下立见。

8. 醉之以酒而观其则

庄子的“醉之以酒而观其则”，即让他喝醉酒，然后观察他的行为仪态。《鬼谷子》一书中讲“夫情变于内者，形见于外”。一个人内心情感有变化的时候，会在体貌上有所表现，如痛哭、跳舞、或怒、或笑等。庄子以酒醉将人对自身有意无意地伪装尽量去除，还原其最真实状态，借以观察他平时不能显现的真情实感，从而对他的人品做出客观判断。这种考察方式足见庄子对人性体察之微。

9. 杂之以处而观其色

“色”，本意是脸色。庄子的“杂之以处而观其色”，即让他和各式各样的人相处，通过他的面部表情考察他处理人际关系的能力。通过对其察言观色，可以考察他的世界观、人生观和价值观。

识己不易，识人更难。庄子的“九征”之法即将人放在九种情境中观其表现，察其人品，识其能力，从而完成对人才的综合考察。对于企业选拔人才，有着很好的借鉴意义。

（二）曾国藩的“四大识人之道”

曾国藩作为晚清重臣，能在风雨飘摇的千年变局中，稳坐潮头，与他优秀的识人之道是离不开的。

1. 是否不漏锋芒

曾国藩认为“聪明外露者德薄”，将自己的才智显示出来的人没有良好的德行，换言之就是太狂躁，缺乏对生活的沉淀，不能做到不漏锋芒。

没有经历过生活沉淀的人，本质上还是浮躁的，无论他的才华有多高，不能低头融入生活中去，是无法把事业做好的。那些经历过大事却能宠辱不惊的人，不会因为一点小事就将自己的聪明展露出来，而是在不声不响间去推动事情的发展，最终让它成功。有才华却没有与之相对应的沉淀积累，反而整日里恃才傲物，锋芒毕露，这样的人是一定不会成功的。

2. 说话有无逻辑

曾国藩认为："观人之法，多条理而少大言为主。"观察一个人，看他的说话有没有条理，如果只是大话，那就不必与此人深交了。说话都没有条理的人，缺乏逻辑性，不能将全部精力集中到最该去做的事上，一定也做不好事。

3. 做事有无定力

看一个人能不能成事，要看他的定力如何。曾国藩认为："既有定识，又有定力"的人，一定能成事，即要会做事，又要肯下功夫去做。如果一个人的定力不行，那么就很难取得成功。

4. 对人是否谄媚

一个能成功的人，可能不是一个会实话实说的人，但绝不是一个讨好别人的人。曾国藩认为"事事顺吾意而言者，此小人也。"事事顺你心意对你说好话的人，绝对有所图谋。

曾国藩之所以能成功，正是他深谙这四条识人之道，会识人，从而会用人。能不漏锋芒，有优秀的逻辑，有持之以恒的心，能直言不讳、不曲意逢迎的人，才是人生路上的好帮手。

中华文化源远流长，在浩如烟海的古籍中，记载识人的思想和方法的文献十分丰富，可以说遍及经、史、子、集，见诸儒、道、法、墨各家。几千年积累、沉淀下来的宝贵的识人经验，对于现代商人如何准确识别、选拔、培养和使用人才仍然具有重要的借鉴作用和参考价值。

二、任人之道

任人之道是指因势利导、用其所长、广纳贤才的用人气度和胆识。作为企业的领导者，要坚持正确的用人导向，有正确的用人方针。努力让"想干事的人有机会，能干事的人有平台，干成事的人有位子"。任人之道是企业领导者必做的功课，是企业领导选人、用人、干事、成事的重要因素。

（一）科学选材

古今中外，事业的成败可以说与人才的得失有着直接关联。爱才、重才才会取得成功，而选才的最大作用就是为企业赢得竞争优势。不同的企业和管理者有不同的人才标准，但是，古今中外对人才的标准也有一些共性，主要表现在如下四个方面：

1. 德才兼备

德才兼备是历代王朝的开明政治家选贤任能的标准。汉代王符在《潜夫论·忠贵》中说："德不称其任，其祸必酷；能不称其位，其殃必大。"他辩证地指出，如果一个人的品德与职位不相称或其能力与职位不适应，都会带来严重后果。宋代司马光在《资治通鉴》中指出："才者德之资也，德者，才之帅也。"他进一步对人才的类别进行了划分，指出："才德全尽谓之圣人，才德兼亡谓之愚人，德胜才谓之君子，才胜德谓之小人。凡取人之术，苟不得圣人、君子而与之，与其得小人，不若得愚人。"著名的军事家诸葛亮也说过："夫治国犹于治身。治身之道，务在养神；治国之道，务在举贤。是以养神求生，举贤求安。"所以，人才最重要的标准是思想品德和个人修养，然后才是结合具体岗位的能力要求和其他条件。

2. 敬业

敬业就是用一种恭敬、严肃的态度来对待自己的工作。任何时候用人单位只会倾向于选择那些既有真才实学又踏踏实实工作的人。这就要求从业者养成"干一行、爱一行"的职业精神，做好本职工作，唯有如此，才能实现敬业的深层含义，实现自己的人生价值。

3. 潜力

企业选才时刚好找到一个完全合适的人才并不容易。有些人的能力水平，在目前可能无法满足企业的发展需求，但是经过系统的培训和精心的培养就有可能成为企业的栋梁之材。对于这类人，企业就要审视他的潜力，看是否值得花费精力和金钱对其进行培养。另外还有些人现在看起来能力较强，刚用起来时也很得心应手，但是，他会不会是昙花一现也很难说，因此关注人的潜力，也是一项很重要的选才标准。

4. 创新力

对于现代企业来讲，只有不断创新，才能充满生机和活力，才能不断发展。创新意味着要打破传统机制的束缚，做以前没有做过的事，而这一切都没有规律可循。因此，企业经营需要冒很大的风险，并且往往是希望取得的成就越大，需要冒的风险也越大。要使企业更具创新活力，就应选择敢于创新、勇于尝试的人才，营造创新的良好氛围。

（二）合理用才

1. 能岗匹配

企业在用人时要考虑企业岗位与人才的适配性，一方面要考虑到人才是不是企业所需要的类型，另一方面也要考虑企业是否适合该人才未来的职业生涯规划。只有将二者完美地结合在一起，做到"人尽其才，才尽其用"，才能为企业创造最大的价值。对企业而言，合适的，才是最好的。

2. 用人之长

用人和使用器物是一个道理，器物各有各的用途，一个善于使用器物的人，能够让各种器物各得其所，充分发挥各自的作用。用人也是同样的道理，世界上很少有全能人才，如果能用其所长，则世无弃才；如果求全责备、挑三拣四，则无可用之人。发掘人的优点和长处，就能达到最合理的人力资源配置。企业的发展关系到全体员工的共同利益，人才资源的利用率越高，浪费就越少；人才资源的配置越合理，就越能把潜在资源转化为现实优势。因此现代企业在经营发展过程中，要善于有效把握不同人才的不同特质，用人所长，有效发挥人才作用。

3. 用人不疑

人才是企业发展壮大的核心资源，因此，现代企业的管理模式已转变为"以人为中心"

的人本管理，对各类人才的争夺也成了企业竞争的重要内容。企业在人才使用方面有很多做法，而要能使人才充分发挥自己的创造性和潜能，信任是至关重要的。“用人不疑，疑人不用”通常被认为是用人的基本原则，意思是既然你选择了他，就不应怀疑他而处处不放心；既然你怀疑他，你就不要用他。企业一旦选择某个人，就应该对其有最起码的信任和支持，不能总是怀疑他。

拓展阅读

晋商用人

晋商用人讲究“三爷”不用，即少爷、舅爷、官爷不用。不用舅爷，是为了避免在商号出现“外戚专权”；不用官爷，是为了防止商号被官化；不用少爷，是为了严格管理制度，维护商号的根本利益。这样就可以让决策独立于情感，做到用贤不用亲，择优保荐，破格提拔，避免了外戚和同族之间的利益争执，增强了企业的凝聚力。

（三）培育人才

在当今快速发展的互联网时代，知识更新快，节奏变化快，特别要加大人才培养和开发的力度。企业领导者应充分认识到人才培养对提升企业核心竞争力的作用，顺应转变的需要，有针对性地加强企业人员的培养。企业既要重视高学历、高素质人才的培养，又要重视提高员工的技能水平。员工不仅需要通过学习进修来掌握新知识、新技术、新工艺、新方法，更需要不断更新观念，吸收先进的管理思想和经营理念。事实证明，建立系统的人才培养计划，形成一套完整的人才培养机制，并将其落实到员工具体的职业生涯规划上来，对企业的发展会起到极大的推动作用。

推进社会主义现代化建设，必须尊重人才，依靠人才，要给予人才必要的支持，为人才发展创造良好空间。一方面要充分认识到人才对企业发展的重要作用；另一方面要为人才创造良好的工作环境，有效帮助他们解决后顾之忧，以便他们能够充分发挥自己的才能，实现个人价值、企业价值和社会价值。

拓展阅读

刘邦的用人之道

汉高祖刘邦驰骋疆场数十年，败秦灭楚，一统江山。庆功宴上，他对部下谈及“我为什么能打败项羽”时，说道：“夫运筹帷幄之中，决胜千里之外，吾不如子房；镇国家，抚百姓，给饷馈，不绝粮道，吾不如萧何；连百万之众，战必胜，攻必取，吾不如韩信。三者皆人杰，吾能用之，此吾所以得天下者。”刘邦认为，他能建立汉朝，关键是用了张良、萧何、韩信三人。三人分别是三个方面的重要管理者。刘邦的成功在于他礼贤下士，善用人才，使他们在某一方面各自充分发挥了自己的管理才能。管理是靠人来完成的，管理和人是一个问题的两个方面，二者相辅相成。

任务二　激励人才

商业中的用人之道不仅包括知人善任，更重要的是建立科学的激励机制。正确恰当地对人才进行引导和激励，激发他们的工作热情是管理者的重要任务。

一、激励的含义及作用

（一）激励的含义

“激励”一词最初来源于心理学领域，指心理上的驱动力，含有激发动机、鼓励行为的意思，是指通过某种刺激，促使人奋发向上，努力去实现目标。

人们加入一个组织或者群体，都是为了达到他们个体所不能实现的目标。然而，进入组织的人们为组织服务的意愿程度是不同的，有的强烈，有的中等，有的一般，也有的消极。如何使组织中的各类成员，为实现组织的目标而努力工作，这才是现代企业要研究的关键问题。

虽然“激励”一词在企业管理过程中被广泛运用，但要准确地阐述其含义难度也较大。“激励”从字面上看是激发和鼓励的意思，在管理工作中，可把“激励”定义为调动人们积极性的过程。具体可以解释为：为了特定目的而去影响人们内在的需要或动机，从而强化、引导或改变人们行为的反复过程。

（二）激励的作用

对任何一个企业而言，有效科学的激励制度至少具有以下几个方面的作用。

1. 吸引优秀的人才到企业来

在许多企业中，特别是在那些竞争力强、实力雄厚的企业中，通常利用各种优惠政策、丰富的福利待遇、快捷的晋升途径来吸引企业需要的人才。

2. 开发员工的潜能

管理学家的研究表明，员工的工作绩效是员工能力和受激励程度的函数，用公式可以表示为绩效（F）= 能力 × 激励。由此可以看出，员工一旦受到激励，就会激发其内在潜能，创造更好的工作绩效。同时，激励制度对员工创造性和主动提高自身素质的意愿也有极大影响。

3. 留住优秀人才

人才流失已经成为每个企业在经营过程中都会遇到的问题和风险，如何留住优秀人才已经成为每个企业亟待解决的问题。有效的激励手段可以很好地帮助企业解决这一难题，为企业留住优秀人才，减少人才流失。

4. 造就良性的竞争环境

科学的激励制度可以形成一种良性的竞争环境，在具有一定竞争性的工作环境中，企业员工就会感觉到来自环境的竞争压力，这种压力将转变为员工认真努力工作的动力。

二、激励理论

有关激励的理论及研究比较多，影响较大的主要有马斯洛的需求层次论和赫茨伯格的双因素理论。

（一）需求层次理论

美国著名的管理心理学家亚伯拉罕·马斯洛在 1943 年所著的《人的动机理论》一书中，提出了需求层次理论。他认为人是有需求的，只有尚未满足的需求才能对行为产生影响，已经得到满足的需求不再起激励作用。同时他还认为人的需求是有层次的，某一层次的需求得到满足之后，另一层次的需求才会出现。马斯洛将人的需求分为五个层次，由低到高分别为生理需求、安全需求、社交需求、尊重需求、自我实现需求。这几种需求的层次结构如图 4-4 所示。

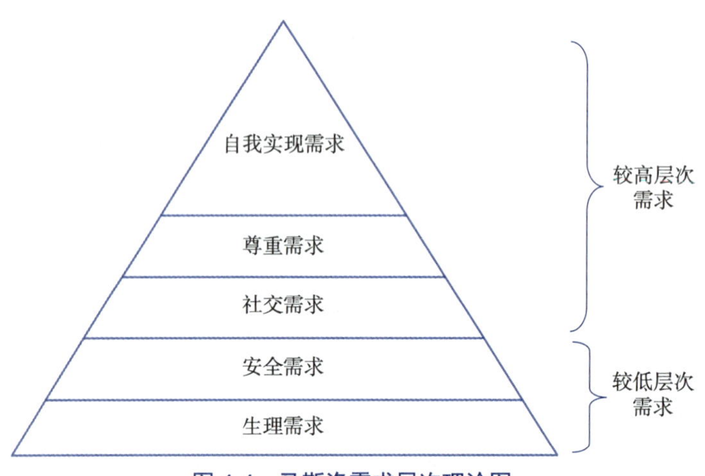

图 4-4 马斯洛需求层次理论图

1. 生理需求

生理需求是人类维持生存最基本的需求，如衣、食、住、行等，这些都是人体生理上的主要需求。

2 安全需求

安全需求是人类保护自己免受生理和心理伤害的需求，如希望工作有保障，不失业，要求避免职业病的侵袭，希望解除严密的监视等。

3. 社交需求

社交需求是人们感情或归属方面的需求。从感情上说，人们都希望与朋友、同事之间的关系融洽，希望得到他人的关爱。从归属上说，每个人都有一种属于某一团体或群体的愿望，希望成为其中的一员，并互相照顾和关心。

4. 尊重需求

包括两方面内容，自我尊重和受别人尊敬的需求。自我尊重表现为自信、独立、成就、信心、知识等的需求。受别人尊敬即得到别人的认可、赞赏等。

5. 自我实现需求

自我实现需求是实现个人理想和抱负的需求。如要求发挥自己的潜在能力，最大限度地实现自我发展等。自我实现需求是需求层次中最高的一种需求。

马斯洛需求层次理论的意义在于：管理者可以发现员工未能满足的需求，并采取相应措施来满足员工的这种需求，从而达到激发下属工作意愿的目的。

（二）双因素理论

双因素理论是由美国心理学家弗雷德里克·赫茨伯格于 1959 年提出的。20 世纪 50 年代后期，赫茨伯格为了研究人的工作动机，对匹兹堡地区的 200 名工程师、会计师进行了深入的访问调查。提出诸如在什么情况下你对工作特别满意，在什么情况下对工作特别厌恶，原因是什么等问题。调查结果发现，使他们感到满意的因素都是有关工作本身的，使他们感到不满意的因素都是工作环境或者工作关系方面的。赫茨伯格将前者称为激励因素，将后者称为保健因素。1959 年，赫茨伯格在广泛调查的基础上出版了《工作与激励》一书，正式提出了双因素理论。

1. 保健因素

保健因素是指那些与人们不满情绪有关的因素。这些因素一旦得到改善，就能够消除人们的不满情绪，但不能起到激励作用。通常包括企业的政策与行政管理监督、与上级的关系、与同事的关系、与下级的关系、工资、工作安全、个人生活、工作条件以及地位等。

2. 激励因素

激励因素是指那些与人们满意情绪有关的因素。这些因素一旦得到改善就能让员工感到满意，起到激励作用。激励因素通常包括工作上的成就感、受到重视、提升、工作本身的性质、个人发展的可能性以及责任等。

赫茨伯格的双因素理论与马斯洛的需求层次理论有很大的相同之处。马斯洛提出的人们的较高层次需求（社交需求、尊重需求、自我实现需求）相当于赫茨伯格提出的激励因素，而为了维持生存所必须满足的较低层次需求（生理需求、安全需求）则相当于保健因素。某种程度上，赫茨伯格的双因素理论是对马斯洛需求层次理论的补充。他划分了激励因素和保健因素的界限，分析出激励因素主要来自工作本身，这就为激励工作提供了参考，指明了方向。

三、激励人才的原则和措施

（一）激励的原则

1. 物质激励与精神激励相结合

物质激励是指通过物质刺激的手段，鼓励员工做好工作。物质激励的重要性是显而易见的，因为物质是人类生存的基础，衣食住行是人类最基本的物质需要，从这层意义上讲，物质利益对人类具有永恒的意义。物质激励是激励的主要模式，也是现代商业经营者使用非常普遍的一种激励模式。单纯的物质激励有一定的局限性，可能会使员工产生拜金主义，在没有物质激励的情况下就不能很好地工作。从人性的角度讲，人的欲望是无止境的，单纯的物质激励会逐渐加深对物质追求的欲望，其结果无疑是增加商业企业的激励成本，并且在激励成本相同的情况下，随着时间的推移，物质激励的效果会变得不明显。事实上，员工不但有物质上的需要，更有精神方面的需要，精神激励同样也能达到良好效果，嘉奖、表彰甚至一次会议上的表扬都将使人许久难忘。因此仅以物质激励不一定能起到预期的激励作用，必须把物质激励和精神激励结合起来，才能真正地调动广大员工的积极性。

2. 公平公正

公正的重点在于价值取向，公平则侧重于尺度的把握。在进行激励的时候，企业管理者首先要明确自己想要的结果，这个结果必须是有利于整体利益的；然后按照结果的要求制定一系列相应的规章制度，在执行的时候务必做到“一碗水端平”，即不能存在不同的执行标准，制度的刚性必须要得到保证。

企业管理，一是靠话语，二是靠行为，这便是所谓的言传身教。话语是很重要的，通过话语才能引领思想，把人的认知提到相应的高度，但作为企业领导，光有话语是不够的，还要靠行为。要提高商业效益，企业管理者就要以身作则，起好带头作用。

（二）激励人才的措施

1. 合理设计、分配工作

通过合理设计和分配工作，能极大地激发员工内在的工作热情，提高工作绩效。这就要求在设计和分配工作时，做到分配给员工的工作与其能力相适应，工作内容符合员工的兴趣，提出的工作目标富有挑战性。

1）工作内容要考虑员工的特长和爱好

每个人都是一个不同于他人的独特个体，其所拥有的知识水平和工作能力各不相同，而且不同的工作对于人的知识和能力的要求也各不相同，要做到人尽其才，就必须根据每个人不同的知识和能力来设计和安排工作，把人与工作有机地结合起来，这就要求企业管理者们在设计和安排工作前，要事先对每个员工的才能有比较清楚的认识，这是合理安排人力资源的前提。为此，企业管理者要注意观察员工平时的工作情况，通过工作轮换了解每一位员工的才能。与此同时，在设计和分配工作时，要从最大限度地发挥员工的才能来考虑问题。每一位员工都有其特定的优势和劣势，一个人的精力是有限的，一般人只能把自己有限的精力集中于一个或少数几个领域，因此，合理地使用人力资源，扬长避短，使每一个人都从事其最擅长的工作，是管理者的基本任务。

由于一个人的工作业绩与其动机强度有关，因此企业管理者在设计和分配工作时，还要在条件允许的情况下，尽可能地把他所从事的工作与其兴趣、爱好结合起来。当一个人对某项工作真正感兴趣并爱上此项工作时，他便会千方百计地去钻研，去努力克服困难，把这项工作做好。

2）工作目标应具有一定的挑战性

设计和分配工作时，不仅要使工作的性质和内容符合员工的特点和兴趣，而且要使工作的目标和要求具有一定的挑战性，这样才能真正激发员工奋发向上的动力。对于部分员工而言，他们总是想去挑战不可能，因此为他们设置难度较大、富有挑战性的目标能够真正激发他们的潜能，促进个人的全面发展。

2. 建立激励性强的薪酬体系

获取薪酬是许多员工参与工作的基本目的。薪酬制度的建立和完善是现代企业管理激励的基本工作内容之一。除与基本工作相应的工资与福利外，员工的薪酬管理还应注意以下几个方面：

1）绩效工资

现代企业突出绩效工资意味着员工是根据自己的绩效贡献而得到奖励的，因此这种工资一般又称奖励工资。

2）分红

这是当企业绩效超过预期时，而将净利润分给员工的一种激励方式。这些绩效目标可以是细化了的劳动生产率、成本、质量、顾客服务或者利润。和绩效工资不同，分红鼓励协调和团队工作，因为全体员工都对企业的利益做出了贡献。绝大多数企业都采用了某种精确指定的绩效目标和奖金的核算方法。

3）总奖金

这是以绩效为基础的一次性现金奖励。这种奖励旨在提高激励的效价，在员工感到他们的奖金真正反映了企业的繁荣时才有效，不然效果适得其反。

4）知识工资

这是指按照职工掌握的与工作有关的知识和技术来确定其工资的一种工资制度。对刚参加工作的员工，先支付一定的基础工资，作为起点工资。随着员工所掌握的知识和技术的增多，其工资也会逐渐增多。实行知识工资制后，由于大部分的员工都有各方面的业务知识和技术，因而企业内部人员的调度有较大的灵活性，有利于消除企业在生产经营不均衡时人浮于事的现象。

3. 建立有效的人才奖惩机制

企业要完善管理制度，建立一套科学的奖惩机制，使人才在激励中不断成长。在企业中，人才的类型呈现多样化的特点，如何使各种类型的员工协作起来，实现人才的优化组合，为实现企业的目标而努力，是企业面临的主要问题。有效的人才奖惩机制是团结企业员工，协调上下级关系，开辟企业新局面的重要举措。企业在制定有效的人才奖惩机制时，需要做到：

1）要公开奖励标准

要使员工充分了解奖励的标准以及其他人之所以能获得奖励的原因，并且以公开的方式给予表扬、奖励，这样可以消除一些员工的质疑和不满，激励员工更加努力地工作。

2）奖惩并用

惩罚与奖励是相辅相成的，二者缺一不可。重奖轻罚，会使员工无视工作失误，破坏工作纪律，降低工作效率；重罚轻奖，会降低员工的工作主动性和积极性，进而影响工作效率。通过惩罚可有效防止和纠正各种错误，以保护其他员工在工作上的积极性和主动性。另外，企业管理者在运用批评、降职降薪等惩罚手段时要注意讲究技巧，“打一巴掌”很简单，但关键要稳、准、狠，直接干脆、一针见血，只有这样才能起到应有的效果。

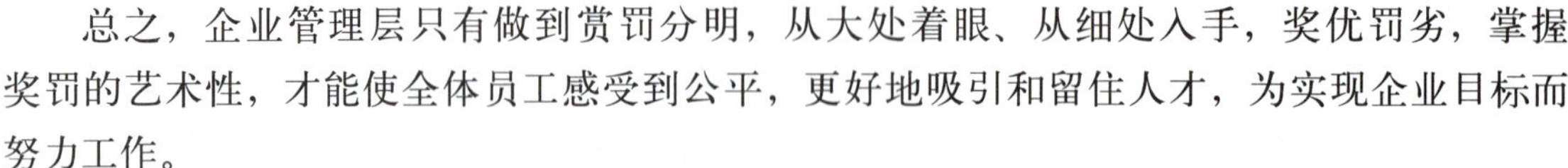

总之，企业管理层只有做到赏罚分明，从大处着眼、从细处入手，奖优罚劣，掌握奖罚的艺术性，才能使全体员工感受到公平，更好地吸引和留住人才，为实现企业目标而努力工作。

4. 实施员工持股计划

实施员工持股计划是指在现代企业经营环境下，员工取得部分企业股权，分享企业改进的利润绩效。相对而言，员工持股计划在小企业的管理中比较流行，但也有大企业在采用这种激励方式。员工持股计划实际上是企业所有者以放弃部分股权的代价来提高生产率水平。员工持股后会更加努力地工作，因为他们是企业的所有者，要分担企业的盈亏。要使这种激励方式有效实施，企业所有者必须向员工提供全面的企业财务资料，赋予他们参加主要决策的权利。

拓展阅读

恒力石化推出员工持股计划

近期市场持续震荡，员工持股计划成为上市公司向市场传递信心的一个重要手段。统计数据显示，2022 年一季度，A 股已有 41 家上市公司发布了员工持股计划，仅 3 月以来就有 8 家。其中，参与人数上限和计划购买金额上限最高的当属恒力石化，在 10 亿元以上。申通快递、天泽信息的员工持股计划拟以 1 元 / 股购买公司回购股票，引起市场关注。

恒力石化 3 月 4 日发布了第六期员工持股计划和公司控股股东及其关联附属企业员工购买公司股票的计划。本次员工持股计划通过专项金融产品取得并持有公司股票，专项金融产品资金总额上限为 73.8 亿元，公司控股股东及其下属企业相关员工购买公司股票规模上限为 24.8 亿元。上述两项计划购买规模近百亿元。恒力石化本次员工持股计划覆盖范围较广，上至公司高管，下至在公司连续工作满 1 年（含）以上的普通员工，都有资格参加，参加认购的员工总数不超过 1.1 万人。

光大证券表示，恒力石化近百亿元的购买规模彰显了公司的发展信心，为公司的成长注入了活力。本次恒力石化员工持股计划有利于丰富员工的薪酬体系，建立和完善劳动者与所有者的利益共享机制，实现公司、股东和员工利益的一致性。

5. 制定灵活的工作日程

灵活的工作日程主要是指取消对员工固定的工作时间限制，主要包括四日工作制、灵活的时间以及轮流工作等。四日工作制就是每周工作 4 天，每天 10 小时，而不是五日工作制中的每天 8 小时。这一激励的目的是满足员工想得到更多闲暇时间的需要。灵活的时间就是让员工自己选择工作日程。轮流工作是让两个或两个以上的人共同覆盖某一项每周 40 小时的工作。这一激励措施意味着企业同意使用兼职员工，在很大程度上满足了需要带孩子的员工的需要，同时又消除了员工因长期从事某种工作而导致的枯燥和单调。

6. 实行目标管理机制

一个为员工所接受的清楚的目标，可以使员工受到激励。所以，目标激励是重要的、有效的激励手段。实践表明，当目标明确并具有挑战性时，能更有效地激励个体或团队行动。目标管理理论将目标的具体性、参与决策、明确时间规定、绩效反馈作为目标激励的四个组成部分。当员工亲自参加目标确定时，士气会更高，也会产生更大的责任感来完成目标。对员工的行动做出准确的反馈，可以帮助员工调整工作方法，鼓舞员工为实现目标做出坚持不懈的努力。

目标设定需要一定的技巧。首先，分解目标，分配任务。分解项目目标，规划每个阶段的小目标，明确开始时间和结束时间、依赖关系、项目里程碑，再将任务分配给项目成员。在分解项目时，应尽量分解得细一些，确保分工到人。其次，定期检查项目里程碑。很多时候管理者会同时负责多个项目，或者还有很多其他日常工作，如何保障项目正常运行，需要管理者时常检查项目里程碑，及时发现项目中可能存在的风险。最后，注意项目成员的沟通。项目执行过程中的沟通也是非常重要的，可以用来确保项目进度的信息透明和对称。要建立沟通制度，明确每个成员的职责是什么，并先让每个任务参与者自己沟通，有困难及时反馈，再由管理人员进行引导。

任务三　留住人才

一、留住人才的作用和意义

由古至今，有识之士、为政之人都高度关注人才的重要性。唐太宗李世民指出：“为政之要，惟在得人”，不难看出人才对国家的意义非常重大。对企业来讲同样如此，企业间的竞争实际上就是人才的竞争，然而人才培养并不是一件简单的事情，需要耗费大量的时间精力。

首先，优秀的人都是相互吸引的，如果企业中有非常优秀的人才在，就能吸引更多的人才加入企业，因此留住人才比吸引人才更重要。

其次，留住人才的重要因素是企业的人才管理机制。只有企业的人才管理机制起到了作用，企业的持续发展才会有保证。

再次，企业只有留住人才，让人才在自己的工作岗位上发挥才能，才能为企业创造收益，为企业的发展做出贡献。企业只有留住人才，才会越做越大，口碑才会越来越好，才会吸引更多的人才加入到企业中来。

最后，企业应想方设法留住优秀的老员工，因为这些老员工对于企业内部的运作方式、客户等都非常熟悉，一旦加入竞争对手的公司，将是企业强有力的对手，将会导致企业的客户流失。对于企业来讲，如果不能很好地留住人才，吸引再多的人才也是为其他企业做嫁衣。

二、留住人才的方法

（一）建立良好的企业文化

企业文化是在企业长期的实践活动中形成，并且为全体成员认可和遵循的具有本企业特

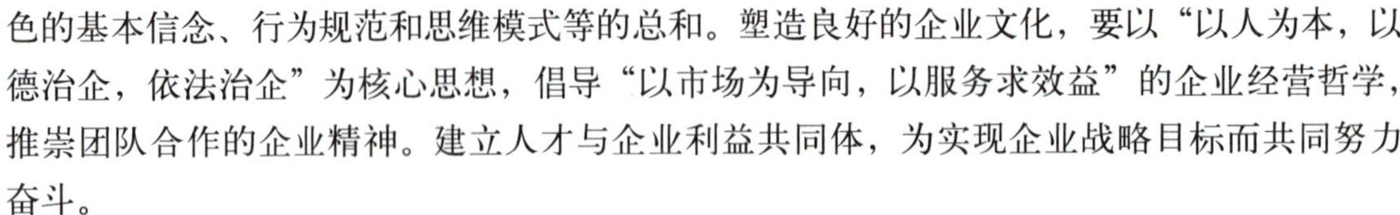

色的基本信念、行为规范和思维模式等的总和。塑造良好的企业文化，要以“以人为本，以德治企，依法治企”为核心思想，倡导“以市场为导向，以服务求效益”的企业经营哲学，推崇团队合作的企业精神。建立人才与企业利益共同体，为实现企业战略目标而共同努力奋斗。

（二）树立正确的人才观

作为企业的管理者，必须认识到人才是推动企业发展的关键因素。要树立正确的人才观，使企业的人才招聘、选拔和晋升制度逐渐规范化、合理化，并体现公平公正。尊重人才、关心人才、信任人才，帮助人才成长，打造一支业务能力强、凝聚力强、富有团队协作精神的人才队伍。

（三）完善培训内容

培训不管对于新员工还是现有员工都是非常重要的。培训是为员工提供知识、技能和对企业及其目标理解的过程。开展培训的目的是帮助员工提高能力，从而为企业的发展做出积极贡献。对员工培训的方式主要有入职培训、在职培训、管理者培训等。

目前绝大多数企业应用的培训方式是入职培训和在职培训。入职培训可以帮助有才能的员工正确认识自己的职业生涯，降低人才流失的风险。有效且成功的入职培训能够帮助员工熟悉工作内容，提升工作士气。在职培训是让员工在工作过程中边干边学，不断学习新知识、新技术，使培训和工作之间产生互动，使员工从工作中得到培训，从培训中获得更多的工作机会，最终获得有价值、具有实际意义的提升。

（四）制定科学合理的薪酬福利制度

企业要想在市场竞争中获得竞争优势，就必须为员工提供合理的薪酬。能否制定出具有竞争力的薪酬制度，对于吸引、激励优秀人才为企业服务，提高员工的工作满意度和对企业的归属感至关重要。合理的薪酬制度能促进企业的可持续发展，强化企业的核心价值观，能支持企业战略的实施，有利于培育和增强企业的核心竞争力，有利于吸引和留住企业的核心、关键人才。

拓展阅读

“以人为本”的人才观

许多优秀的企业都将客户满意或为客户创造价值作为企业的经营理念。同客户打交道的主要是员工，员工能动性的发挥是让客户满意的重要因素，因此关注员工、尊重员工、信任员工成为许多企业的首要人才观和价值观。正所谓“关注你的客户，关注你的员工，这样市场就会关注你”。这种以人为本的人才观的关键思想在于：“所有的员工都是优秀的”“对公司来讲，员工与管理者是同样重要的”“员工不但应该了解公司的业务本质，而且应该参与决策”“企业应该让员工从企业的成功中获益”“企业有责任为员工创造良好的工作环境”。

测试与思考

一、单项选择题

1.（　　）是企业创业守业的根本。

A. 勤勉节俭　　B. 诚实守信　　C. 义利并重　　D. 精明强干

2. 古人提倡“俭以养德”，认为“俭，德之共也；侈，恶之大也”。这是在提醒我们（　　）。

A. 奢侈是最恶劣的行为

B. 浪费是最大的犯罪

C. 俭是治家的法宝

D. 要勤俭节约，不要铺张浪费

3.（　　）是企业经营和发展的基础。

A. 诚信　　B. 守法　　C. 创新　　D. 爱国

4. 策划是一种（　　），在本质上是一种利用脑力的理性行为。

A. 计划　　B. 决策　　C. 谋略　　D. 程序

5.（　　）的本质是突破，是打破旧的常规戒律。

A. 创新　　B. 诚信　　C. 守法　　D. 敬业

6. 现代商业企业应树立的义利观是（　　）。

A. 重义轻利　　B. 先利后义　　C. 重利轻义　　D. 义利并重

7.“德不称其任，其祸必酷；能不称其位，其殃必大”，反映出选才时（　　）的重要性。

A. 才干　　B. 品德　　C. 潜力　　D. 创新力

8.“任人之道，要在不疑；宁可艰于择人，不可轻任而不信。”这句话是说管理者在用人方面要（　　）。

A. 用人不疑　　B. 用人之长　　C. 善于用人　　D. 尊重人才

9.“人不可貌相，海水不可斗量。”“相马失于瘦，遂遗千里足。”这些名言反映了管理者在用人方面要（　　）。

A. 以貌取人　　B. 唯才是举　　C. 重视能力　　D. 善于识人

10. 下列不属于留住人才的方法是（　　）。

A. 树立正确的人才观　　B. 完善培训内容

C. 建立科学合理的薪酬制度　　D. 塑造良好的工作环境

二、问答题

1. 古人云：“人无诚信不立；家无诚信不和；业无诚信不兴；国无诚信不宁。”那么，诚实守信的作用有哪些？

2. 倡导“义利并重”的意义何在？

3. 简述企业如何推动守法经营。
4. 谈一谈创新对国家、社会和企业的作用。
5. 科学的选才标准是什么？

实训安排

“传承商人品格”座谈会

一、实训目标

1 加深对诚实守信、义利并重、精明强干、勤勉节约的认知。
2. 让学生领悟商人品格的真谛，树立、塑造、传承和发扬商人品格。
3. 锻炼学生搜集、归纳、整理信息的能力。
4. 锻炼学生的语言表达和现场反应能力。

二、实训内容

结合本模块的教学内容，以小组为单位查阅关于诚信、义利观、精明强干、勤勉节约的知识和资料，观看相关的视频或纪录片，再以班级为单位召开传承商人品格座谈会，提高学生对于商人品格的理解和掌握。

三、实训要求

1. 全面收集相关资料，包括图片、音像、文字等材料。
2. 主题符合社会主义核心价值观。
3. 使用普通话，声音洪亮、富有感情。
4. 注意主持节奏和现场控制能力。

四、实训成果

1. 发言稿与 PPT。
2. 座谈会笔记。

五、评价标准

根据实训成果，进行“优、良、中、及格、不及格”等级评定。

模块五

遵守商业法规

素质目标

◎具备一定的法律意识，能够守法经营。

◎培养较强的学习能力，树立正确的人生观。

知识目标

◎理解商业规范的含义、功能、类别，了解中国主要商业法律法规的含义、原则及内容。

◎理解电子商务法律法规的含义、内容及其立法意义。

能力目标

◎能够运用主要商业规范规则分析问题和解决问题。

◎能够识别电子商务知识产权的侵权行为和虚假广告。

模块导读

随着经济的不断发展，社会的不断进步，商业活动日渐繁荣，而没有规矩不成方圆，法律规范是所有人生活、工作中必须遵守的底线，从事商业活动更要遵守商业规范。常言道：君子爱财，取之有道。作为商人，从事商业活动的主要目的在于盈利，但盈利的行为或方式必须要符合相关法律或政策的规定。无论作为消费者还是企业的经营者，都要尽到自己应尽的道德和法律义务。本模块旨在让学习者了解商业法律法规的含义、功能及其主要内容，构建商业法律法规意识，在今后从事商业活动时能够把握法律界限、守法经营。

引导案例

“火锅店的猫腻”

2021 年 5 月 19 日，四川省乐山市 ×× 县人民检察院和保护消费者权益委员会发布《公告》，凡 2018 年 5 月 1 日至 2019 年 1 月 30 日，在四川省乐山市 ×× 县“古今天下”火锅店消费过的食客，可以凭借消费凭证申请赔偿款。据了解，“古今天下”火锅店在四川省乐山市 ×× 县一度非常火爆，门店每天爆满，深受食客喜爱。然而，2019 年 1 月 30 日，在四川省乐山市 ×× 县市场监督管理局的春节食品安全专项检查中，执法人员在这家店发现可疑之处。在火锅店的操作间里有一台油水分离器，油水分离器旁和库房的走廊边都放置了三个塑料桶，分别装着回收的废弃油脂和已经制作好的火锅底油。六个桶规格相同，外观上看不出任何区别，非常容易混淆。这个不寻常的细节引起执法人员的高度重视。紧接着，执法人员发现，这家火锅店的销售记录也不对。根据其经营规模和经营状况判断，这家火锅店每个月产生的废弃油脂应不低于 1 500 斤，但 2018 年 10 月 1 日至 2019 年 1 月 30 日，“古今天下”火锅店仅销售两笔废弃油脂，质量也只有 200 斤。根据调查到的线索，执法人员怀疑火锅店涉嫌使用废弃油脂。经查，执法人员在距离“古今天下”火锅店 3 公里外的一个村庄，发现了火锅店炒制底料的作坊。经询问，火锅店老板雷某承认，在 2018 年 10 月 1 日至 2019 年 1 月 29 日期间，自己曾使用废弃油脂加工清油火锅底油。除雷某本人，知道火锅底料有问题的，还有火锅底料的炒制师傅李某亮和负责火锅底油分装的师傅李某乙，两人是一对兄弟。

2019 年 4 月 3 日，检察机关以涉嫌生产、销售有毒、有害食品罪批准逮捕了火锅店的经营者雷某及其两名员工李某亮、李某乙。废弃油脂俗称地沟油，我国法律明确规定禁止食用。长期食用，轻则引发肠、胃、肝等脏器疾病，重则可能引发癌变。在本案件中，数以万计的消费者食用了有毒、有害火锅。该案性质恶劣，根据相关法律规定，检察机关综合考量，以价款 10 倍的赔偿方式，要求雷某进行赔偿。

2020 年 4 月 22 日，四川省乐山市 ×× 县人民法院对该案进行了公开审理，以生产、销售有毒、有害食品罪判处被告人雷某有期徒刑七年，并处罚金人民币 5 万元；判处被告人李某亮有期徒刑三年六个月，并处罚金人民币 2 万元；判处被告人李某乙有期徒刑三年，缓刑四年，并处罚金人民币 1 万元。被告人雷某、李某亮自刑罚执行完毕之日起五年内，被告人李某乙在缓刑考验期限内，禁止从事食品生产经营管理工作，不得担任食品安全管理人员。火锅店经营者雷某在本判决生效后十日内，支付附带民事公益诉讼赔偿金 4 478 240 元，由四川省乐山市 ×× 县人民检察院上缴国库。

案例思考

1. 火锅店的老板触犯了哪些法律法规？

2. 这起案件给你带来了哪些警示？

单元一　遵守商业法律法规

任务一　认知商业法律法规

一、商业法律法规的含义

商业规范涵盖与商业相关的法律法规、惯例及相关政策，法律法规是依法治国的基础，为社会及商业的发展提供了保障，对当下商业的发展起到了巨大的积极作用。

法律二字最初并不是放在一起使用的，古时候“法”和“律”一般是分开使用的。在战国之前，“法”字的使用频率高于“律”，秦始皇统一中国后，“律”字开始被广泛使用，使用频率高于“法”字，中国古代法典大都称为律，例如，秦律、汉律、隋律、唐律、明律、清律等。中国最早把“法”和“律”二字连在一起使用的是春秋时期的管仲，他说：“法律政令者，吏民规矩绳墨也。”其他朝代也有提到法律一词的记载，但总的来说，古时候“法”“律”二字是分开使用的，直到清末民初“法律”一词才被广泛使用。

法律是统治阶级意志的体现，是由国家制定或认可的，并由国家强制力保证实施的一系列行为规范的总和，它以规定当事人的权利和义务为内容。法规是指国家机关制定的规范性文件，如我国国务院制定和颁布的行政法规，省、自治区、直辖市人大及其常委会制定和公布的地方性法规，法规也具有法律效力。我国的法律法规是指中华人民共和国现行有效的法律、行政法规、司法解释、地方法规、地方规章、部门规章及其他规范性文件以及对于该等法律法规的不时修改和补充。我国的法律体系中大体包括以下几种法律法规。

（一）法律

我国最高权力机关全国人民代表大会和全国人民代表大会常务委员会行使国家立法权，立法通过后，由国家主席签署主席令予以公布。法律的级别是最高的。法律一般都称为既定法，如宪法、刑法、劳动法等。

（二）法律解释

法律解释是对法律中某些条文或文字的解释或限定。这些解释将涉及法律的适用问题。法律解释权属于全国人民代表大会常务委员会，其做出的法律解释同法律具有同等效力。还有一种司法解释，即由最高人民法院或最高人民检察院做出的解释，用于指导各基层法院的司法工作。

（三）行政法规

行政法规是由国务院制定的，通过后由国务院总理签署国务院令公布。这些法规也具有全国通用性，是对法律的补充，在成熟的情况下会被补充进法律，其地位仅次于法律。法规多称为条例，也可以是全国性法律的实施细则，如治安处罚条例、专利代理条例等。

（四）地方性法规、自治条例和单行条例

其制定者是各省、自治区、直辖市的人民代表大会及其常务委员会，即各地方的最高权力机构。地方性法规大部分称作条例，有的为法律在地方的实施细则，部分为具有法规属性的文件，如决议、决定等。地方性法规的开头多贯有地方名字，如《北京市食品安全条例》《北京市实施〈中华人民共和国动物防疫法〉办法》等。

（五）规章

其制定者是国务院各部委、中国人民银行、审计署和具有行政管理职能的直属机构，这些规章仅在本部门的权限范围内有效。如国家专利局制定的《专利审查指南》、国家市场监督管理总局制定的《药品注册管理办法》等。还有一些规章是由各省、自治区、直辖市和较大的市的人民政府制定的，仅在本行政区域内有效。如《北京市人民政府关于修改〈北京市天安门地区管理规定〉的决定》《北京市实施〈中华人民共和国耕地占用税暂行条例〉办法》等。

拓展阅读

"法"的由来

"法"古字为"灋"，最早见于西周金文。字形由"氵（水）""廌（zhì）""去"三部分组成，"水"代表执法公平如水；"廌"就是獬豸，是古代传说中一种能明辨善恶是非的神兽，杨孚《异物志》记载："东北荒中，有兽名獬，一角，性忠，见人斗，则触不直者；闻人论，则咋不正者。""去"的构形说法不一，《说文解字》的作者许慎认为是去除坏人的意思。古汉语"法"的含义主要有以下三种：第一是象征着公正、正直、统一，是一种规范、规则、秩序；第二是具有公平的意义，是公平审理案件的基础和标准；第三代表了刑，是惩罚性的，以刑罚为后盾。

二、法律的功能

根据法律的含义和特征，法律的功能可以分为以下5个方面：

（一）指引功能

指引功能是指法律明确规定人们在一定条件下可以做什么，应当做什么或不应当做什么，以及如何从事相应行为等。法律指引的方式有两种：一种是确定性指引，另一种是选择性指引。

（二）评价功能

评价功能是指法律作为一种行为标准和尺度，具有判断、衡量他人行为是否合法或有效的功能，从而达到指引人们行为的效果。由于价值标准的差异和自身利益的干扰，人们区别是非善恶的标准相差悬殊，法律超越个体差异，能够提供一个共同的标准，从而发挥评价作用。

（三）教育功能

教育功能是指法律通过其本身的存在以及运作产生广泛的社会影响，教育人们弃恶从

善，实施正当行为。例如，我国先贤所谓的“明刑弼教”“以法为教”“刑期无刑”等都是指法的教育功能。法律中所包含的忠、孝、节、义、平等、民主等观念也对社会有教育作用，通过法的实施，法律规范能对人们今后的行为发生直接或间接的引导。

（四）预测功能

预测功能是指根据法律规定，人们可以预先知晓或估计到人们相互之间将如何行为以及该行为的法律后果，进而根据这种预知来对自己的行为做出合理的安排和计划。法律作为规范，它确定了行为与后果之间的联系，因此成为人们预测社会后果的工具，这种预测一般包括：某种行为在法律上能否成立的预测、关于对方可能反应的预测、对法官可能判决的预测。

（五）强制功能

强制功能是指法律为保障自己得以充分实现、运用国家强制力制裁、惩罚违法行为的功能。法律的强制功能是法律生存的最后屏障，也是法律其他功能的保证。法律的强制功能通常包括：强制社会主体做出某行为或抑制某行为、强令对他人或社会遭受的损失予以赔偿或补偿、对违法者予以制裁。法律的强制功能不仅在于制裁违法犯罪行为，而且还在于预防违法犯罪行为，从而增进社会成员的安全感。

三、商业法律法规的类别

商业法律法规即有关商业的法律法规，主要包括：

（一）宪法

《中华人民共和国宪法》是中华人民共和国的根本大法，规定拥有最高法律效力。中华人民共和国成立后，曾于 1954 年 9 月 20 日、1975 年 1 月 17 日、1978 年 3 月 5 日和 1982 年 12 月 4 日通过四次宪法，现行宪法为 1982 年宪法，并历经 1988 年、1993 年、1999 年、2004 年、2018 年五次修订。

宪法是党和人民共同意志的表达，是通过科学民主程序和方式制定的根本法。它是党和人民之间的一个共识，是所有国家机关以及所有公民的最高行为准则，是人民当家作主的规范性文件。宪法也是制定普通法律的基础和依据，所有普通的法律、法规都不得与宪法制定的内容出现相悖的情况。

（二）民法

在中国，民法是规定并调整平等主体的自然人间、法人间及非法人组织之间的人身关系和财产关系的法律规范的总称，是国家法律体系中的一个独立的法律部门，与人们的生活密切相关，大多与商业相关的事件或者纠纷也都会涉及民法。

2020 年 5 月 28 日，第十三届全国人民代表大会第三次会议通过了《中华人民共和国民法典》，并于 2021 年 1 月 1 日正式施行。同时，多年以来规范民事主体民事活动的《中华人民共和国继承法》《中华人民共和国民法通则》《中华人民共和国担保法》《中华人民共和国合同法》《中华人民共和国物权法》《中华人民共和国侵权责任法》《中华人民共和国民法总则》等同时废止。《中华人民共和国民法典》几乎涵盖了自然人从胎儿到死亡、法人及非法人组织从成立到注销过程中的方方面面，因此被称为“社会生活的百科全书”。

民法的调整对象是平等主体之间的人身关系和财产关系。人身关系是指与人身不可分离而又不具有直接财产内容的社会关系，它包括人格关系和身份关系。财产关系是指在物质资料生产、分配、交换和消费过程中形成的以财产为直接内容的经济关系，它分为财产的所有关系和流通关系。民法的基本原则包括平等、自愿、公平、诚实信用、等价有偿、禁止权利滥用以及保护民事主体合法权益等。

拓展阅读

民法的主要内容

大陆法系国家民法一般有民法典，其内容包括总则、物权法、债权法、亲属法和继承法等；英美法系国家传统上以判例法为主，后来虽然也有成文法，但它们一般没有民法典，也不分物权、债权等，只是有财产法、合同法、侵权法等。我国法律受大陆法系影响较重，以成文法为主，在《中华人民共和国民法典》施行之前，《中华人民共和国民法通则》与《中华人民共和国民法总则》是我国民事的基本法律依据。《中华人民共和国民法典》共 7 编、1 260 条，各编依次为总则、物权、合同、人格权、婚姻家庭、继承、侵权责任以及附则。通篇贯穿以人民为中心的发展思想，着眼满足人民对美好生活的需要，对公民的人身权、财产权、人格权等作出了明确翔实的规定，并规定侵权责任，明确权利受到削弱、减损、侵害时的请求权和救济权等，体现了对人民权利的充分保障，被誉为“新时代人民权利的宣言书”。

（三）商法

商法源于古罗马时代的商事规约，中国古代“重农抑商”，商法极不发达，20 世纪初以来的百年商事立法，主要是引进借鉴西方商法。商法是调整商事组织和商业活动的法律规范的总称。商法是与民法并列并互为补充的部门法，主要包括公司法、保险法、合伙企业法、海商法、破产法、票据法等。商法具有调整行为的营利性特征，又具有商业主体严格法定等原则。

商法的调整对象是商事关系，商事关系指一定社会中通过市场经营活动而形成的社会关系，主要包括商事组织关系和商事交易关系。商事关系的主要标志是商人和商业行为。

（四）经济法

经济法是调整国家宏观经济管理过程中所发生的社会关系的法律规范的总称。包括关于国民经济和社会发展规划、计划和政策的法律，关于经济体制改革的原则、方针和政策的法律，预算法、审计法、会计法、统计法、农业法、企业法、银行法、市场秩序法、土地管理法等。在我国，经济法是对社会主义市场经济关系进行整体、系统、全面、综合调整的一个法律部门。

经济法的调整对象是国家在调控经济运行过程中所发生的经济关系，包括：

(1) 市场主体的组织管理体系：指市场主体的设立、变更、终止和市场主体内部组织机构在管理过程中发生的经济关系。

(2) 市场管理关系：指国家为了建立社会主义市场经济秩序，维护国家、生产经营者和消费者的合法权益而干预市场所发生的经济关系。

(3) 宏观经济调控关系：指政府代表国家从长远利益和公共利益出发，对国民经济全局所进行的组织、监督和协调过程中所发生的经济关系。

（五）税法

税法是各种税收法规的总称，是税收机关征税和纳税人据以纳税的法律依据，也是国家制定的用以调整国家与纳税人之间在纳税方面的权利及义务关系的法律规范的总称。

税法包括税收法令、条例、税则、施行细则、征收办法及其他有关税收的规定。税法由国家立法机关制定颁布，或由国家立法机关授权国家机关制定公布。一般来讲，主要的税收法规由全国人民代表大会审议通过，公布施行；各税条例（草案）和征收办法由国务会议审议通过，公布施行；税法实施细则由财政部根据税收基本法规作出解释和详细规定；有关地方各税的征免和各税具体稽征管理制度，一般由省级人大常委会或省级人民政府规定。税法由纳税人、课税对象、税率等基本因素构成，涉及纳税环节、纳税期限、减免税和违章处理等其他因素。

（六）社会法

社会法是调整因维护劳动权利、救助待业者而产生的各种社会关系的法律规范的总称。它的法律性质介于公法与私法之间，其目的在于从社会整体利益出发，保护劳动者，维护社会安定，保障社会健康发展，例如，劳动法与社会保障法。

社会法的主旨在于保护公民的社会权利，尤其是保护弱势群体的利益。在社会关系中，有天生的强势群体和弱势群体之分，而且市场经济会自发的导致强者越强、弱者越弱。此时如果没有公权力的介入来保护弱者的利益，将使社会关系的失衡状态加剧并最终导致严重的社会问题。通过法治途径即制定和完善社会法是改变这种失衡局面的必然选择，完善社会法，保障公民的社会权，对构建和谐社会具有重大而深远的理论和现实意义。

（七）反垄断法

《中华人民共和国反垄断法》由中华人民共和国第十届全国人民代表大会常务委员会第二十九次会议于 2007 年 8 月 30 日通过，自 2008 年 8 月 1 日起施行。反垄断法的立法目的在于禁止垄断和其他限制竞争的行为，创造公平竞争的良好环境，提高经济运行效率，使市场在资源配置中的基础性作用能够充分发挥，以保证市场经济健康发展。

反垄断法的作用可以表述为，通过法律的强制性作用排除各种干扰竞争机制的因素，保护市场主体参与市场竞争的权利，维护竞争的市场结构，保护消费者的合法权益和社会公共利益，促进社会主义市场经济健康发展。

四、商业行政规章规范

（一）行政规章与行政法规

行政规章是指国务院各部委以及各省、自治区、直辖市的人民政府和人民政府所在地的市以及国务院批准的规模较大的市的人民政府根据宪法、法律和行政法规等制定和发布的规范性文件。国务院各部委制定的称为部门行政规章，其余的称为地方行政规章。名称一般称为“规定”“办法”，但不得称“条例”。

行政法规是国务院制定的有关国家行政管理方面的规范性文件，其地位和效力低于宪法和法律。行政法规调整的对象一般是行政管理领域带有普遍性、全局性、原则性以及意义重大的问题。行政规章的调整对象则限定在行政管理领域中某些特殊的、局部的、具体的问题。总之，行政法规的效力高于行政规章。

进入21世纪以来，行政机关制定行政规章的活动十分频繁。与立法机关所制定法律相比，行政规章显得内容庞杂。从某种意义上讲，现代行政机关的主要任务就是制定和执行行政规章。在我国，行政规章发挥作用的领域广且效能强，具有普遍约束力。

（二）与商业相关的行政规章规范

在商业经营活动中，经营的范围不同，需要遵守的行政法规和行政规章也不同，而且随着时代的进步，行政法规和行政规章也在逐步修订。

国家工商行政管理总局官方网站公布的行政法规有：《中华人民共和国商标法实施条例》《中华人民共和国市场主体登记管理条例》《中华人民共和国外商投资法实施条例》《促进个体工商户发展条例》《驰名商标认定和保护规定》等。

五、行业组织章程规范

（一）行业组织的职责

行业组织是指由公民、法人或其他组织在自愿的基础上，基于共同的利益要求所组成的一种民间性、非营利性的社会团体。

行业组织是行业成员利益的代言人和维护者，同时也是行业成员与政府之间的沟通者和协调者。行业成员通过行业组织实现了其与政府之间谈判的组织化和理性化，从而有效地客服了行业成员因个人谈判带来的弱势化和非理性特点。行业组织以代言维权为职责，以沟通协调为手段，来实现社会稳定。因此，在各行业组织中，对行业组织的代言维权职责基本上都有明确规定。比如《深圳经济特区出租小汽车管理条例》第二章第八条就规定深圳市出租车行业协会履行的第五项职责是“向政府有关部门反映协会成员的意见和要求”。

（二）我国行业组织的作用

在首届全国山东商会联谊会上，时任黑龙江省山东商会总顾问、全国人民代表大会教科文卫委员会副主任委员宋法棠将商会的作用概括为沟通信息、维护权益、协调各方面、培训人才、提供咨询、建言献策、政治载体7个方面；而清华大学NGO研究所王名教授则用12个字概述了其职责和任务，即调查、统计、会展、游说、经营、公益。在政府的一些文件中，经常看到把商会的作用高度概括为“反映诉求，维护权益，规范行为，提供服务”。

在我国，自进入封建社会以来，随着商品经济的发展，行业类目日益增多，各行业的生产和经营者为了维护自己的利益，自发组织起了行会。官府为了加强对行业的管理，维持社会经济秩序，也积极促成行会的建立。20世纪初，各地成立的商会一般都以行会组织为基础。到20世纪30年代，根据当时政府法令，行会都改称同业公会。

1949年，中华人民共和国成立以后，在进入计划经济时期后，这类组织就消失了。在社会主义市场经济体制建立以后，同业公会之类的行业组织又出现了，并不断发展。改革开放以来，行业组织多为商会，商会作为非政府组织在我国社会主义建设“四位一体”总体布局中的作用不容小觑。

1. 商会是市场经济的组织者

在经济信息交流、整合各类资源、规范经营行为、维持市场秩序、促进统一市场形成和开拓国际市场及对外合作方面，都能够发挥政府或个体商户所不能发挥的作用。

2. 商会是政治文明的参与者

商会积极参加与商业相关的法律法规拟定，主动建言献策，反映企业诉求，建立与政府的沟通渠道，监督政府行为，推荐优秀分子进入立法和议事机关等，发挥着政治改革和政治文明建设的助推器作用。同时，商会本身就是一个民主样本，在培育公民民主意识和民主机制建设中可以起到示范和培训作用。

3. 商会是文化建设的促进者

商会在挖掘和继承商帮优良传统，提倡商业道德，建设企业文化，树立商帮良好形象方面肩负着特殊使命，发挥作用的空间很大，应该而且能够大有作为。

4. 商会是和谐社会的建设者

对内，商会能够通过强化共同理念和目标化解纠纷、平衡利益、增进团结，起到“润滑剂”作用；对外，商会通过“下情上达”“上情下达”、协调关系、保障权益、救危扶困、实现公民自治等措施和方式，在解决社会矛盾，维护社会稳定方面起到“缓冲器”作用。

近年来，随着我国行政机构改革的深化，中国商会体系也在不断完善自身的体系设置和职能发挥，比如中华全国工商业联合会在全国政协会议上提出了一系列高质量的提案，为民营企业发展环境的改善发挥了突出作用。又如曾经由中华全国工商业联合会主办的世界华商大会取得圆满成功，有力促进了中国企业与海外华人企业的交流联系。

六、公司内部章程规范

公司章程是指公司依法制定的规定公司名称、住所、经营范围、经营管理制度等重大事项的基本文件，也是公司必备的规定公司组织及活动基本规则的书面文件。公司章程是股东共同一致的意思表达，载明了公司组织和活动的基本准则，是公司的宪章。公司章程具有法定性、真实性、自治性和公开性的基本特征。公司章程与公司法一样，肩负着调整公司活动的责任。作为公司组织与行为的基本准则，公司章程对公司的成立及运营具有十分重要的意义，既是公司成立的基础，也是公司赖以生存的灵魂。

公司章程还是公司实行内部管理和对外进行经济交往的基本依据。公司章程规定了公司组织和活动的原则及细则，是公司内外活动的基本准则。公司章程规定的股东权利义务和确立的内部管理体制，是公司对内进行管理的依据。同时，公司章程也是公司向第三者表明信用和了解公司组织与财产状况的重要法律文件。公司章程公开申明的公司宗旨、营业范围、资本数额以及责任形式等内容，为投资者、债权人和第三人与公司进行经济交往提供了条件和资信基础，便于他人了解公司的组织和财产状况，便于公司与第三人进行经济交往。

任务二　遵循商法基本原则

一、商法的含义

商法是商业活动中主要遵循的具体法律，是指调整商事交易主体在其行为中所形成的法律关系，即商事关系的法律规范的总称或总和。它是关于商人及其行为的法律规范，是随着法律实践而产生的特殊的法律分支，其历史源远流长，自商业活动诞生时，就有了这方面的规范，只是早期以商业习惯的方式在商人间流行，后来随着近代资本主义国家的建立，商法日渐成为国家法律的重要内容。商法主要包括公司法、保险法、合伙企业法、海商法、破产法、票据法等。

一般而言，商法涉及商事主体的组织、管理和商事行为两方面的法律规范，因此商法包括商事主体法律规范和商事行为法律规范。商法调整的对象是商事关系，是一定社会中通过市场经营活动而形成的关系，主要包括两部分：商事组织关系和商事交易关系。这种商事关系是平等的商事主体之间的社会经济关系，是商人和其他依商法从事商行为者基于盈利动机而建立的，且大多发生在持续的营业之中。商事关系也是发生在平等主体之间，以盈利为目的财产关系。

二、商法的特征

由于商法调整的是商人及商行为，因此商法的特征主要体现在以下 5 个方面：

（一）商法调整行为的营利性

商事主体设立的目的是通过经营行为而获取利益，这是商法调整商行为的基本前提，因此商法调整的行为一定会涉及经济利益，具有营利性。围绕这一特征，商法规定了诸多相关内容，例如，商业注册登记制度、账簿制度、公司财务制度、代理、票据、证券、交易等。

（二）商法调整对象的特定性

特定性，即仅适用于履行了商事登记而具有商主体资格且持续经营的人，或者仅适用于商行为，非商人不在商法调整的范围之内。对于商人内部的组织、管理关系，例如，对于总公司与分公司、股东与公司等之间的关系，公司内部的治理结构等，商法也会做出规定，其调整的行为仅涉及营利性行为，对于非营利性行为，如具体纳税行为、捐赠慈善行为或文体活动等，尽管是在商人内部发生，商法也不调整。商法调整的营利主体在经营活动中所形成的关系，既包括企业的对外关系，也包括企业的对内关系，既包括国家对企业行为的监管所形成的关系，如工商登记，也包括企业与企业之间在交易过程中所形成的经济关系，还包括企业与权利人，如出资股东及企业与员工之间形成的权利义务和财产关系。

（三）商法规范具有较强的技术性和易变性

商法是一门实践性较强、发展较快的法律，它对商行为中的行为方式、行为环节、行为规则都作了具体的规定。这些规定涉及专门的知识和技术，如商业账簿中的技术知识、公司登记程序、股票债券发行手续、公司法人治理结构及相关会议议事方式方法等，票据法中的出票、背书等票据行为，保险法中的损害赔偿确定、保险金的确定等，海商法中的船舶碰撞等。同时，商事活动变化较快，特别是公司法、保险法、破产法等领域。商法规范本身必须能够及时反映现实商事交易活动的需求，商事交易的内容和形式都是发展变化的，需要随时代发展做出相应的修改，因此各国对商法的修订相对比较频繁。

（四）商法的国际性

商法最初起源于商事交易习惯，而商事交易本身是一种跨国界的活动。因此，在人类社会早期阶段，商法主要是一种跨国商事交易习惯和惯例，这种状况一直延续到中世纪。在经济全球化的背景下，商事活动已经不可能只限于一国之内，跨国性已经成为历史的必然，因此商法的内容不可避免地具有国际性。商事领域由于与经济活动最为紧密，其领域中的规律较为客观，民族性、国家特色较为少见，因此该领域的法律最容易国际化，这些都在已有的立法中有所表现。具体来讲，商法的国际性主要体现在以下两个方面：第一，国际商事立法得到加强，出现了大量的国际商事条约、惯例等；第二，各国不断修改本国的商法规则，使其与其他国家和国际商事法律、惯例之间更为协调，因此当今各国的商法都具有较强的国际性色彩。

拓展阅读

什么是国际商法

国际商法是调整国际商事关系的法律规范的总称，其调整对象是国际商事关系。国际商事关系是以营利为目的的国际商事主体参与的商品流转关系，其主体不论是个人、法人、国家政府或国际组织，只要这种商事关系的当事人分属于两个以上不同的国家或国际组织，或其所涉及的商事问题超越一国国界的范围，这种关系就可称为国际商事关系。国际商法在调整国际商务关系中发挥着重要的作用，为实现经济全球化提供了重要的保障作用。

国际商法主要包括：国际货物买卖法、国际货物运输法、国际货物运输保险法、海商法、国际技术贸易法、产品责任法、票据与国际结算法、国际资金融通法、国际民事诉讼以及国际商事仲裁等。随着国家开放程度的不断加深，国际商务贸易规模也处于日益发展和扩大的趋势中，国际商务关系的复杂程度也不断加深，国际商法调整的对象、内容以及层次等也开始呈现出不断升级的状态。

（五）组织法与行为法相结合

这一特征是由商法调整的两大任务所决定的。组织法主要规定商人建立的条件、程序或要求，以便于它们获得市场主体资格，如公司法、合伙企业法、个人独资企业法等。行为法主要涉及商人的经营活动或交易，如运输、投资、买卖、中介等活动。因此，商法具有组织法与行为法相结合的特征。

三、商法的基本原则

商法的基本原则是指能够集中体现商事立法的宗旨和价值追求，并对各种商事关系具有普遍的适用意义，主要包括以下几个方面：

（一）商事主体法定性原则

商事主体具有法定性，针对不同类型的主体，法律有不同的条件。因此，商事主体获得市场主体资格需要严格按照法律规定进行，符合法律规定的条件才可以获得市场主体资格，然后从事市场交易活动。在我国，获得市场主体资格，一般需要到工商行政管理部门登记、注册，获得营业执照后，才能取得商事主体资格。

（二）交易平等原则

交易平等原则即商事交易主体间的法律地位平等。按照商品经济的一般逻辑，商品交换关系产生的决定性因素，在于生产者是生产资料和劳动产品的独立所有人或经营权人，只有实现等量劳动的交换，才能收回生产过程中所作的耗费并获得利润，使再生产和扩大再生产得以进行。这就要求参加交换的主体彼此承认对方是商品所有者，并与自己处于平等的法律地位。因此，交易平等原则体现在商法中主要表现为商事主体具有法律上的独立人格，都是独立的商事主体，能够在平等的基础上从事商事活动。例如，各国公司法中关于股权平等、按股表决，商业登记法中的准则主义和财产责任的规定等都体现了平等原则。

（三）交易自愿原则

交易自愿原则即指商事主体在商法规范之下，依照其自由意志进行其所愿的商事活动的原则。由于社会分工及不同所有者的存在，商品生产者必须借助于市场完成自己的经济活动。为达到经济行为的合理化，商事主体必须选择最有利的价格成交，以最大限度地实现自己的经济利益，只有在排除了对商事主体意志自由的限制，他们才能以相当于或低于社会必要劳动时间的价格获取利润。不适当地限制商事主体的意志自由，会导致限制竞争，扭曲交换关系，破坏互惠性。

（四）交易定型化原则

商事交易定型化包涵了交易形态的定型化和交易客体的定型化。前者是指商法预先将交易形态予以定型安排，使得任何个人或组织，无论何时从事商事交易均可获得同样的法律效果，例如，销售商陈列货物标明其价格，并以此作为“要约邀请”顾客对此受约的货物及价格可以迅速作出是否购买的“要约”决定，从而促进了交易的迅捷。后者是指交易对象的证券化。当交易客体为无形财产或权利财产时，商法通过权利证券化简化了权利转让程序，例如，公司法上的股票、票据法上的票据、保险法上的保险单。

（五）诚实信用原则

在许多情况下，依据法律的具体规定无法实现充分公正，这就需要有弹性的法律加以补充，而诚实信用原则就是掌握在法官手中的平衡法。诚实信用原则的宗旨在于实现当事人之间、当事人与社会之间利益关系的均衡。在当事人之间的利益关系中，诚实信用原则要求尊重自己与他人的利益，保证法律当事人都能得到自己应得的利益。在当事人与社会之间的利益关系中，诚实信用原则要求当事人不得通过自己的活动损害第三人和社会的利益，而必须在法定范围内以符合其社会经济目的的方式行使权利。

（六）交易安全原则

商事活动虽然要求灵活、迅捷，但如果离开了交易的安全性，商事活动是无法顺利进行或者盈利的。德国商法学家德恩指出：“商法是一切法律中最为自由的，同时又是最为严格的。”因此，维护交易安全是商法的又一基本要求。商法对于交易安全的维护集中表现在商事交易条件的强制主义、公示主义、外观主义以及严格责任等方面，例如，上市公司信息披露、公司登记、公告、债券募集办法、船舶登记等，都意在增强当事人的交易安全，保护有关交易主体的正当合法权益。

四、遵循商业法规规范

对于从事商业活动的主体来讲，首先应该懂法，了解和商业活动相关的法律法规；其次在经营过程中应该自觉守法，遵循权利义务相一致的原则。一方面，商业企业行使合法权利时必须对其行为所引起的法律后果负责；另一方面，企业对自身合法权利不行使或行使不到位就要承担相应的法律后果。从商业角度看，如果商业活动的主体都能自觉守法经营，经济秩序就会正常，社会整体效益就会增加。所以，守法经营是遵循商业规范中非常重要的一项内容。

（一）守法经营

市场经济是法制经济，只有在法制的框架下市场才能有序运行。在法制的有效保障下，企业才能安全、高效发展。因此，守法经营是对企业自身最有效的保护。将企业的经营管理以及处理对内对外的各种关系完全纳入法制轨道是企业安全、有序发展的可靠保证。

1. 企业主体的设立必须合法、有效

我国现阶段企业的形式有多种，比如公司企业、合伙企业、私营企业等，但最基本的企业形式还是公司制。公司制是现代企业制度，是比较符合市场规律的企业形式。我国的公司法根据现代企业特点修订，有利于企业的有效运作，更具有可操作性。

2. 企业的内部管理、运作必须严格依法进行

企业内部的关系主要是股东之间的关系。如果不是一个人的公司，就需要处理股东间的关系。处理股东间的关系主要是根据公司法的规定来协调公司各股东之间的利益关系、管理关系等。根据公司法的规定，公司内部事务管理一般由公司章程来规定。公司章程是企业内部管理的基本规章，是企业的小宪法。在不违反法律强制性规定、不损害公共利益的前提下，法律一般不干涉公司的内部事务，应放手让公司自己去决定自己的事务。因此，公司的内部管理、利益分配等事项，完全可以自己研究决定，并把它写进公司章程。

3. 企业对外经营需要法律保驾护航

企业经营必须与外界交往和接触，企业与外部的关系大致可分为三种。

一是企业与客户、合作伙伴的关系。这种关系主要是合同关系，根据企业的性质形成不同的合同关系。要处理好企业与客户的关系，企业就要认真与客户签订合同，认真履行合同，做好履约管理。遵守法律、严格履约是企业对自己最好的保护。

二是行政法律关系。企业经营必须依法纳税，接受行政机关的管理。这就要和税务机关、工商管理机关、环保部门以及行业管理机关等部门接触，接受管理。这就形成了行政管理法律关系，如果企业违反了有关行政法规就要受到行政处罚。所以，企业法务人员和法律顾问应该认真研究行政法规，使企业严格遵守法律，依法纳税，治理污染，保护环境。企业管理人员要经常和自己的法律顾问沟通，以避免造成不必要的法律风险。

三是刑事法律关系。自然人会犯罪，单位也会犯罪。我国刑法就规定了单位犯罪的情况。比如，单位贿赂罪就是一种单位犯罪的罪名。单位犯罪，一般对单位主要负责人和主要参与人处以刑罚，对单位处以罚款。刑罚是个高压线，必须谨慎防范、避免触及。个人和单位都应十分谨慎地严格依法办事，尤其不能触犯刑法。不犯法的前提就是懂法，了解法律是商业经营者的必修课。

公司的经营管理需要依法进行，才能更加规范，更有效益，更有利于对自身权益的保护。争议产生诉讼，在诉讼中，违约、违法者承担责任，守约、守法者受到法律的保护，所以，企业在日常的运作中，必须重合同、守信用，必须严格遵守国家法律，使企业事务始终在法制的轨道上高效运行。

（二）建设制度文化

没有制度的保障，企业文化只能是肤浅的，终会流于形式，消亡于无形。建设制度文化，不仅包括建设完善的企业文化，还包括企业运营中的各项规章制度的修订完善，逐步形成完备、科学的运行机制。在企业文化建设过程中，企业制度文化的建设是至关重要的。企业文化建设的重要目的在于推动企业生产经营的发展。要发挥这样的作用，就要把具有抽象指导意义的企业文化理念根植于日常的规章制度中，形成企业制度文化，用制度实现对人的文化管理。

企业制度文化是企业为实现自身目标对员工的行为给予一定限制的文化，它具有共性和强有力的行为规范的要求。企业制度文化的规范性是一种来自员工自身以外的、带有强制性的约束，它规范着企业的每一个人。企业工艺操作规程、厂规厂纪、经济责任制、考核奖惩制度都是企业制度文化的内容。

优秀的企业文化不是自发形成的，必须通过一定的条件培养和打造而成。全体员工普遍自觉遵守的行为准则是企业文化中的重要组成部分，而员工的行为习惯也只能在一定的规章制度约束和干预下形成，在良好的舆论氛围影响下得以巩固和完善。以人为本建立的企业规章制度是优秀企业文化赖以建立、保持和发展的重要条件。严格的规章制度和良好的企业舆论氛围，既是衡量企业员工行为的尺度，也是造就优秀企业文化的前提。

1. 如何保持制度制定与文化理念的一致性

企业在制度制定和执行过程中存在着与企业文化理念相违背的问题。企业制度的制定和有效执行，是衡量企业文化建设的重要指标，也是企业文化建设的重要过程。

企业制度的健全化、规范化和完善，有助于通过制度将企业倡导的精神、价值观和行为模式体现出来，借助于制度来引导和约束员工的行为，使员工能够在制度的规范下，自觉地按照正确的价值观和行为准则来要求自己。企业制度与企业文化理念的契合应从以下几个角度入手：

第一，公司明确提出将企业文化理念作为企业制度制定的指导思想，同时在制度执行的过程中高度体现企业文化理念，将理念的精神落到实处。

第二，依据已经确认的企业文化理念和行为准则，检查企业现行制度中有没有与文化理念相违背的内容，强化与企业文化相融合的制度，修正或废弃与企业文化不相容的制度。

第三，以企业文化理念为基准，对企业制度进行经常性的检查，以适应企业文化的变化和提升企业文化理念。通过组织和管理手段，防止刚性的制度对文化理念的侵蚀。

第四，在企业文化建设过程中，应控制企业文化发展的基本走向，及时纠正偏差，并对文化理念的更新和发展提出建设性意见。

第五，通过必要条件，将企业文化理念的贯彻执行制度化。

2. 保持制度制定与文化理念一致性的方法

第一，让员工了解他们在制度制定中的角色要求。员工希望通过企业的成功而达成个人的成功，因此，在大部分情况下，员工的利益与企业的利益是紧密联系的。企业帮助员工实现成功的方法，最重要的是要通过工作说明、制定制度时的会谈和沟通等，让他们了解在企业制度制定中的角色要求，并努力符合甚至超过这些要求。如果制度发生了基于文化理念的变化，而员工还是基于自身利益而固守原来的想法，那么，管理层需要做的工作就是让员工更加明确地认识到自己在文化变革和制度变革中的位置，用不同以往的管理方式，对新行为进行奖励和评估，力求让员工心甘情愿地拥护新制度，扮演新角色。

第二，制度的方向定位。作为企业文化变革的一部分，基于新文化理念的制度将引导企业所有成员迈向新的文化，因此，员工应该了解企业为了创建一个有利的企业文化环境已经做了哪些工作，正在做哪些工作，了解企业期望他们能做出的贡献，在新的制度面前应该保持怎样的态度等。不管企业运用的是哪种手段，目前的在职员工和将来加入的员工都必须经过这一过程的教育。

拓展阅读

福耀打赢“反倾销案”维护的是企业和国家的尊严

20 世纪 90 年代初，福耀玻璃工业集团股份有限公司（以下简称福耀集团）正式进入海外市场。由于福耀汽车玻璃的质量好，价格比国外汽车玻璃价格低，因此，在进入海外市场不久，福耀汽车玻璃便声名远扬，受到了国外汽车制造企业的青睐和国外人民的喜爱，福耀汽车玻璃也因此占领了大量的国外市场。由于福耀汽车玻璃在海外市场的迅速扩大，很快引起了关注，遭到了打压。2001 年 4 月，美国国际贸易委员会以 1930 年关税法为由，裁决福耀汽车玻璃倾销成立，决定每年加收 9.79% 的倾销税，按照全年营销额计算，每年福耀集团要增加 900 万的税负开支。

根据以往经验，中企在美国遭到倾销诉讼，从来都只能服软，反诉没有一个成功的，当时不少公司要么吃哑巴亏，要么黯淡离场。曹德旺却并没有走这两条路，而是带着福耀集团和美国据理力争，展开一场声势浩大的反击：“他美国人拳头大，就可以欺负我吗？我就把事情捅大，让全世界来评评理！花再多的钱也不在乎，我要维护的是企业和国家的尊严！打，一定要打赢！”

2002 年 10 月，曹德旺来到北京对外经贸大学，亲自带队成立了反倾销研究所，并请来国内顶尖的反倾销专家，深入研究 WTO 的法律文件和案例，不仅帮助福耀集团，还帮助所有中国在欧美的企业。

2004 年，旷日持久的官司，终于迎来了盖棺定论的时刻，国际贸易法庭宣布，支持福耀集团上诉书中的 8 项理由，撤销 11.8% 的反倾销税，并将以前收取的予以退还。

曹德旺赢了！赢得了中国在美国的第一场反倾销官司，为所有中国企业创造了新的生机。2021 年是中国加入世界贸易组织 20 周年。在这 20 年中，中国企业逐步从国际经贸规则和争端解决机制的初学者，成长为熟悉规则和机制、捍卫各方权利与利益公平的积极参与者。现在的中国企业已敢于和善于运用商业法律规则，并在平时的贸易活动中推行公平、公开、公正的原则，积极维护国家和企业的权益。

任务三　遵守公司法律规范

一、公司的含义及法律特征

公司是依照法律规定的条件与程序设立的、以营利为目的的企业法人，是为从事商业经营活动或某些目的而成立的组织，是开展经营活动最为常见的形式。中国的公司是指依照《中华人民共和国公司法》（以下简称《公司法》）在中国境内设立的以营利为目的的社团法人，包括有限责任公司和股份有限公司，其具有三个基本的法律特征：

第一，公司是依法设立的经济组织。

公司必须依法设立，公司必须具备必要的财产，公司必须有自己的名称、组织机构和场所，公司必须具有完备的组织机构。

第二，公司是以营利为目的，具有营利性的经济组织。

公司以营利为目的是指设立公司的目的及公司的运作，都是为了谋求经济利益。公司的营利性实质上是股东设立公司的目的的反映。公司只有以营利为目的，实现公司利益最大化，才能让股东收回投资，并进而实现盈利。

第三，公司是具有法人资格的经济组织。

公司是企业法人，有独立的法人财产，享有法人财产权。公司以其全部财产对公司的债务承担责任。公司必须能够以自己的名义从事民商事活动并独立承担民事责任。

二、公司的分类

（一）按公司财产责任形式划分

按公司财产责任形式，公司可分为无限公司、有限责任公司、两合公司、股份有限公司。《公司法》所称的公司是指“依照本法在中华人民共和国境内设立的有限责任公司和股份有限公司”。其中，有限责任公司除一般有限责任公司外，还包括一人有限责任公司和国有独资公司。

（二）按公司的组织结构划分

按公司的组织结构，公司可分为总公司与分公司、母公司与子公司。

1. 总公司与分公司

《公司法》规定公司可以设立分公司。设立分公司，应当向公司登记机关申请登记，领取营业执照。分公司不具有法人资格，其民事责任由总公司承担。

2. 母公司与子公司

《公司法》规定公司可以设立子公司。子公司具有法人资格，依法独立承担民事责任。

三、公司法的含义及调整对象

（一）公司法的含义

公司法是调整公司在设立、组织、活动和解散的过程中所发生的社会关系的法律规范的总称。

（二）公司法调整的对象

1. 公司的全部组织关系

（1）发起人相互间或股东相互间的关系；

（2）公司与国家经济管理机关相互间的关系；

（3）公司内部组织机构相互间的关系。

《公司法》第二十一条规定：公司股东应当遵守法律、行政法规和公司章程，依法行使股东权力，不得滥用股东权力损害公司或者其他股东的利益。公司股东滥用股东权利给公司或者其他股东造成损失的，应当承担赔偿责任。《公司法》第二十三条规定：公司股东滥用公司法人独立地位和股东有限责任，逃避债务，严重损害公司债权人利益的，应当对公司债务承担连带责任。

2. 公司的部分经营关系

公司法不调整公司的全部经营关系，一般只调整那些与公司组织关系有密切联系的经营关系。主要是股票的发行、交易，债券的发行、转让，以及资本的增加、减少和出资的转让等。

3. 公司法三大原则

（1）利益平衡原则。利益平衡原则是在现代市场经济条件下，在对影响公司和社会发展的多重利益关系进行剖析和平衡。

（2）分权制衡原则。分权制衡原则是指公司能够制定和执行有效的运转制度，以达到对公司各种权利的合理分配和相互制衡。

（3）自治原则。自治原则是指出资人自己进行重大决策，选择公司的管理者。公司作为独立的市场主体，依照公司章程自主生产经营、自负盈亏，不受非法干预。

拓展阅读

公司如何解散

江苏某公司设立于2017年，注册资本100万元，发起人为两位自然人，其中朱某持股65%，王某持股35%。公司章程规定，股东会会议应对所议事项作出决议，决议由代表二分之一以上表决权的股东表决通过即生效；但股东会对公司重大事项所作出的决定，必须由代表三分之二以上表决权的股东表决通过才能生效。在公司经营中，两位股东产生矛盾，该公司从2018年开始未再召开过股东会。2019年，王某起诉要求解散公司。诉讼中，关于公司解散的条件之一即股东会机制有无失灵的问题，各方产生争议，王某认为，公司多年无法召开股东会，股东会机制长期失灵，属于公司经营管理发生严重困难的情形。朱某则认为根据章程规定，除增资、解散等重大事项外，一般事项的决议仅需代表二分之一以上表决权的股东表决通过即可生效。公司仅有两位股东，朱某持股65%，所代表的表决权已超过二分之一，故即使王某不参加股东会，不作出任何表决，也不会影响公司的正常管理运作，另一股东仍可召开股东会或临时股东会作出有效股东会决议。鉴于两股东的持股比例以及章程规定的议事规则，两股东之间不会形成有效对抗，股东矛盾并未引发公司决策机制失灵。

法院生效判决认为，根据《公司法》相关规定，只有在股东对股东会所议事项以书面形式一致表示同意的情形下，才可以不召开股东会会议，直接作出决定，并由全体股东在决定文件上签名、盖章。进而言之，只要股东之间对股东会所议事项存在争议，就必须依法召开股东会，不召开股东会会议就对股东会会议所议事项作出决定，违反法律规定。朱某虽是该公司的大股东，但其不通过股东会这一平台依法行使股东权，其意志无法上升为公司的意志，其直接签署的股东会会议决议不成立，对其他股东没有约束力。在此基础上，结合其他事实，法院判决解散该公司。

任务四　严守合同法律制度

一、合同的含义及法律特征

（一）合同的含义

合同又称为契约，根据《中华人民共和国民法典》的规定，合同是民事主体之间设立、变更、终止民事法律关系的协议。依法成立的合同，受法律保护。

合同精神又称为契约精神，是市场经济和法治社会得以建立和发展的根本保障。法律追求的是公平、正义和效益，在市场经济中，每个人在不违背法律和道德的前提下，都是自己利益的最佳判断者。合同制度是对当事人意志的尊重和对市场制度下分散决策权的确认，它体现了当事人通过自己的意思表示和行为创建法律上的权利义务的自主权，因而，它是民商事法律的精髓。

（二）合同的法律特征

（1）合同是双方或多方当事人自愿达成的民商事法律行为。从合同的主体看，必须有两个以上当事人；从意思表示看，必须是合同当事人的意思表示一致；合同是一种民商事法律行为，以意思表示为最核心的要素，并且按意思表示的内容被赋予了较明显的法律效果。但意思表示形式多样，并不仅以书面或口头为唯一形式，行为等也是表示的方式。

（2）合同以设立、变更、终止民事权利义务关系为目的。当事人订立合同的目的是为了设立、变更、终止民事权利义务关系，这种权利义务关系是为了满足当事人的某种需求或实现某种愿望。如果不涉及当事人之间的权利、义务，则合同难以成立。在英美法系国家，权利、义务的约定通常被称作“对价”，无对价则无合同。

（3）合同当事人的法律地位是平等的。各方当事人在订立合同时的法律地位平等，而合同内容、形式等完全是当事人意志自由表达的结果。没有上下级之分，没有高低，不分大小，一律平等。任何一方都不得以强凌弱，把自己的意志强加给对方。

（4）合同是国家规定的一项法律制度，受国家强制力的保护和约束。合同一旦成立生效，当事人不得随意变更或解除，当事人无正当理由不履行合同，就要承担法律责任。

拓展阅读

什么是合同

合同在中国具有悠久的历史，《周礼》对早期合同的形式有较为详细的规定。判书、质剂、傅别、分支、书契等都是古代合同的书面形式。最早的时候，合同被称作“书契”。《周易》记述：“上古结绳而治，后世对人易之以书契。”“书”是文字，“契”是将文字刻在木板上。这种木板一分为二，称为左契和右契，以此作为凭证。“书契”就是契约。周代的合同还有其他称谓：“质剂”，长的书契称“质”，购买牛马时所用，短的书契称“剂”，购买兵器以及珍异之物时所用；“傅别”，“傅”指用文字来形成约束力，“别”是分为两半，每人各持一半；“分支”，将书契分为二支；“判书”就是将分为两半的书契合二为一，只有这样才能看清契约的本来面目。现代词汇中的判案、审判、判断、批判等都是由此而来。经过唐、宋、元、明、清各代，法律对合同的规定也越来越系统。现代的合同都写有一式两份，因为以前民间制订合同时就是一张纸，写好后从中间撕开，一人拿一半，有争执的时候再合起来，所以就有了合同和一式两份的说法。

二、合同的形式与内容

（一）合同的形式

除非法律有特别规定，否则合同的形式可以多种多样，不拘一格。严格来讲，只要双方能够守信用，没有任何形式上要求的合同也是一个好的合同，只要双方各自履行了自己的义务，那么这个合同就是一个得到履行的合同。如果遇到一位不守信用的当事人，合同形式再完美，都有可能导致合同目的不能实现，此时如果能够有一个较为完善、周密的书面约定或其他形式存在，则有利于守约方尽最大限度地维护自己的合法利益。因此，合同交易选好相关交易人至为关键，但合同的形式也不可忽视。按照我国法律规定，当事人订立合同，有书面形式、口头形式和其他形式。

1. 书面形式

书面形式是指合同书、信件和数据电文（包括电报、电传、传真、电子数据交换和电子邮件）等可以有形地表现所载内容的形式。这是我国合同形式中最常见的形式。它在将来双方有争议时，可以起到很好的证据作用，有利于守约方维护自己的权益，所以当事人就重大事项形成协议时，均会采用书面形式，如房屋、土地的转让，大型设备的买卖，技术转让或许可等，均是如此。

2. 口头形式

口头形式是指通过口头语言而形成的书面协议。口头合同在现实生活中随处可见，比如到商店里购买商品是最典型的采取口头形式订立的合同。在技术不够发达的时代，口头合同在双方没有第三方证明的情况下，一方反悔，往往会让另一方处于不利地位。但随着技术的发展，如采取录音、录像等措施，则在一定程度上有利于保护自己的合法权益，因为录音、录像如果是在不违法的情况下获取的，则可以作为有效的证据。

3. 公证形式

公证形式是当事人约定或者依照法律规定，以国家公证机关对合同内容加以审查公证的方式。公证机关一般均以合同的书面形式为基础，对合同内容的真实性和合法性进行审查确认后，在合同书上加盖公证印鉴，以资证明。经过公证的合同具有最可靠的证据力，当事人除有相反的证据外，不能推翻。我国法律对合同的公证采取自愿原则。合同是否须经公证，一般由当事人自行约定。

4. 鉴证形式

鉴证形式是当事人约定或依照法律规定，以国家合同管理机关对合同内容的真实性和合法性进行审查的方式。鉴证是国家对合同进行管理和监督的行政措施，只能由国家行政主管机关进行。鉴证的作用在于加强合同的证明，提高合同的可靠性。鉴证也采取自愿原则。

5. 批准形式

批准形式是指法律规定某些类别的合同须采取经国家有关主管机关审查批准的一种合同形式。这类合同，除应由当事人达成意思表示一致而成立外，还应将合同书及有关文件提交国家有关主管机关审查批准才能生效。这类合同的生效，除应具备一般合同的生效要件外，在合同形式上还须同时具备书面形式和批准形式这两个特殊要件。

6. 登记形式

登记形式是指当事人约定或依照法律规定，采取将合同提交国家登记主管机关登记的方式。登记形式一般常用于不动产的买卖合同。某些特殊的动产，如船舶等，在法律上视为不动产，其转让也采取登记形式。合同的登记形式可由当事人自行约定，也可以由法律加以规定。

（二）合同的内容

从根本上讲，合同的内容应由当事人根据合同类型的不同，自由协商决定，即内容由当事人约定。合同内容通过合同条款具体表现。为了当事人有一定的参照，我国的合同法律制度给出了一个提示性条款，规定合同的内容一般包括：

（1）当事人名称或姓名和住所。

（2）标的。

（3）数量。

（4）质量。

（5）价款或报酬。

（6）履行期限、地点和方式。

（7）违约责任。

（8）解决争议的方法。

在有些场合，一方当事人可能会根据大量的实践，事先制定有关合同的示范文本，以为另一方提供便利，如房屋买卖合同示范文本等。当事人可以参照各类合同的示范文本订立合同。由于当事人的具体合同所涉及的交易内容、对象等千差万别，因此合同的条款需要根据实际情况进行增删或修改。

拓展阅读

返还佣金的风波

2021年11月，杨先生在某房产中介经纪人宁某的推荐下购买了某楼盘的商品房。签合同前，宁某向杨先生口头承诺，只要向他购买该楼盘的物业，待完成房屋网签备案后60日内，他就给杨先生返还全部佣金。一个月后，杨先生告诉宁某，已完成房屋的网签备案。宁某答应待收到公司发放的佣金后，便会按约返还。随后的两个月时间里，杨先生多次询问宁某什么时候能收到钱，宁某均以开发商未结佣金为由，让杨先生一等再等。2021年3月，杨先生通过微信询问宁某什么时候返还佣金，发现自己的微信已被宁某拉黑，且宁某的电话已停机，无法联系。随后，杨先生来到宁某任职的中介公司，该公司表示宁某已在2021年12月底收到该公司的佣金，并在2021年1月初向公司提出了离职。对于杨先生与宁某私下约定返佣一事，该公司并不知情，也不同意向杨先生返还佣金。于是，杨先生将宁某诉至法院。但因为杨先生并未与宁某签署书面返佣协议，也未及时保存好相关交流记录，无法证实返佣承诺的真实性，其主张难以获得法院支持。

由本案可知，口说无凭，没有书面合同或协议，在司法实践中很难得到支持。因此，在获得口头承诺的同时，要提高证据保存意识，对承诺过程中的重要证据（如沟通记录、微信聊天记录、电话录音、相关证人证言等）进行合法提取和固定，将口头承诺固定为“白纸黑字”的合同，以此避免不必要的纠纷，为日后维护合法权益提供重要保障。

三、合同法律制度的基本原则

1. 平等原则

平等原则是指合同当事人各方的法律地位平等。它主要体现在以下几个方面：公民的民事权利能力一律平等；不同的民事主体参与民事关系，适用同一法律，具有平等的地位；民事主体在产生、变更和消灭民事法律关系时必须平等协商；民事主体的合法权利平等受法律保护。平等是合同法律制度自愿原则的前提和基础。

2. 自愿原则

自愿原则又称“意思自治”原则，即通常所说的契约自由原则，它是合同法律制度的根本和灵魂。当事人依法享有自愿订立合同的权利，任何单位和个人不得非法干预。意思自治是指当事人签订什么样的合同、与何人签合同等在法律允许的范围内完全由其自己决定，他人无权干预。不过，在有些场合，合同当事人签订合同会受到一定的制约，但这必须要有法律规定。例如，国家根据需要下达指令性任务的，有关法人、其他组织之间应当依照有关法律、行政法规规定的权利和义务订立合同。

3. 公平原则

公平原则是指当事人在民事活动中应以正义、公平等观念指导自己的行为，平衡各方利益，法院等要以正义、公平的理念来处理当事人之间的纠纷。当事人应当遵循公平原则确定各方的权利和义务，它强调在市场经济中，对任何市场主体都只能以市场交易规则为准则，享受公平合理的对待，既不享有任何特权，也不履行任何额外的义务，做到权利与义务相平衡，做到当事人之间的权益与责任的均衡。

4. 诚实信用原则

诚实信用原则是指当事人在市场活动中应当诚实讲信用，恪守诺言，以善意的方式履行其义务，在追求自己利益的同时不得滥用权利损害他人和社会利益，不得规避合同约定或法律规定的义务。如果意思自治原则是民商法的灵魂，那么诚实信用原则就是意思自治原则充分正当行使的制约，让意思自治不至于给社会带来负面影响。诚实信用原则作为一种约束机制与意思自治原则的自由机制张弛结合，共同规范、约束和调控市场经济发展。

5. 公序良俗和合法性原则

该原则主要体现的是当事人对他人、社会所应尽的义务。公序良俗指公共秩序和善良风俗，合法性是指签订合同的主体、合同的标的、内容及合同的形式等均不得违反法律规定。当事人订立、履行合同，应当遵守法律、行政法规，同时尊重社会公德，不得扰乱社会经济秩序，损害社会公共利益。

如某建筑公司因建造两栋大楼急需黄沙，遂于 9 月 10 日与某建筑材料公司签订了一份合同，合同约定建筑公司购买材料公司黄沙 30 车，每吨价 300 元，合同订立一个月后，由材料公司送货，货到付款。没想到合同订立后，黄沙的市场价却从每吨 300 元涨到 350 元，材料公司经理见状觉得按原价供货吃亏，不愿如数供货，遂提出因货源紧张要求少供货，建筑公司没有同意。于是，材料公司次日安排两辆 130 型货车装沙（每车装载 2 吨），送到建筑公司，并要求以后均以 130 型货车为标准计算交货数量。建筑公司提出材料公司的做法是不合理的，尽管合同规定交货数量为 30 车，但应以“东风牌”大卡车作为计算标准，每车装载 4 吨，共 120 吨。为此，建筑公司遂向法院起诉，认为材料公司已构成故意违约，应承担违约责任。材料公司则提出，双方对交货数量的计算标准发生重大误解，因此应当撤销该合同。

在这个案件中，围绕 130 型货车能否作为计量标准这个焦点，实际上有两个关键问题特别值得重视：一是双方是否构成重大误解；二是材料公司是否缺失诚信。首先，双方并没有发生误解，以“东风牌”大卡车作为计算标准是符合当地交易习惯的，材料公司只是因为想减少供货，因而故意使用 130 型货车供货。其次，材料公司的行为也违反了诚实信用原则。按诚实信用原则的要求，材料公司在合同未明确规定 30 车黄沙计量标准的情况下，应当按诚实信用原则考虑合理的计量标准。换言之，材料公司应当想到，作为一个诚实的、守信用的商人，在此情况下应当以何种标准来交货。诚实信用原则是伦理道德规范在法律上的表现，即它是以法律形式确认了最基本的商业道德。

四、合同的订立

（一）合同的订立程序

合同的订立程序是指合同订立的流程及具体环节。当事人订立合同，应当具有相应的民事权利能力和民事行为能力，采取要约、承诺方式。合同订立的过程一般经过要约邀请→要约→反要约→再要约→承诺的多次反复的过程，即谈判的过程。

（二）要约

要约是一方当事人以缔结合同为目的，向对方当事人提出合同条件，希望对方当事人接受的一种意思表示。

要约到达受要约人时生效。一般情况下，当事人进行面对面的交易沟通时，要约生效的时间为相互了解对方的意图即为“到达”；如果是异地，通过邮件的方式，一般以要约进入对方的邮箱为到达时间，即以上面的邮戳时间为准；采用数据电文形式订立合同，收件人指定特定系统接收数据电文的，该数据电文进入该特定系统的时间，视为到达时间，未指定特定系统的，该数据电文进入收件人的任何系统的首次时间，视为到达时间。

要约可以撤回，但撤回要约的通知应当在要约到达受要约人之前或者与要约同时到达受要约人；要约也可以撤销，即让要约归于无效，但撤销要约的通知应当在受要约人发出承诺通知之前到达受要约人。有下列情形之一的，要约不得撤销：要约人确定了承诺期限或者以其他形式明示要约不可撤销；受要约人有理由认为要约是不可撤销的，并已经为履行合同作了准备工作。

（三）承诺

承诺是受要约人同意要约的意思表示。

承诺生效也采取到达主义原则，超过承诺期限发出承诺的，除要约人及时通知承诺有效外，为新要约；承诺期限内发出承诺的，因其他原因导致超期的，除要约人及时通知不接受承诺外，承诺有效。

承诺生效时合同成立，承诺生效的时间点因情况不同而有所不同。如果当事人采用合同书形式订立合同的，自双方当事人签字或者盖章时合同成立；当事人采用信件、数据电文等形式订立合同的，可以在合同成立之前要求签订确认书，签订确认书时合同成立。针对现实中人们的交易习惯等，为确认已经实质上形成的交易关系并保护相关当事人和减少社会交易成本，民法规定：法律、行政法规规定或者当事人约定采用书面形式订立合同，当事人未采用书面形式但一方已经履行主要义务，对方接受的，该合同成立；采用合同书形式订立合同，在签字或者盖章之前，当事人一方已经履行主要义务，对方接受的，该合同成立。

承诺可以撤回，但不能撤销，因为承诺一生效，合同就成立了，如果撤销等于使成立的合同归于不成立，会产生违约责任。根据规定，撤回承诺的通知应当在承诺通知到达要约人之前或者与承诺通知同时到达要约人。

五、合同效力

合同效力即合同的法律效力，是指合同生效后对有关当事人产生的法律约束力。或法律赋予依法成立的合同具有约束当事人各方及至第三人的强制力。依法成立的合同，自成立时生效。合同按照合同效力可分为四大类，即有效合同、无效合同、效力待定合同以及可变更或者可撤销合同。

1. 有效合同

有效合同是指依照法律的规定成立并在当事人之间产生法律约束力的合同。有效合同应当具备以下条件：首先，行为人具有相应的民事行为能力；其次，意思表示真实；最后，不违反法律或者社会公共利益。

2. 无效合同

无效合同是指合同虽然已经成立，但因欠缺合同生效要件，不发生法律约束力的合同。无效合同自始至终都没有法律约束力。根据合同法律制度的规定，有下列情形之一的，可认定合同无效：

（1）一方以欺诈、胁迫的手段订立合同，损害国家利益；

（2）恶意串通，损害国家、集体或者第三人利益；

（3）以合法形式掩盖非法目的；

（4）损害社会公共利益；

（5）违反法律、行政法规的强制性规定；

（6）对于造成对方人身伤害或者因故意或重大过失造成对方财产损失免责的合同条款；

（7）提供格式条款一方免除责任、加重对方责任、排除对方主要权利的合同无效。

3. 效力待定合同

效力待定合同是指已成立的合同因欠缺一定的生效要件，其生效与否尚未确定，须经过补正方可生效，在一定期限内不予补正则视为无效的合同。

效力待定合同可以分为以下三种情况：

（1）限制行为能力人依法不能独立订立的合同，必须经过其法定代理人的追认才有效；

（2）行为人没有代理权、超越代理权或者代理权终止后以被代理人名义订立的合同，必须经过被代理人的追认才能对被代理人产生法律拘束力，否则，后果由行为人承担；

（3）无处分权人处分他人财产权利而订立的合同，经权利人追认才有效。

4. 可变更、可撤销合同

可变更、可撤销合同是指合同已经成立，因为存在法定事由，允许当事人申请变更或撤销全部合同或部分条款。因重大误解订立的或在订立合同时显失公平的可以成为申请变更或撤销合同的法定事由；一方以欺诈、胁迫的手段或者乘人之危，使对方在违背真实意思的情况下订立的合同，受损害方有权请求人民法院或仲裁机构变更或撤销。当事人请求变更的，人民法院或仲裁机构不得撤销。

拓展阅读

合同无效和撤销的法律后果

合同无效、撤销或终止的，不影响合同中独立存在的有关解决争议方法的条款的效力。合同无效或撤销后，因该合同取得的财产，应当予以返还；不能返还或者没有必要返还的，应当折价补偿。有过错的一方应当赔偿对方因此所受到的损失，双方都有过错的，应当各自承担相应的责任。当事人恶意串通，损害国家、集体或者第三人利益的，因此取得的财产收归国家所有或者返还集体、第三人。

视频

商业法律法规

单元二　遵守电子商务法律法规

引导案例

2017 年 6 月，深圳中院对一起侵犯公民个人信息案做出二审判决，在某速运公司工作的员工宋某向他人出售公司内部账号和密码，导致 20 多万用户的个人信息遭泄露，宋某因此获刑一年零三个月。

案情显示，自 2015 年 8 月开始，被告人宋某利用其湖南省长沙市某速运有限公司员工的身份，获得同事的公司操作平台员工账号和密码后，将自己的 VPN 权限（用户账号、密码）一并提供给了另一名被告人曹某。其后，曹某通过外网登录了该速运公司的 VPN 服务器，访问运单查询系统，下载了大量的客户运单信息。然后，曹某把这些客户运单信息交由另一被告人李某贩卖获利。一名网店老板黄某则以人民币 1 000 元的价格向李某购买公民个人信息 100 万条，用于发送信息宣传其网店。截至被抓之日，宋某收取曹某给予的报酬共计人民币 3.8 万元，曹某贩卖公民个人信息获利人民币 6 万多元，李某分得人民币 5 000 多元。

最终，宋某、曹某、李某、黄某四人均因侵犯公民个人信息而获刑。其中，宋某获刑一年零三个月，曹某获刑两年，李某获刑十一个月，黄某则被判缓刑。四人分别被处罚金 5 000 元到 3 万元不等。

案例思考

在电子商务迅速成长的背后，暴露出哪些问题？随着电商行业的发展，国家对电商行业制定了哪些法律规范以促进电商行业的健康发展。

任务一　认知电子商务法

一、电子商务法的立法背景

随着商业的发展，信息技术的进步，互联网已经成为商业经营的重要方式，电子商务也成了经商的必备形式。电子商务的出现为人们的生活方式、企业、产业链、经济等都带来了很大的改变，人们足不出户就可以悠然自得地在网上购物，网上银行、支付宝、微信钱包等新的支付方式也已经得到全面普及，人们出门不用带现金和银行卡，只需携带一部手机，就可以购物、乘坐交通工具、生活缴费等。电子商务交易的种类涉及生活的方方面面，几乎所有的商品均可以通过网络平台购买。我国电子商务总体上呈现出发展速度迅猛、线上线下联动、涉及面广泛等特点，对经济发展和社会就业等诸多方面影响甚广。但是，电子商务在带动经济、社会高速发展的同时，一些矛盾和问题也不断凸显出来，假货泛滥、售后困难、税收漏洞、数据泄露、侵犯知识产权、物流运输缺乏责任等各种问题，不仅会危害社会，还会给品牌商和消费者造成经济损失。为解决纠纷，为保护消费者合法权益提供法律基础，国家对电子商务行业加大了约束和管理的力度，逐步出台和完善与电子商务有关的法律法规，已经取得了很大成效。因此，从事商业活动的人和企业都必须了解和遵守与电子商务相关的法律法规。

二、电子商务法的含义

电子商务法是指平等主体之间通过电子行为设立、变更和消灭财产关系和人身关系的法律规范的总称，是政府调整、企业和个人以数据电文为交易手段，通过信息网络所产生的，因交易形式所引起的各种商事交易关系以及与这种商事交易关系密切相关的社会关系、政府管理关系的法律规范的总称。可以从以下三个方面进行理解：

第一，电子商务法是调整电子商务活动的规范。

电子商务的法律法规包括各种法律、规则、标准、协议、示范、规定等。为了确定电子商务活动中相关方的权利、义务，调整各方关系，规范电子商务行为，国务院及其部委制定了相应的法规，在我国电子商务法律法规中占有相当比例。

第二，电子商务法的调整范围。

只要属于调整电子商务活动的法律法规，包括电子商务活动的所有环节都属于电子商务法的调整范围。

第三，电子商务法的定义有广义和狭义之别。

广义的电子商务法是指调整电子商务所有关系的规范总称；而狭义的电子商务法是指调整电子交易关系的规范。

三、电子商务法的立法进程

面对科技的迅速发展和社会生活在互联网的席卷下发生的重大改变，我国自 1991 年起陆续在各个领域对电子商务做出规范，如表 5-1 所示。

2013 年 12 月 27 日，全国人大常委会正式启动了《中华人民共和国电子商务法》（以下简称《电子商务法》）的立法工作，开展起草工作；于 2014 年 11 月确定立法大纲，在 2015 年 1 月至 2016 年 6 月间开展并完成电子商务法草案起草工作；于 2016 年 12 月电子商务法一审稿向全国公开征求意见，于 2017 年 11 月对电子商务法二审稿向全国公开征求意见。2018 年 6 月 19 日，电子商务法三审稿提请十三届全国人大常委会第三次会议审议。2018 年 8 月，在十三届全国人大常委会第五次会议上，电子商务法草案第四次审议并高票通过，并于 2019 年 1 月 1 日正式实施。至此，我国终于完成了对电子商务的统一、完整的立法工作，这也是中国第一部电子商务领域的综合性法律。

表 5-1　电子商务的立法进程

时间（年）	发布主体	法律规范
1991	国务院	《计算机软件保护条例》
1996	国务院	《中华人民共和国计算机信息网络国际联网管理暂行规定》
1997	公安部	《计算机信息网络国际联网安全保护管理办法》
	国务院	《国务院关于修改〈中华人民共和国计算机信息网络国际联网管理暂行规定〉的决定》
1997	全国人大常委会	修改《中华人民共和国刑法》将计算机犯罪纳入管理范围
1999	全国人大常委会	《中华人民共和国合同法》的一些条款对电子合同予以规定
2000	全国人大常委会	《全国人民代表大会常务委员会关于维护互联网安全的决定》
2001	中国人民银行	《网上银行业务管理暂行办法》
2004	全国人大常委会	《中华人民共和国电子签名法》
2006	中国互联网信息中心	《中国互联网络信息中心域名争议解决办法》
	国务院	《信息网络传播保护条例》
2010	国家工商总局	《网络商品交易及有关服务行为管理暂行办法》
2012	全国人大常委会	《关于加强网络信息保护的决定》
2014	国家工商总局	《网络交易管理办法》
2016	国家工商总局	《互联网广告管理暂行办法》
2019	全国人大常委会	《中华人民共和国电子商务法》
2021	国家互联网信息办公室等七部门联合	《网络直播营销管理办法》

四、电子商务法的立法内容

电子商务法旨在规范电子商务活动，切实保障消费者、经营者的合法权利，其立法内容主要包括以下 6 个方面：

（一）科学合理界定电子商务法的调整对象

电子商务法的调整对象和范围的确定，直接关系到促进发展、规范秩序、保障权益的立法目标顺利实现，关系到电子商务法总体框架设计，故应综合考虑中国电子商务发展实践和中国的现实国情，并与国际接轨，与国内其他法律法规衔接。综合各方意见，电子商务法将电子商务定义为："通过互联网等信息网络销售商品或者提供服务的经营活动。"在此定义中，信息网络包括互联网、移动互联网等；经营活动是指以营利为目的的商务活动，包括上述商品交易、服务交易和相关辅助经营服务活动，经营活动是区别是否构成电子商务的一个关键词。

（二）规范电子商务经营主体的权利、责任和义务

电子商务法对电子商务经营主体作出了明确规定，区分了一般的电子商务经营者和电子商务平台经营者（第三方平台）。电子商务平台经营者是指在电子商务中为交易双方或者多方提供网络经营场所、交易撮合、信息发布等服务，供交易双方或者多方独立开展交易活动的法人或者非法人组织。据统计，通过平台经营者达成的交易占目前网络零售市场规模的九成，平台经营者对市场的主导作用构成了我国电子商务发展的重要特点。

因此，电子商务法着重对平台经营者作出明确规定，主要包括：要求其对经营者进行审查，提供稳定、安全服务；加强消费者权益保护；应当公开、透明地制定平台交易规则；遵循重要信息公示、交易记录保存等要求。

（三）完善电子商务交易与服务

围绕电子商务的交易与服务所展开的工作任务主要有电子合同、电子支付和快递物流。关于电子合同，电子商务法根据电子商务发展的特点，在现有法律规定的基础上规定了电子商务当事人行为能力推定规则、电子合同的订立、自动交易信息系统以及电子错误等内容。关于电子支付，电子商务法规定了电子支付服务提供者和接受者的法定权利义务，对支付确认、错误支付、非授权支付、备付金等都做出了规定。

关于快递物流，电子商务法明确了快递物流依法为电子商务提供服务，规范了电子商务寄递过程中的安全和服务问题。

（四）强化电子商务交易保障

电子商务法主要规定了以下四方面内容：

一是电子商务数据信息的开发、利用和保护。电子商务法明确鼓励电子商务数据的开发应用，加强数据保护，保障数据信息依法、有序自由流动和合理利用。

二是市场秩序与公平竞争。电子商务法规定电子商务经营主体的知识产权保护、平台责任、不正当竞争行为的禁止、信用评价规则等。

三是加强消费者权益保护，包括商品或者服务信息真实，保证商品或者服务质量、交易规则和格式条款制定，并规定了设立消费者权益保证金和电子商务平台有协助消费者维权的义务。

四是争议解决。电子商务纠纷除适用传统的解决方式外，还应根据电子商务发展特点，积极构建在线纠纷解决机制。

（五）促进和规范跨境电子商务发展

关于跨境电子商务的发展，电子商务法就此专门作出规定：一是国家支持、促进跨境电子商务的发展；二是国家推动建立适应跨境电子商务活动需要的监督管理体系，推进单一窗口建设，提高通关效率，保障贸易安全，促进贸易便利化；三是国家推进跨境电子商务活动通关、税收、检验检疫等环节的电子化；四是推动建立国家之间跨境电子商务交流合作等。

（六）加强监督管理、实现社会共治

电子商务法规定，国务院有关部门按照职责分工负责电子商务发展促进、监督管理等工作。县级以上地方各级人民政府可以根据本行政区域的实际情况，确定电子商务的部门职责

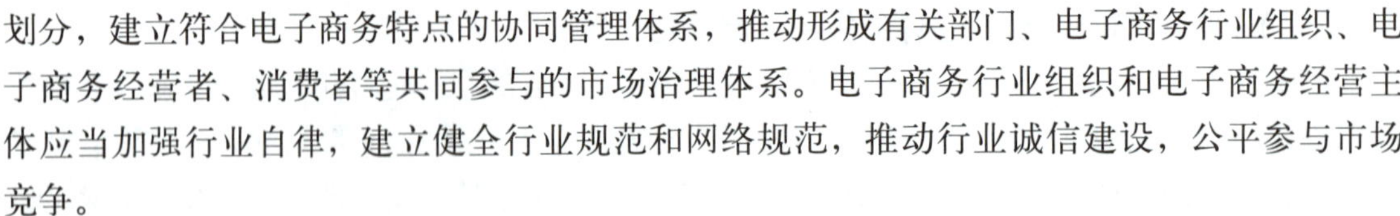

划分，建立符合电子商务特点的协同管理体系，推动形成有关部门、电子商务行业组织、电子商务经营者、消费者等共同参与的市场治理体系。电子商务行业组织和电子商务经营主体应当加强行业自律，建立健全行业规范和网络规范，推动行业诚信建设，公平参与市场竞争。

五、电子商务法的立法意义

法律是经济活动的重要保障，经济活动失去了法律的保障，如同没有护卫舰的航母。2018 年 8 月 31 日《电子商务法》的出台，对推动电子商务的发展进入法制化时代具有重要意义。

（一）电子商务经营将更加规范

《电子商务法》出台之前，电商平台更多扮演的是为大量入驻的商家提供线上交易平台的服务角色，而《电子商务法》要求电商平台必须承担线上监管职能，并对平台内商家的一些违法行为承担连带责任。电商平台必须对入驻商家的各类真实信息作出全面的登记、审核，而且要加大自查力度，定期向市场监管部门报送入驻商家的信息更新情况以及违法违规经营行为。如果入驻商家售卖假冒伪劣商品或者有侵害消费者合法权益的行为，电商平台也要承担相应的连带责任。因此，《电子商务法》的出台使得电子商务的经营更加规范，同时也厘清了电商平台的责任。

（二）电子商务纳税将有法可依

在《电子商务法》出台之前，自然人网店，尤其是社交电商在交易过程中存在征税监管和执法盲区。一些微商利用社交电商平台一直享受着高额的利润，却从未履行纳税义务，尤其是微商代购，利用其个人特殊身份和社会资源在国际供货市场上通过折扣等方式低价购买国内消费者的心仪之物，随后加价卖给他们，利润颇丰。由于缺乏相关法律规制，工商和税务部门的登记和监管工作无法有效实施，导致电商行业的微商从业者偷税漏税问题非常严重，既损害国家经济利益，扰乱电商行业的发展，也对税务管理造成诸多不利影响。《电子商务法》出台后，对自然人网店及提供代购服务的商家来讲，合法合规性经营将成为必然，电商经营者要依法纳税，相关电商平台经营者也有义务向税务部门呈报商家的身份信息和纳税信息。

（三）交易数据利用法治化

消费者在参与电子商务活动过程中，将个人隐私信息，如电话号码、居住地址、交易密码、指纹、浏览记录、行踪轨迹等不可避免地交付给电子商务平台和经营者，电子商务平台和商家有义务保护个人信息。近年来，在电商交易过程中，消费者隐私信息泄露、盗用、贩卖事件时有发生，电子商务交易过程中交易数据的安全保护、交易数据的权益保护、私有数据的合法利用等问题十分严峻。《电子商务法》出台后，明确禁止商家利用大数据杀熟等购物歧视行为获取不正当利益，不得对用户信息登记、查询、更改、删除、注销设置不合理条件，促使电商经营者在收集、使用用户的个人信息时，严格遵守相关法律，严格执行行政法规的规定，使交易数据利用走向法治化。

拓展阅读

用法律规范和促进“微商”健康发展

随着“互联网+”时代的到来，传统的经济模式受到不断冲击，无论是“云端”还是“大数据”，都共同催生了一种新型的经济模式——利用网络社交平台经营的微商。随着这一经济模式的迅速发展，微商呈现出多样化的发展趋势，其中尤以“微信”为媒介，以“朋友圈”为依托的销售模式最为盛行。微商的客户群通常为相熟之人，由有血缘的亲属以及相识的人群构成了最初的消费者群体。由于感情链的存在，消费者与销售者之间存在不同程度的信任，由于心理层面的认可和青睐，这样的情感基础更容易建立起买卖关系。

微商的盛行让众多的潜在经营者看到了商机，越来越多的人加入这个行业群体。甚至存在这样一些人群，他们在建立了较为稳定的销售圈后，定期专职赴海外代为采购。海外代购中以留学生群体最为突出。随着这一经济模式的盛行，海外代购的种类也越来越丰富，包括食品、化妆品、服饰等。电子商务法的颁布和实施只是规范微商市场操作的第一步，随之而来的将会有很多的法律法规被起草和实施，用以维护微商市场的合理运行和保护消费者的权益。

任务二　保护电商知识产权

一、知识产权的含义

知识产权是基于创造成果和工商标记依法产生的权利的统称，是指权利人对其智力劳动所创作的成果享有的财产权利。最主要的三种知识产权分别是著作权、专利权和商标权，其中专利权与商标权被统称为工业产权。2021 年 1 月 1 日实施的《中华人民共和国民法典》中第一百二十三条规定：“民事主体依法享有知识产权。知识产权是权利人依法就下列客体享有的专有的权利：(一) 作品；(二) 发明、实用新型、外观设计；(三) 商标；(四) 地理标志；(五) 商业秘密；(六) 集成电路布图设计；(七) 植物新品种；(八) 法律规定的其他客体。”

知识产权最早是由法国学者卡普佐夫提出，知识产权的原意是知识 (财产) 所有权，或者是智慧 (财产) 所有权，也被称为智力成果权。后经比利时法学家的进一步完善，将其定义为“一切来自知识活动的权利”，才产生了知识产权的学术说法。对于经济学家来讲，知识产权是一种能够为人们带来一定的物质收益的想法或者技术，并不是以实物为载体存在的，因此知识产权更侧重其经济资源方面的价值。经济学和法学对于知识产权的理解其出发点是不一样的，但都认为知识产权是权利所有者通过一定的智力劳动所获取劳动成果的所有权，是需要得到保护的。只有通过不断地完善知识产权法律相关制度，促进知识产权的运营化，鼓励更多人和企业进行创新，才能推动社会的发展和进步。

二、电子商务知识产权侵权的类型

随着互联网技术的进步和信息时代的发展，电子商务发展势头迅猛，人们通过计算机技术和网络通信技术去开展交易活动，突破传统商业活动的空间限制和时间限制，降低了经营成本，提高了运营效率，使其更加电子化和网络化，从而提高了商业活动的效益。电子商务作为时下商务活动的手段之一，在运行环节势必会同社会公民、公司法人等享有的合法知识产权之间产生十分密切的联系。而随着电子商务的快速发展，传统的知识产权制度已经慢慢被电子商务时代所抛弃，传统的知识产权制度与互联网电子商务架构之间的利益冲突更加明显，电子商务中的知识产权侵权问题日渐严重化，其主要表现为以下四种类型：

（一）商标侵权

电商平台上的商标侵权通常是指滥用完全相同或混淆相似的商标，以及使用假冒商标的侵权行为。通常包含六类情况：①销售假冒商标的商品，在网店销售 A 货、高仿或超 A 货等假冒商品；②把他人的商标抢先注册为域名，将他人的知名商标注册为域名，借助其对消费者的吸引力，推销自己的商品；③将他人的网络店铺名称抢先注册为商标，然后要求店铺卖家修改自己的店铺名称，否则就向电商平台发出侵犯商标权的通知；④在网页地址中使用他人商标，具体表现为并未销售该商品，或者不合理使用他人商标，使消费者产生其与商标权利人有特殊关系的误解；⑤商标专利人以侵犯商标权的名义进行渠道管理，店铺本身并无任何问题，但商标商或者权利人出于管控渠道的需要，以平台或网店售假的名义发起投诉，并通过舆论的方式给电子商务平台施加压力，迫使商品下架，这种形式的侵权纠纷占到电子商务商标侵权纠纷的 40% 左右；⑥将他人商标注册为网络搜索关键词，当用户在电商平台或搜索引擎中输入该商标关键词搜索商标权利人的商品时，就会被直接链接到该关键词注册的店铺或网站中去。

（二）专利侵权

电子商务领域的专利侵权主要有两类：①销售侵犯他人专利权的商品，具体表现为在网店销售的商品在他人专利权保护范围内；②网店页面图片与他人外观设计相同或相近，具体表现为网店及店铺商品使用了与他人外观设计相同或相近的图片。

（三）著作权侵权

电商平台的著作权侵权行为主要有六种形式：①文字作品侵权，包括销售盗版图书、报纸、杂志等对出版物的侵权，未经授权销售电子图书与报刊中的电子文章、电子杂志等，造成对数字出版物的侵权，未经授权使用他人原创的广告语或产品描述的文字侵权；②音像作品侵权，包括销售未经授权的数字音像作品、音乐、电影作品等；③美术作品侵权，主要是指未经授权将享有著作权保护的美术作品使用在进行销售的商品上；④摄影作品侵权，主要是未经授权使用他人原创的照片，复制其他店铺商品的实物照片到自己的店铺或商品详情介绍中，即常说的“盗图”；⑤对图形作品和模型作品的侵权，主要是指把产品的设计图、示意图、手稿等图形作品做成实物销售，如把商品设计图中的闹钟制造成实物闹钟在网店销售；⑥计算机软件侵权，包括在网店销售盗版的计算机软件、提供软件的下载服务等盗版软件侵权行为，在网店销售大型软件、在线课程、数据库的账号等行为。

（四）地理标志侵权

地理标志作为一种重要的知识产权类型，是识别产品地理来源的标志，而此种产品的特定质量、声誉以及其他特性主要归因于其地理来源。如新郑红枣、河阴石榴、汴绣、西峡猕猕桃等都是典型的地理标志产品。地理标志体现的是产品的特点与质量。目前，电商平台上地理标志侵权主要有三种类型：①擅自使用或伪造地理标志名称，这种侵权行为通常是指没有获得地理标志保护、不享有地理标志权的经营者，擅自使用已经被核准的地理标志、专利标志或者伪造专用标志；②不符合地理标志产品标准和管理规范要求，这种侵权行为主要体现在，虽然是在地理标志产权保护区域内生产的同种产品，但由于产品不符合地理标志产品标准和管理要求而没有被准予使用专用标志，但经营者却擅自使用该地理标志名称；③使用相近或相似的地理标志名称或标识，这种侵权形式表现为使用与专用标志相近、容易产生误解或混淆的名称或标识，以及可能误导消费者的文字或图案标志，使消费者将产品误认为地理标志保护的产品。这种侵权行为与前两种侵权行为的不同之处在于，虽没有使用被核准的地理标志名称和专用标志，但所采用的方案或图案中，其使用的名称、专用标志与地理标志产品的名称、地理标志相近或相似，容易被误认为地理标志产品。

三、加强电子商务知识产权保护的意义

电子商务的蓬勃发展所带来的电子商务平台的侵权行为日渐增多，其中电子商务平台销售假冒伪劣和侵犯他人知识产权商品的问题最为突出，这已经成为制约电子商务发展的一个重要问题。因此，加强电子商务知识产权保护对电子商务的健康发展具有重要的意义。

（一）保护知识产权权利人的合法权益

电子商务平台知识产权侵权行为已经对知识产权权利人的合法权利，造成了巨大损害，在电子商务快速发展的今天，做好电子商务平台知识产权保护工作格外重要。在传统的知识产权保护措施不能适应电子商务平台知识产权保护需要的情况下，就应该根据电子商务平台知识产权保护的特点，为其设计专门的知识产权保护制度，以更好地规范电子商务平台的经营行为，保障电子商务平台及其商户。

（二）更好地促进电子商务平台的发展

我国电子商务平台出现至今也只不过几十年的时间。在这期间，我国电子商务平台从落后到领先于世界，在推动电子商务发展过程中起到了非常重要的作用，也让我国电子商务发展走上了一个全新的发展水平。但是电子商务平台的存在与发展必须以合法性为基础，其经营行为必须遵守我国的法律法规，如果不能遵守我国的法律法规，其未来的存在和发展必然会受到很大的影响，尤其是在全球化的今天，我国的电子商务平台不能局限于国内，而要走出国门、走向世界，在这一过程中知识产权的保护就显得非常重要。如果不从现在开始约束电子商务平台经营者以及电子商务平台上的商户的经营行为，未来很可能影响到电子商务平台的健康发展。因此，我们要着力研究电子商务平台知识产权保护问题，在此基础上完善电子商务平台知识产权保护的相关法律法规，从而促使电子商务平台健康发展和壮大。

四、电子商务知识产权纠纷处理流程

我国关于电商平台知识产权侵权通知处理流程的规定源于 2006 年的《信息网络传播权保护条例》对著作权的保护。该条例规定的流程为通知—删除—转通知—被投诉人提交不侵权

说明—平台恢复链接—转送达不侵权说明。从整个流程上看，平台在收到通知并确认通知符合法定要件的情况下，要履行“删除”义务；而被投诉的商家提交不侵权说明后，平台应当立即恢复被删除作品的链接。因此，在该条例规定中，平台仅需承担审核投诉人通知、被投诉人申诉意见等是否符合法定要求，以及在双方之间转送通知的职责。

2019 年 1 月 1 日实施的《电子商务法》则对电商平台在知识产权保护中应承担的建立保护规则、与权利人等各方合作以及实施治理措施等义务进行了规定，并指出当电商平台经营者接到权利人侵权通知而没有采取必要措施时，对损害的扩大部分，与平台内经营者应承担连带责任，但并未对通知应包含的初步侵权证据要件进行明确。

2020 年最高人民法院印发的《关于审理涉电商平台知识产权民事案件的指导意见》则对向电商平台经营者发出的通知的一般构件，以及平台内经营者提供的不存在侵权行为的声明构件进行了明确，并对涉及专利的通知发出者及反通知应提供的相关材料进行了指导性规定。另外，该意见还对《电子商务法》第四十二条第 3 款所称的“恶意”所考量的因素给出了指导性建议，并对电商平台侵权行为“应当知道”的情形进行了规定，使电商平台“通知—除”规则流程的执行有了更加明确的指导原则。

在对我国相关法律法规中关于平台内解决知识产权纠纷的处理流程规则进行梳理的基础上，可以得出电商平台知识产权纠纷处理流程，如图 5-1 所示。

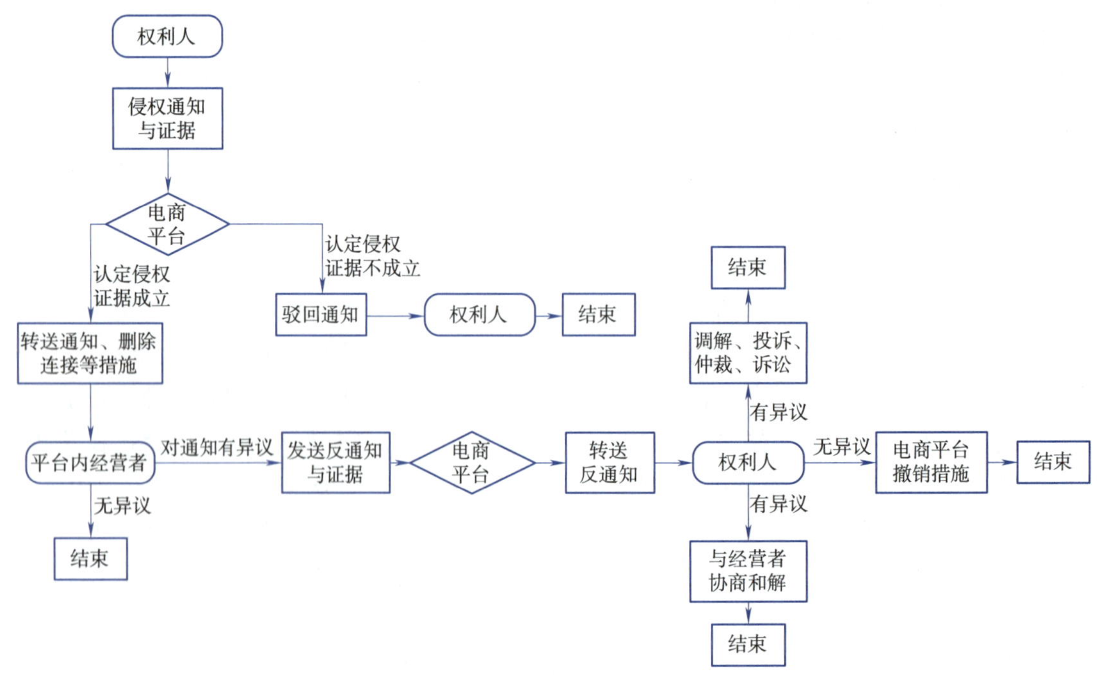

图 5-1　电子商务知识产权纠纷处理流程

需要指出的是，在现实的电商平台处理侵权通知的流程中，对于较易判断的图片侵权等知识产权纠纷，通常会在收到通知后先实施“删除链接”，再处理反通知，以决定是否采取终止措施。对于较难判断的专利侵权等情形，通常先通知被投诉人，再审核侵权通知是否有效，以决定是否采取删除链接、下架商品等措施。不管是哪一种流程，都强调平台自身的审核权，而要求“侵权通知”与“反通知”都应包含初步证据材料，这样可使电商平台在形式上过滤掉部分不当投诉和滥用投诉，以维持平台的良好秩序和生态。但是，目前相关的法律法规并没有对是“先删除后反通知”，还是“先反通知后删除”进行明确的规定，各电商平台都是基于自身的情况进行灵活探索。

当知识产权纠纷在平台内不能解决时，通常需要借助行政执法、司法保护以及社会仲裁机构仲裁等。平台应与行政执法部门、司法保护部门进行对接，从而实现信息的互联互通，理顺工作流程，构建行之有效的工作机制。

拓展阅读

“避风港”规则

“通知—删除”规则，根源于世界范围内著名的“避风港”规则。避风港规则的实质是从立法层面对网络服务提供商给予特殊保护，目的是为了给互联网产业提供良好、宽松、舒适的发展环境，从而促进新兴数字经济的快速发展，拉动经济增长。“避风港”规则诞生于美国1998年颁布的DMCA。DMCA起初颁布的目的是为了解决并规制互联网迅速兴起中出现的著作权侵权问题。按照立法者的原意，网络服务提供者很难在海量的互联网信息中进行及时、有效、准确的筛查，因此在能够确定创作者版权的基础上，对网络服务提供者松绑，才能提高网络服务提供者的积极性。如果网络服务提供者在使用专业技术发现了侵权行为后，能够及时采取下架被控侵权产品或断开商品连接等必要措施，且能够证明其主观上不存在恶意，那么网络服务提供者就无须承担侵权赔偿责任。

任务三　杜绝网络虚假广告

一、互联网广告的含义

互联网的发展推动各个行业的技术进步和产业升级，互联网广告也应运而生，并且具有和传统广告不同的特征，这些特征导致互联网广告的法律规制与传统广告的法律规制不同。很多互联网违法广告行为无法根据传统广告规制方法进行规制，所以需要对互联网广告进行定义，将其纳入法律规制的范围内，通过完善法律解决互联网广告规制过程中的各种问题。

2001年《北京市网络广告管理暂行办法》第三条中出现了互联网广告的概念。这是我国最早通过法律法规的形式给互联网广告下的定义，不过该法律规定的效力范围仅限于北京。2015年9月1日《中华人民共和国广告法》（以下简称《广告法》）修订后，互联网广告才开始成为我国广告法规制的对象。广告法要求对互联网广告的规制必须要依照广告法的有关规定，但并没有对互联网广告进行准确定义。直到2016年国家工商总局出台了《互联网广告管理暂行办法》，该办法第三条规定了互联网广告的定义，即：“本办法所称互联网广告，是指通过网站、网页、互联网应用程序等互联网媒介，以文字、图片、音频、视频或者其他形式，直接或间接地推销商品或者服务的商业广告。”互联网广告有狭义和广义之分，狭义的互联网广告又被称为网络广告或者在线广告；广义的互联网广告除了包括以计算机网络为媒介的广告活动以外，还包括其他所有以电子设备相互连接而组成的网络为媒介的广告活动。

二、互联网广告的特点

与传统的四大传播媒体（报纸、杂志、电视、广播）广告及备受垂青的户外广告相比，互联网广告具有得天独厚的优势和特点：

（一）辐射面广

互联网广告可以在短时间内进入广告受众的视野并且可以突破传统广告的地域局限性，世界各地凡是有网络的地方都可以接收互联网广告。互联网广告扩大了广告的辐射面，提高了广告产品的知名度，扩大了潜在消费群体，广告宣传效果更佳。微博、微信等自媒体平台拓宽了互联网广告发布的渠道，使人们可以在任何时间、任何地点利用互联网进行商品广告宣传。好的产品和广告更容易引发网友情感共鸣，通过点赞、评论、转发，产生“涟漪传播”的效果。传统广告通常局限于纸质载体，例如，报纸、海报、杂志等，传统广告因为其本身的性质，传播需要一定周期，同时广告辐射影响的范围仅限于看到该广告的有限群体。传统广告的传播只限于一级传播，少数会有二级传播，而互联网广告借助网络辐射面广、传播速度快的优势，一经发布，其辐射范围便可到达国外。

（二）互动性强

互联网广告不是单方面向广告受众发布广告信息，而是赋予他们对广告信息进行筛选取舍的权利。当我们对电商平台上的某一广告信息感兴趣，想要了解更多广告内容时，可以足不出户通过和商家线上交流的方式了解产品的所有信息。消费者可以在广告评论中发表自己的看法，让企业及时获取第一手消费者反馈，明确产品进一步优化的方向。广告主可以通过受众的广告浏览痕迹分析互联网广告数据信息，了解广告受众的信息需求，形成一个全方位、多方面的信息数据库。再根据信息数据库调整互联网广告的内容，使广告更加迎合受众的需求，达到最好的宣传效果。互联网广告将原来传统广告“自上而下”的单方面的传播方式变成双向沟通的方式，广告不再是单向“灌输”给消费者。互联网广告改变了传统广告中消费者只能被动接受广告内容的局面，以推拉、互动、双向交流的形式与消费者进行交流。

（三）形式多样

互联网广告突破传统广告的单一形式，不再局限于静态的文字和图片，而是将广告内容通过音像、动画、三维空间等多种形式展现，让消费者更立体地感受广告宣传内容。多元的互联网广告表现形式，颠覆死板的表达方式，增加人们对广告的好感度，更具有吸引力。比如当消费者想要购买一台家政机器人时，如果借助动态互联网广告，可以比传统广告更直观地帮助消费者了解家政机器人是如何工作的，提升消费者的购物体验。

（四）精准投放

传统广告受时间、空间和成本的限制，通常采取大面积播送的方式，期望用画面、音乐等形式在广告受众头脑中创建某种印象，并由这种印象引发相应的购买行为。这种广告方式的信息传送和客户反馈是单向的，有时差的，它无法将信息细分到目标市场，消费者也无法了解个性化的信息。互联网广告不再是通过大面积撒网捕鱼的群体化传播方式寻找消费者，而是利用网络大数据对广告受众进行匹配识别，有目的性地向有需求的消费者传递广告信息。人们借助互联网本身的便利，在克服了时间和空间的禁锢基础上，大幅度提高了广告效果，让客户明确了自己的消费需求，促进了交易完成，节约了时间和成本。比如人们在淘宝网搜索“保温杯”，当这次浏览完成后，下次再打开淘宝网，就会根据上次的搜索内容，推送很多有关“保温杯”的广告页面，这样不仅满足了互联网广告受众的广告需求，省去了盲目、逐一广告搜索的烦琐，也提升了广告的投放效果。

（五）便于监测

传统广告主监测广告投放效果通常是通过广告受众订阅量、查看广告次数的方式，无法了解广告受众看了广告后的消费意向。互联网广告可以更直观、便捷地通过受众的浏览轨迹，监测有多少受众点击了该广告，以及在看到互联网广告之后有何行为，是否收藏，是否购买。广告主在了解广告投放效果后，便于改进广告投放方式，提高广告投放效率。

三、互联网（网络）虚假广告的含义

近年来，互联网广告逐渐成为影响消费者在互联网市场经济下选择商品和服务的重要因素。互联网广告在便捷人们获取网络信息资源，有针对性地引导网络交易等方面发挥了重要作用，但其简单灵活、成本低、发布门槛低等特点也导致了大量的虚假违法广告滋生蔓延。对于网络虚假广告的含义，我国学术界对此有着不同观点：有的学者认为网络虚假广告就是广告主体用于获取私利的工具，是采用欺诈性的手段，对广告中宣传的商品或服务的主要内容做不真实且引人误解的描述和虚假宣传的违法行为。有的学者以网络广告的真实性为侧重点，将广告中所宣传的内容的与真实内容是否相符作为判断网络虚假广告的依据。有的学者则以广告内容是否违反我国《广告法》第四、五条规定为判定标准。各学者对于网络虚假广告的界定虽有差异，但仍具有一定的共性，均认为网络虚假广告具有内容虚假、误导消费者的特性。

综上所述，网络虚假广告是指广告主体以获取不正当利益为目的，违反《广告法》规定和广告内容真实性的要求，采用欺诈性手段，利用网络信息技术，在网络平台上发布与商品、服务内容不相符的、引人误解的虚假宣传，导致消费者因受欺骗而做出错误判断，既严重损害消费者知情权和其他合法经营者的公平竞争权，又破坏网络广告行业健康和市场竞争秩序稳定的违法行为。网络空间绝不能成为虚假、不良广告的肆虐之地，必须要让这些互联网上的虚假广告无处遁形。

四、网络虚假广告的类型

（一）欺诈型网络虚假广告

欺诈型网络虚假广告是指网络广告主体捏造虚假事实，或隐瞒事实真相，发布具有欺骗性、误导性宣传内容的网络广告。通常情况下，主要包括以下几种类型：

第一，广告宣传内容中对商品或者服务的功能、产地、质量、成分、价格、曾获荣誉等信息进行了不符合实际的描述。例如，2017 年 10 月湖北武汉 ×× 医院有限公司因以国家机关名义杜撰不存在的活动，虚构医疗机构和获奖证书，并通过互联网发布网络虚假广告，被武汉经济技术开发区工商局认定为违法并对其作出行政处罚的决定。

第二，广告中回避、隐藏关键信息，谎称商品已获得国家的发行许可。例如，北京 ×× 科技有限公司通过“×× 头条”App 发布多条未取得医疗广告审查证明的医疗广告，违反了《广告法》第四十六条的规定，被罚款 70 多万元。

（二）误导型网络虚假广告

误导型网络虚假广告虽然宣传的内容是符合实际的，但其所发布的网络广告信息却采用了一些不明确的词语，容易引人误解。主要有以下表现：

第一，采用“全国销量第一”“市场主导品牌”等词语，致使相关公众对其市场竞争优势和地位产生误认，导致其不正当地获取竞争优势。例如，某二手车公司在某视频平台的综艺节目中投放的“创办一年，成交量就已遥遥领先”的广告宣传语，经朝阳区人民法院审查认定，会使消费者误认为该二手车在行业竞争中处于领先地位，其他竞争者均在竞争状态中处于落后状态，属于误导型虚假广告和不正当竞争行为，因此对其做出罚款 1 250 万元的行政处罚决定。

第二，商家在广告中对某些直接影响消费者切身利益的重要商品信息未予以明示，给消费者造成一定损失。例如，某通信运营商明知在现有技术条件下不能真正实现“流量不限量”，却在广告中反复大量宣传“流量不限量”，推销“流量不限量”套餐产品，且在广告中也未明示“达量降速”“达量停止流量使用功能”“达量关闭上网功能”等流量使用关键信息。2018 年 8 月，经湖南省工商局认定为虚假广告，并下发责令停止发布违法广告通知书。

（三）夸大型网络虚假广告

夸大型网络虚假广告是指商家为了实现误导消费者，引诱其购买所经营的商品或服务的不正当目的，对其生产、经营的商品或服务的质量、性能、用途、效果等做出夸张的或无中生有的虚假描述。例如，“×× 药酒”在广告中对其药品疗效进行了夸大宣传，称其对风湿骨病、筋骨疼痛、脾胃虚寒、肾虚气血虚均有疗效，导致用药者被严重误导和欺骗。据媒体统计，近十年来 ×× 药酒在江苏、辽宁、山西、湖北等 25 个省市级食药监部门都曾以“夸大产品适应症、功能主治”等理由被通报广告违法，不完全统计的违法次数达 2 630 次，被暂停销售数十次。

（四）假冒型网络虚假广告

假冒型网络虚假广告是指使用与知名品牌企业相似的品牌名称、商标图案、装修装潢等手段或未取得知名品牌授权便冒用该品牌进行销售宣传的广告。例如，2018 年 10 月 10 日某电商平台推出了“谢谢每一个拼过的你”营销活动，其官方微博表示用户只需转发微博送出祝福，就可获得平台送出的某知名品牌的休闲家居服，但 10 月 12 日，该知名品牌的电商官方微博发文称，某电商平台在未经品牌许可或授权的情况下，在其运营的购物 App 中以该知名品牌的名义，单方面进行的关于该知名品牌的销售宣传，为虚假不实信息，导致消费者产生混淆，误认为某电商平台与该知名品牌存在合作的关联关系，损害了消费者的合法权益，同时侵犯了该知名品牌的公司的商标权，属于假冒型网络虚假广告。

五、我国网络虚假广告的法律规制

近年来，为了维护广告市场秩序、保护消费者合法权益以及推动互联网广告产业健康发展，我国在立法上对网络虚假广告的规制问题做出了尝试和努力，经历了由一般规制到专项规制的渐进发展过程。

（一）国家立法规制

1.《广告法》对网络虚假广告的规制

为了顺应互联网经济的发展趋势，修订后的《广告法》将互联网广告的所有行为都纳入了《广告法》的规制范围，并采用列举法的方式明确界定了构成网络虚假广告的具体情形。其中，《广告法》第十二条规定了广告主不得虚构已取得专利权的宣传内容，误导消费者；第二十八条规定了构成网络虚假广告的几种表现形式，为执法部门的查处工作提供了明确的操作可能性；第四十四条第二款对于网页弹窗广告、浮窗广告等细节问题做出了相应的明确规范；第五十四条规定了消费者协会和其他消费者组织等行业组织对广告发布者的社会监督作用。虽然新《广告法》增加了关于网络虚假广告的相关规定，在规制网络虚假广告上发挥着一定的作用，但规定较为笼统，并且与网络发展趋势相比相对滞后，在惩戒网络虚假广告的违法行为上，力度稍显薄弱。

2.《中华人民共和国消费者权益保护法》对网络虚假广告的规制

《中华人民共和国消费者权益保护法》（以下简称《消费者权益保护法》）于 2014 年 3 月 15 日正式实施，本法旨在保护消费者的合法权益，维护社会经济秩序。为了切实维护消费者人身、财产权利免受虚假广告的侵害，《消费者权益保护法》做出了相关规定。第八条规定消费者对其所购买、使用的商品或服务的真实情况具有知情权；第二十条规定经营者应当向消费者提供有关商品和服务的真实信息，不得作引人误解的虚假宣传，并如实回复消费者的询问；第四十五条规定了消费者因虚假广告受到损害的救济途径及违法经营者应承担的赔偿责任。这一系列规定体现了《消费者权益保护法》对消费者知情权、公平交易权等合法权益的保护，有利于在一定程度上遏制网络虚假广告的蔓延，净化网络广告市场环境，但在实践中，由于消费者权益因虚假广告被侵害的情况多种多样，因此仅依靠本法并不能切实地实现对消费者的全面保护，在实施中存在一定的局限。

3.《中华人民共和国反不正当竞争法》对网络虚假广告的规制

2023 年发布的《中华人民共和国反不正当竞争法 2023 修正最新版》在制止不正当竞争、维护合法经营者的公平竞争权等方面发挥着十分重要的作用，尤其是在互联网经济和电子商务经济迅猛发展的趋势之下，本法也做出了能更好地适应这一发展趋势的调整。其中，第六条列举了经营者不得实施的足以引人误解的混淆行为，这是对消费者和同类业务竞争者的有效保护；第八条规定了经营者不得作虚假宣传的对象，同时基于商品服务经营者利用各种手段在网络交易平台的评论区进行虚假好评的行业乱象，本条新增了用户评价的内容，力求能有效规范这一虚假宣传行为。第十八条规定了经营者对混淆事实的违法行为应承担的法律责任。

4.《电子商务法》对网络虚假广告的规制

《电子商务法》于2018年8月31日由第十三届全国人大常委会第五次会议通过，并于2019年1月1日正式实施。本法针对电商行业为谋求暴利进行虚假宣传的乱象做出了相关规定。第十七条规定了电子商务经营者应当遵循诚信原则，真实准确地披露商品信息，不得作引人误解的虚假宣传。第四十条规定了电子商务平台向消费者显示搜索结果以及涉及竞价排名的相关法律要求。第八十五条明确规定了电子商务经营者实施虚假宣传行为的处罚规则。本法主要规范电子商务经营者的经营行为，在互联网上发布虚假广告以进行误导性宣传只是其众多违法行为之一，并不能从根本上解决网络虚假广告带给网络竞争市场的问题，并且本法并未对虚假宣传行为做出明确的处罚规定，因此本法针对网络虚假广告的规制较为局限。

（二）国务院行政法规规制

1.《广告管理条例》对网络虚假广告的规制

由国务院发布的《广告管理条例》于1987年12月1日正式实施，效力级别为行政法规。本法规由于发布时间较早，因此以传统媒体广告为主要规制对象。第二条明确了管理范围，未将网络广告纳入其中。第三条规定了各种形式的广告都应遵循的一个基本原则，即诚实信用原则。于2005年1月1日起施行的《广告管理条例实施细则》在第十七条中规定了广告经营者违反《广告管理条例》第三条所应承担的法律责任。

2.《网络商品交易及有关服务行为管理暂行办法》对网络虚假广告的规制

《网络商品交易及有关服务行为管理暂行办法》于2010年7月1日起正式施行，效力级别为行政部门规章。第十七条规定了网络商品经营者提供的商品信息应当真实准确，不得虚假宣传。本办法的施行有利于鼓励网络经营者诚信经营，促进网络市场健康有序发展。该办法虽然没有对网络虚假广告进行细致规定，但具有一定的弥补网络交易法律漏洞，确保网络广告市场健康安全的作用。

3.《互联网广告管理暂行办法》对网络虚假广告的规制

由国家工商总局制定的《互联网广告管理暂行办法》于2016年9月1日实施，是我国第一部专门规制互联网广告的法律文件，效力等级为行政部门规章。该办法根据《广告法》等法律法规制定，同时细化了《广告法》中的相关规定。第三条和第七条对互联网广告做出了明确定性，并列举了几种主要形式，除了传统的电子邮件、含链接的图文或视频之外，还明确了付费搜索的互联网广告性质，并规定付费搜索广告应与自然搜索结果明确区分；第4条提到了广告行业组织应发挥推动互联网广告行业诚信建设的作用。《互联网广告管理暂行办法》在网络虚假广告的治理上发挥着重要的指导和规范作用。

（三）地方立法规制状况

北京市工商管理局于2000年发布了《北京市网络广告管理暂行办法》，其中第九条规定了广告主体遵守诚实信用原则的要求；第十七条规定了网络广告监管机关的相关义务。2002年浙江省工商行政管理局发布的《浙江省网络广告登记管理暂行办法》中第七条规定网络广告经营者对自己发布的广告内容依法具有核实义务，对于虚假广告不得发布。由辽宁省人大常委会修正并于2006年1月13日颁布实施的《辽宁省广告监督管理条例》中，第五条规定广告不得虚假，第九条规定大众媒体应发布带有明确广告识别标志的广告。江苏省人大常委会于2010年发布的《江苏省广告条例》第四、五条都对网络广告规制进行了相关规定。这些地方性法律文件对网络虚假广告的监管和治理具有一定的借鉴意义。

拓展阅读

虚假广告的相关处罚

可以的。利用广告虚假宣传，不论何种媒体，包括网络宣传，相关责任方都须承担责任。

我国《广告法》规定：

（1）违反本法规定，利用广告对商品或者服务作虚假宣传的，由广告监督管理机关责令广告主停止发布，并以等额广告费用在相应范围内公开更正消除影响，并处广告费用一倍以上五倍以下的罚款；对负有责任的广告经营者、广告发布者没收广告费用，并处广告费用一倍以上五倍以下的罚款；情节严重的，依法停止其广告业务。构成犯罪的，依法追究刑事责任。

（2）违反本法规定，发布虚假广告，欺骗和误导消费者，使购买商品或者接受服务的消费者的合法权益受到损害的，由广告主依法承担民事责任；广告经营者、广告发布者明知或者应知广告虚假仍设计、制作、发布的，应当依法承担连带责任。

（3）广告经营者、广告发布者不能提供广告主的真实名称、地址的，应当承担全部民事责任。

（4）社会团体或者其他组织，在虚假广告中向消费者推荐商品或者服务，使消费者的合法权益受到损害的，应当依法承担连带责任。

任务四　规范网络直播

一、网络直播的含义

随着移动互联网新技术新应用的迭代升级，直播已成了人们与社会交流的一种新型方式。从2016年开始，我国互联网直播行业呈飞速发展的态势，参与网络直播的主体明显增多，网络直播行业进入了快速发展期，深刻影响着网络生态。

根据《互联网直播服务管理规定》，网络直播是网络主播在网络平台上持续通过各种形式发布直播的信息，并与观众进行互动的多媒体传播形式。网络直播的类型包括才艺直播、游戏直播、体育直播、带货直播等。“即时”与“互动”是互联网直播的基本属性。

2021年4月，国家网信办、公安部、商务部等七部门联合制定颁布了《网络直播营销管理办法》，该文件对直播营销平台、直播间运营者、直播营销人员和直播营销服务机构进行了界定：直播营销平台是指在网络直播营销中提供直播服务的各类平台，包括互联网直播服务平台、互联网音视频服务平台、电子商务平台等。直播间运营者是指在直播营销平台上注册账号或者通过自建网站等形式提供网络服务，从事网络直播营销活动的个人、法人和其他组织。直播营销人员是指在网络直播营销中直接向社会公众开展营销的个人。直播营销人员服务机构是指为直播营销人员从事网络直播营销活动提供策划、运营、经纪、培训等的专门机构。同时还规定只要属于《中华人民共和国电子商务法》规定的电子商务平台经营者及平台内经营者定义的主体资格都应当履行自己的权利及义务。

二、网络直播的特点

随着移动智能终端设备和网络的普及，网络直播迅速发展，进入“人人都有摄像机”的时代，网络直播为大众提供了强大的新传播方式，其具有以下几个方面的特点：

（一）开放性

网络直播具有开放性。在网络直播领域内，年满16周岁以上的自然人就可在直播平台上进行直播，且法律文件并未对受众群体进行严格限制。观众通过下载平台App，注册登录账号信息，就可在畅通无阻的网络环境下与亲戚、朋友进行分享并进行互动，不受观众年龄、职业和地区的限制。同时，网络直播对主播、设备、流程的要求比较低，智能手机、平板等移动设备的发展更是让“边走边播”“人人可播”成为现实。直播平台的低门槛在某种程度上有利于平台内容的多样，唱跳、健身、游戏、旅游甚至普通的吃饭、睡觉都能成为直播板块，可以说有人关注的领域就有直播。因此，主播直播时的目的不同、直播准入门槛低、受众群体的不确定性且范围大等因素决定了网络直播具有开放性。

（二）实时性和互动性

网络直播的优势在于能让观众与主播实时互动，这种实时互动能让观众产生参与感与满足感。比如在直播突发事件时，观众可与主播、其他观众共同感受震惊、兴奋、恐惧等情绪；而在有些才艺、游戏直播中，观众甚至可以改变直播内容，比如让主播换一首歌、换一个视角等。这种实时性与互动性极大地满足了观众观看直播时所产生的需要，是网络直播能够持续火爆的支点所在，也是对网络直播进行规制的难点所在。网络直播是对以往单一互动模式即“你说我听”方式的改变，主播与观众双向交流的模式可以增加彼此之间的互动，通过这一方式，可以看出网络直播具有实时性和互动性。

（三）商业经济性

在直播领域中，主播通过观众不断地刷礼物，使其个人魅力值得到提高，产生的应有人气值占比也会提高，随之而来的工资也会相应翻倍，之后主播在经过平台扣除后得到应有的分成。根据这个盈利模式，主播的净收入取决于受欢迎程度。在电子竞技直播之初，主播通过做广告销售进而发展成电子商务，如今大多数主播都会把它作为自己的职业，这是他们获取收入的渠道之一，这也说明网络直播本身属于中等收入衍生品，这些因素决定了网络直播的商业经济性。

（四）新闻性

多个国家的政府对网络直播重点关注和管理的原因之一就在于其具有新闻性。例如，在2020年11月，辛某团队成员在直播中出售“糖水燕窝”引起了热烈讨论，在出售燕窝的过程中，辛某直播公司做出了误导商业广告行为，违反了法律中的规定，中国市场监督部门对此施加行政手段，处以一定的罚款，并责令其停止违法行为。该事件成了当时的热门新闻，引起了大众的强烈关注。

三、网络直播带货存在的问题

近年来，网络直播带货作为一种直播与电商结合的新兴商品销售模式，迅速入驻各大社交网络平台，对人们的消费习惯产生了很大影响，助推了我国消费经济的增长。但伴随着直播带货的蓬勃发展，其中存在的问题也日益显露，对网络直播带货行业的健康发展产生了不良影响。

（一）网络流量造假

在互联网平台中，流量是描述一家网站用户数量以及用户所浏览网页数量等相关数据的指标。某家网站或某个网页流量大，说明其内容更受关注，更受舆论追捧，其搜索量、阅读量、转发量、点赞量等均可作为流量数据的统计内容。随着互联网的日益普及，流量数据在某种程度上决定着投资者投资的可能性以及经营者销售商品或提供服务的方向。流量具有强大的变现能力，掌握流量就等于掌握潜在客户与经济利益。因此，流量背后隐含的巨大商机导致平台市场“得流量者得天下”“唯流量论”的观点盛行，流量成为很多商业活动的衡量指标，流量造假现象层出不穷，甚至出现了刷流量的应用程序（App），衍生出了刷流量的交易活动。以某电商平台直播为例，有人针对该平台推出了流量造假套餐，其中高级套餐包括1万人工观看、10万点赞、400独立访客以及10人互动1小时，售价是328元。

（二）虚假广告与夸大宣传

消费者与经营者之间的信息不对称是经营者得以进行虚假广告和夸大宣传的直接原因。在直播带货中，经营者之所以敢提供劣质商品，主播之所以敢进行虚假广告或夸大宣传，正是因为他们认为消费者无法鉴定广告的真实性。消费者对在直播带货中购买的商品的价格、生产者、外观、性能、主要成分、有效期等信息的了解，几乎全部来自网络主播，很难通过自身的经验判断直播信息的真伪和可靠性。为增加商品销量，虚添产品荣誉、虚构产品性能等在直播带货中也有出现。以某网络主播的诺贝尔化妆学奖事件为例，该主播在推销某品牌化妆品时，为强调其化妆效果，称其中的某个成分曾获得诺贝尔化妆学奖，在遭到众多网友质疑后又改口为诺贝尔化学奖。该事件发生后迅速登上微博热搜头条，引起了各大媒体的关注。

（三）产品质量难保障

近几年，网络直播带货出现了很多质量“翻车”的现象，大多源于直播过程中的名不副实以及购买后的缺斤少两。例如，某位消费者观看直播后购买了什锦枣夹核桃，收到货后不仅发现枣“缩水”，核桃受潮，而且查证该产品属于三无产品。随着“全网最低价”成为网络直播的标签，在商品售价低于市场平均水平的情况下，有经营者为实现赢利会通过降低产品的成本费用来弥补自身的利益损失，甚至使用不合格、劣质、有害的材料。产品材质和做工的好坏直接决定其售价的高低，售价越低，产品质量越可能有问题，而所谓“亏本出售”不过是经营者进行遮掩的幌子。除宣称“全网最低价”外，直播带货中还出现了“三无”产品和假冒伪劣产品，导致产品质量难以保障。

（四）消费者投诉维权难

直播带货交易形式具有隐匿性，消费者权益受到侵害时并不能及时有效地得到帮助。例如，有的主播在推销商品时，会要求消费者直接通过个人的微信或支付宝支付，或者直接在自己的主页中显示收款的微信号，把顾客引流到微信下单购买。此时，消费者与网络主播的交易记录仅显示为微信、支付宝的转账记录，因微信不属于正规的网络交易平台，没有经营资质，微信转账行为实质上属于自然人之间的个人交易。换言之，在这种情况下，直播平台并没有介入消费者与经营者的交易活动，《消费者权益保护法》也没有特别针对这种特殊情形进行相关规定。这种越过平台的交易，导致经营者轻易就能抵赖和不负责任，在没有网络平台干预的情况下，消费者依靠自己维权成功的可能性较低。

四、网络直播的法律规制

2016 年下半年以来，为对屡禁不止的直播乱象进行规范治理，文化部、国家新闻出版广电总局、国家互联网信息办公室等部门陆续出台政策法规，对我国网络直播行业进行监管，我国网络直播行业由此进入了严监管时代。

（一）《关于加强网络表演管理工作的通知》

2016 年 7 月 1 日，文化部发布了《关于加强网络表演管理工作的通知》，以对网络文化经营单位利用互联网传播网络游戏、现场文艺表演等文化产品解说或技法展示的行为进行规范管理。

具体而言，该通知从以下三方面对网络直播平台和网络主播做出了规范要求。第一，督促网络直播平台和网络主播落实责任。一方面，网络直播平台要对其提供的直播服务承担主体责任，严格监督网络主播和用户的行为，配足内容审核人员，确保直播内容合法。另外，网络直播平台要采取技术监控措施，畅通投诉举报渠道，一旦发现违法违规内容要立即中断直播。另一方面，网络主播要对其开展的网络表演承担直接责任。第二，要求加强网络直播内容的监管，严厉查处违法违规网络直播平台和网络主播，并建立黑名单制度，即各地文化行政部门根据情形将违法违规网络直播平台和网络主播列入黑名单或警示名单并通报同级相关部门，实施联合惩戒。第三，要求对网络直播行业全面实施“双随机一公开”举措，即各地文化行政部门定期对网络直播行业开展随机抽查，并及时向社会公布网络直播平台和网络主播黑名单或警示名单。

（二）《关于加强网络视听节目直播服务管理有关问题的通知》

2016 年 9 月 9 日，国家新闻出版广电总局发布了《关于加强网络视听节目直播服务管理有关问题的通知》，以对提供网络视听节目直播服务的机构进行规范管理。

具体而言，该通知主要从以下四个方面对网络直播平台做出了规范要求。第一，要求网络直播平台必须取得《信息网络传播视听节目许可证》并具备一定条件，如配备与直播活动相适应的内容审核人员，方可提供视听节目直播服务。第二，要求网络直播平台提供的特定活动的视听节目直播服务，必须在开展直播前将拟直播的具体活动相关信息报所在地省级新闻出版广电行政部门备案。第三，要求网络直播平台提供的视听节目直播服务要对弹幕内容严格监管并对用户进行实名认证，而且提供特定活动的视听节目直播服务不得开通弹幕功能。第四，要求网络直播平台提供的视听节目直播服务不得含有违法违规内容。

（三）《互联网直播服务管理规定》

2016 年 11 月 4 日，国家互联网信息办公室出台了《互联网直播服务管理规定》，该规定的内容较为全面，涉及网络直播各方参与主体，对当前直播乱象的规范治理有着重要作用。

第一，规定明确了网络直播的监管主体，即以网信办为主，以其他政府相关部门为辅。第二，规定强化了网络直播平台的主体责任，如在内容审核、技术监管、网络主播和用户的实名认证以及网络主播信用等级管理体系、黑名单管理制度的构建等诸多方面对网络直播平台做出了要求。第三，规定对网络主播和用户的行为做出了简单的规范要求。第四，《规定》鼓励支持行业组织制定行业公约，加强行业自律。

（四）《中华人民共和国网络安全法》

2016 年 11 月 7 日，全国人大常务委员会通过了《中华人民共和国网络安全法》，2017 年 6 月 1 日起正式施行。这是我国首部全面规范管理网络空间安全的基础性法律，是化解网络风险、依法治网的法律重器，是让互联网在法治轨道上健康有序运行的重要保障，是我国网络空间法治建设的重要里程碑。

（五）《网络表演经营活动管理办法》

2016 年 12 月 2 日，文化部再次发布《网络表演经营活动管理办法》，对网络表演经营活动作出了进一步的规范要求。

具体而言，该办法主要从以下两个方面对网络直播平台作出了规范要求。第一，要求网络直播平台必须取得《网络文化经营许可证》方可提供网络表演直播服务。第二，强化了网络直播平台的主体责任，如网络直播平台要加强内容审核、建立技术监管措施、对网络主播进行实名认证并实施信用等级分类、加强对用户行为的监管、建立内部巡查监管制度和突发事件应急处置机制以及设置举报系统等。

随着信息技术的发展，相关部门规章与规范性文件也不断推陈出新。2020 年 3 月 1 日施行的《网络信息内容生态治理规定》对网络信息内容服务平台的主体责任作了规定，要求其建立信息内容生态治理机制和优化信息推荐机制，建立用户信用管理制度，编制工作年度报告等；2020 年《网络音视频信息服务管理规定》正式施行，该规定一共 19 条，创新之处在于对音视频信息服务提供者使用虚拟现实、深度学习等新技术进行了规定。

综上所述，2016 年下半年以来，我国对网络直播的监管力度持续提升，相关部门在制定政策法规的同时，严厉查处违法违规网络直播平台和网络主播，直播乱象的治理取得了初步成效。

拓展阅读

主播“翻车”事件

作为某电商平台人气最高主播之一的李某，被称为某电商平台“网红带货第一人”，作为电商直播主播中的领头人之一，其展现的电商直播营销效应强劲。2019 年 11 月，在某电商平台举办的购物节期间，李某在某电商直播平台展示某款不粘锅时，却出现了演示物明显粘锅的现象。消费者和新闻媒体对此事均持有质疑态度，不相信电商直播的知名主播会出现直播事故。随后，2019年11月12日，李某又被新闻媒体曝出他在之前淘宝直播中推荐大闸蟹时把阳澄湖“洗澡蟹”说成阳澄湖大闸蟹，大批消费者通过直播链接前往某电商平台购买阳澄湖大闸蟹，但买回后却出现商品品质不佳、商家客服态度差、售后维权难等损害消费者权益的现象，此事也因涉及虚假宣传上了微博热搜。在某电商平台该大闸蟹的六百多则评论里，多条内容显示消费者是看到李某直播才过来购买的，差评聚焦在李某虚假宣传、商品质量不佳、客服态度差等三个方面。经新京报的记者调查，直播售卖的螃蟹不是真的阳澄湖大闸蟹而是“洗澡蟹”，即从外地运送到阳澄湖里泡过一段时间的螃蟹。当事件爆上热搜后，记者又一次翻看了直播中的视频录像，却发现这个场景中的直播视频已被删除。该事件经曝光后，在同年11月13日下午，李某工作室发布声明承认主播在电商直播推介商品时存在失误，其失误的原因是对商品信息的理解有误，主播李某的经纪公司也向消费者致歉并解释公司在管理环节上存在纰漏。因此，各地各部门要切实履行职能职责，依法依规加强对网络直播行业相关业务的监督管理，督导企业落实主体责任。网络社会组织要积极发挥桥梁纽带作用，大力倡导行业自律。鼓励社会各界，尤其是网络直播用户广泛参与网络直播行业治理，为广大网民营造积极健康、内容丰富、正能量充沛的网络直播空间。

测试与思考

一、问答题

1. 法律的功能有哪些？
2. 有限责任公司的设立条件是什么？
3. 合同的形式有哪些？
4. 合同具有哪些法律特征？
5. 电子商务法的立法意义有哪些？
6. 电子商务知识产权侵权有哪几种类型？
7. 什么是网络虚假广告？
8. 网络直播带货存在的问题有哪些？

二、案例分析题

2020年12月，李女士在抖音上看到一则广告，声称“只需1元，从零开始，迈出理财第一步”。广告介绍了理财营的相关成功案例，比如“三年的时间，让95后农村女孩，买了人生中的第一套房”“帮助无业人员，年净赚九万元”“退休阿姨，年收入15万元”。李女士被广告所吸引，认为一元并不贵，于是立马报名加入了理财营。进入理财营微信群，李女士先后填写了个人信息、可支配财产状况、相关债务情况、财富目标等内容，便开始了理财学习。前期的理财课程，李女士认为学到了很多东西，于是，工作人员根据李女士的自身经济状况，又引导其购买了 8 888 元和上万元的后续会员课，声称是身价上亿的老师每周进行一对一教学。但李女士购买后发现，根本没有所谓的一对一教学，老师身价也不像宣传所讲，找客服更是没人回复。通过记者的深入调查，发现该公司早已人去楼空，桌上的笔记本里还记录着成功转正的会员不再跟进，前期的一元课程更是由培训一星期就上岗的员工讲解。

请回答：该理财营运用了何种广告发布手段？违反了哪些法律规定？

实训安排

模拟法庭

一、实训目标

1. 加深对我国相关商业法律法规的了解。
2. 认识到电子商务运营中可能出现的法律挑战。
3. 具备一定的法律意识，能够守法经营。

二、实训内容

以小组为单位搜寻商业法律法规相关案例资料，与小组成员讨论并模拟法庭，其他小组根据双方的陈词判断赢的一方和输的一方。

三、实训要求

能选择合适的案例进行模拟法庭的展示，能够说清其中涉及的法律法规、商业规范。在模拟法庭结束后，每组提交一份总结和任务分配表。

四、实训成果

各小组进行模拟法庭的展示，并提供总结。

五、评价标准

根据实训成果，进行“优、良、中、及格、不及格”打分。

模块六

形成商业素养

素质目标

◎具备一定的商业意识，能遵守商业道德。

◎培养一定的商业素养，形成一定的商业技能。

知识目标

◎理解商业意识的含义、分类和作用，了解如何正确建立商业意识，培养商业思维，理解商业道德的含义。

◎理解商业素养的含义、特点和内容，了解商业技能培养的方法和重要性。

能力目标

◎能够培养学生的商业眼光，强化学生的执行力，塑造学生良好的商业道德。

◎能够从多角度区分商业素养的类型，将商业技能的培养理论运用到实践中。

模块导读

商业素养是商人的必备要素，养成良好的商业素养是从事商业活动的重要条件。商业素养的养成也并非一蹴而就，其形成和发展都需要一定的时间以及实践的检验，商业素养的积淀对于商业文化发展也有着重要意义。通过本模块的学习，可以树立良好的商业经营意识、道德意识，有助于培养商业技能，养成商业素养。

引导案例

宋非凡的“小丑鲜花店”

宋非凡原本从事餐饮行业，一次在大街上，看到有人在卖花，虽然很努力地在售卖但是效果甚微，生意冷清。宋非凡感觉卖花人虽然卖力吆喝但是还没有商店门口用来参与促销揽客的充气玩偶吸引人的眼球，于是一个想法就此产生。宋非凡心想：如果卖花的人穿着打扮更引人注目些是不是能增加销售量呢？如果一个马戏团的小丑跑到街边卖花是不是更能吸引顾客呢？就算人们当时不购买鲜花，但是鲜艳的小丑形象也能在人们心里留下一些印象，那么当人们有购买鲜花的需求时，是否能第一时间就想到小丑在卖花呢？

有了这个想法后，在母亲节这天，宋非凡的小丑鲜花店开业了。在开业当天，花店就盈利了好几百元，这给了宋非凡极大的信心。对于宋非凡来说，他的花店规模小，手中资金也有限，但是他本人就是花店的移动广告，无论去哪里送花都能引起行人的瞩目。有一次在送花的途中，宋非凡发现一个行人骑着自行车，与宋非凡的电动自行车并排骑行并好奇地张望着，还掏出相机开始拍照。这么多人被他的小丑送花模式吸引，让宋非凡产生了极大的自信心与自豪感。

小丑鲜花店不同于其他普通花店，宋非凡和员工上门送花时，除了扮成小丑外，还会表演魔术或小的杂技，这也是最开始打响知名度的原因。但是这样的话，员工就需要接受一定时间的培训，节目表演是免费的，员工培训是付费请的教练，这也增加了花店的成本。小丑鲜花店的鲜花售卖价格并不高，因此想要获得更多的利润就只能依靠订单量的增加。这样问题就产生了，遇到节假日时，订单大量产生，人手却不够，只能让订单流失。这引发了宋非凡新的思考——开启连锁加盟。

有的时候，顾客会要求具体的送花时间，为了准时送到，宋非凡都是宁可提前到，也不踩点到，并且不能让客户等待，这关系到小丑鲜花店的信誉问题，诚信对于服务业来说是至关重要的，遵守时间约定也体现了店家的商业素养。

案例思考

1. 宋非凡的“小丑鲜花店”能带给你怎样的启示？

2. 宋非凡在商业经营活动中体现了哪些商业素养，“小丑鲜花店”成功的原因有哪些？

单元一　商业意识

任务一　商业意识的含义

商业意识就是用商业的思维去看待问题。没有商业意识的人，即便再勤奋，都很难有大的商业成就并容易犯错。商业意识较强的人，具有良好的全局观和系统思考，会从更高的维度来看待和解决日常问题。对于以后想从事商业的人来讲，必须培养敏锐的商业意识。

麦肯锡公司一项针对 1 597 家企业高管的全球调查显示：企业管理者并没有因为多年的管理经验和专业积淀“自然而然地”获得商业敏感度。事实上，许多管理者直到被提拔至中层以上的管理岗位，才切实意识到商业敏感度不足带来的巨大弊端：战略实施不到位、拍脑袋决策、部门协同不力、业绩停滞甚至倒退。

拉姆·查兰在《CEO 说：人人都应该像企业家一样思考》中提到，不论做什么工作，你都需要了解整个组织是如何赚钱的，它会帮你更有激情、更有效地决策，打破职能竖井的局限。

（一）商业意识的含义

商业意识是商业活动中的职业意识，是指一种能够贯彻于商业诸多环节的思维想法，通常被认为是一种商业上超前的意念和想法。通过对商业未来的展望和对过去商业经验的总结利用，从而取得相应的进步。

（二）商业意识的分类

商业意识一般包括以下几点：

1. 市场洞察力——发现商机或者发现问题

简单地讲，市场洞察就是前瞻性地理解市场未来将要发生什么变化。通过对客户全新的、方向性的了解，对特定市场环境所表现出的文化的理解力，在瞬息万变的市场中去捕捉所需信息，从一些端倪中及时发现消费者需求变化、经销商的异常举动、终端的陈列动向、竞争对手的商业动作等，并及时做出正确判断，随时做出反应。

市场洞察是一种能力，而不仅是系统或模型工具。市场洞察是企业在客户数据管理、客户分析、客户洞察应用三个部分相互驱动的闭环过程中逐步积累并不断优化的客户认知、分析和应用能力。

首先，市场洞察的基础是客户数据管理，是在对客户数据的全面掌握后，建立起的对客户全面认知的能力。

其次，市场洞察的核心是客户分析，是在确定可实施的业务目标后，选择合适的模型方法进行动态分析的能力。

再次，市场洞察的关键是客户洞察应用，是由分析结果驱动并在企业内部广泛应用的能力。因此，客户洞察是不断将思路转变为执行行动，再根据行动结果优化思路的能力，而不是单纯地维护数据或构建模型。

从企业实操的角度来看，洞察能力的应用领域可以分为企业内部和企业外部。企业外部的洞察重点是研究市场竞争格局及发展态势、消费心智及消费行为的变化趋势，从而使企业发展品牌战略、制定品牌沟通策略做到有据可依；而企业内部的洞察重点是关于执行力研究及管控的，它要解决的问题是如何让品牌策略对企业执行团队进行引导和约束。

市场洞察在营销中的影响力无与伦比，仅仅一个洞察客户想法的结果就可以彻底改变整个行业。当初星巴克创立的前提是咖啡不只是个产品，而是一种在家和工作地点之外的“第三场所”尽情享受的体验。索尼通过重新定义个人与私人空间的关系，用随身听开创了个人音乐播放器业务。苹果公司则充分利用人们希望所有音乐随身而动而又不张扬的想法，在数码音乐领域掀起了一场革命。

机会对于大家来讲都是平等的，关键就在于你如何去发现、如何去挖掘，又如何去把握。成功者往往善于发现机会，并在机会来临时毫不犹豫地去把握。只有具备了敏锐的洞察能力，才能做到知己知彼，才能了解和把握客户的需求，才能了解市场的需求点，才能……也只有这些“才能”，创业者才能找到客户，才能找到市场，才能找到成功！这种了解能力会成为打造竞争优势的基础，增强企业的核心竞争力。

虽然市场洞察极具价值，但它却也不易修炼。很多公司在错误的地方用了错误的工具，使洞察客户难上加难。要真正了解客户，就必须改变思维模式，用不同的眼光，在不同以往的地方观察客户。

拓展阅读

颜色经济学

这是一个关于编织袋的故事。在一次温州企业经营状况调研的过程中，一位企业家讲了他的故事。

这位企业家是个农民，他做的是用来装饲料的编织袋的生意。他在生产编织袋的同时，回收了许多旧的编织袋。由于旧编织袋一看就是用过的，不好卖，所以他想了一个办法，把颜色漆成黑的，这样看起来像是新的。故事并没有停留在这里。如果仅仅把旧的漆成新的，人人都想得出，而且有投机倒把的嫌疑。

这个颜色经济学后面的演绎，显示出了知识推论的重要性，尽管可能并不是主动的。由于农村里的壮劳力都到城里打工去了，留在家里的大多是老弱病残，都不太认字。于是这位企业家想了一个点子：把不同的饲料袋漆成不同的颜色，比方说猪饲料漆成黄色，鸡饲料漆成蓝色。这样，不认字的消费者就可以仅凭颜色判断饲料的种类了。后来四川的新希望集团用了这个创意后，其生产的饲料销量大增，而这位企业家也靠这个小小的创新走上了创业道路。

2. 反应能力制定相应策略

遇到问题不要着急，更不要急于下结论，先学会观察和分析问题，认识到问题的本质，考虑每一个环节，这样就可以更快地解决问题。集中精神，做事情专注，可以很好地提升人们的反应能力。很多时候人们之所以反应迟钝，是因为人们没有用心地去做事情。同样，如果情绪非常激动，或过度紧张，就会抑制自己的思维活动，使自己陷入不利的境地。遇到意外的情况，要表现出高度的冷静和十分的自信，客观深入地看待生活中的各种问题，从问题的本质和根源出发，运用开阔的思维，寻找解决问题的方法。

反应力的加强，关键在于精神的集中。在与人的交往中，如果自己心无杂念、认真专注，反应速度必然很快。如果个人的私欲太重，就会让自己和别人都感到负累，带来各种麻烦。在加快反应能力的同时一定要认清企业内部优势与弱势，建立长期目标，制定供选择的相应策略，并根据情况选择最佳实施策略。策略制定是企业基础管理的一个组成部分，是科学化加艺术化的产物，一经制定在一段时间内要坚持执行。在策略制定过程中必须考虑技术因素所带来的机会与威胁。技术的进步可以极大地影响到企业的产品、服务、市场、供应商、竞争者和竞争地位。

3. 执行力强大的执行能力

“执行力”是将策略、规划落到实处，贯彻战略意图，完成预定目标的操作能力；是把企业战略、规划转化成效益、成果的关键。对团队而言执行力就是战斗力；对企业而言执行力就是经营能力。衡量执行力的标准，对个人而言是按时按质按量完成自己的工作任务；对企业而言是在预定的时间内完成企业的战略目标。成功的企业，20% 靠策略，60% 靠企业各级人员的执行力，其余是一些运气因素。有些企业虽然已经认识到策略的重要性，却非常欠缺“执行”的能力，从而导致即使制定了合理科学的策略规划，也无法执行到底，最终功亏一篑。

优秀的企业，其内部都有一种强烈的“执行文化”。他们注重承诺，责任心强，强调结果导向，这一切都是“执行文化”的具体表现。在这样的企业里，管理层制定的策略往往能够开花结果，取得持续性的成功。缺乏执行力的企业，即使请来咨询公司助其一臂之力，也很难成功，原因在于这些企业过分依赖咨询公司的力量并为此投入了过高的成本，咨询公司的使命完成后就会离开，企业是否可以改革成功还要依靠企业本身。然而，由于这些企业缺少按照既定方案执行的能力，因此之前艰难取得的成果也会很轻易地失去。

企业面对执行力差的难题，应该如何解决呢？

首先需要强调的是，“执行力”的提升是整个企业范围内的事，而不只是少数领导层的“专利”，但领导层在其中所起的作用非常巨大，领导层要有意识地对企业进行引导，从而使“执行”成为一个组织的核心元素。

其次，要用战略的眼光诠释“执行”，即不要陷入“执行”的“泥潭”，将目光仅限于眼前的“一亩三分地”上，而要有一个蓝图，只不过这个蓝图需要根据具体情况不断修改，使其更易于执行。

好的执行力必须靠管理者推动，“执行”是目标与结果之间关键的一环，是企业能实现预定目标的主要原因，是企业和员工实现该目标的实际能力。它不是简单的战术，而是一套通过提出问题、分析问题、采取行动的方式来实现目标的系统流程，它是企业策略的一部分。

拓展阅读

王传福是怎样在别人放弃的东西中找到机会的？

王传福的比亚迪股份有限公司成立后，主要生产手机电池。日本宣布不再生产镍镉电池后，王传福抓住时机，他说："他不造我来造，这是中国电池企业翻身的大好时机。"1997年，比亚迪公司的镍镉电池销量达到了1.5亿块，排名世界第四。到2003年，比亚迪的镍镉电池产量居世界第一，镍氢电池产量居世界第二，锂电池产量居世界第三。2022年7月，比亚迪电池销量达到6.4 GW.h，仅次于同属于国内企业的宁德时代，排名全球第二。

怎样去发现商机？机会就在先进企业放弃的东西中！

别人放弃的东西只是别人认为没有价值或价值不大的东西，对我们却可能是最有价值的东西。根据自己的需求找准定位，不盲目跟风，可以避开激烈的竞争，获得更大的发展空间。

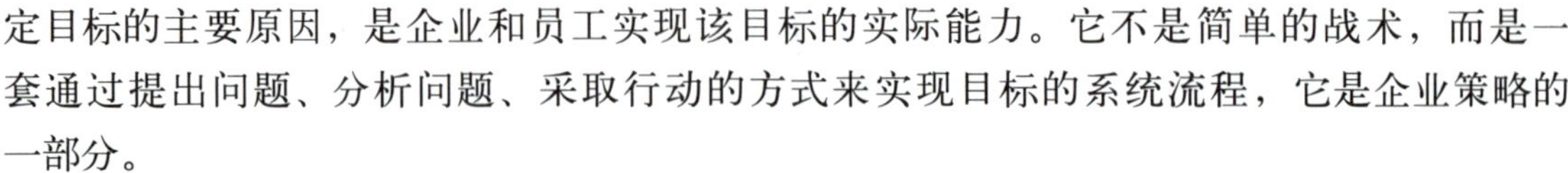

任务二　培养商业意识

随着互联网技术的发展，我国已进入一个"大众创业、万众创新"的好时代，对于有创业梦想的人，必须培养敏锐的商业意识和创业胆识，在创新创业中创造属于自己的成功。

商业意识是职业意识的一种，指能够贯彻于商业诸多环节的思维想法。通常被认为是一种商业上超前的意念和想法。通过对过去商业经验的总结利用和对商业未来的展望，取得商业上的进步。培养商业意识的途径一般有以下几种：

一、扩展商业视角

商业视角即客户视角、财务视角和经营者视角。

（一）客户视角

客户是企业盈利的源头，商业意识首要的一点就是关注和了解客户。

不论身处企业的哪个层级，每个人都要知道：公司的客户群体是哪些，公司的客户真正的需求是哪些，公司对客户提供怎样的价值主张，这些价值主张要通过怎样的方式传递给客户，如何维系客户关系，如何吸引并保留客户，公司的日常管理和工作如何与客户需求相关联。为此，需要直接地、近距离地观察最终消费者，了解消费者购买商品的真正理由，为客户创造真正的价值。

基于客户视角，还可以进一步提出问题：这家公司面临着怎样的竞争态势，行业的动向、政策的趋势是怎样的，公司的商业模式是怎样的，价值链是怎样的，实现这些价值需要公司具备哪些资源。有了这些观察和分析，企业的经营活动才有根基和源头。

（二）财务视角

每一个企业或个人，都面临着一个残酷的事实——没钱就要倒闭，生计永远是第一位的。因此，财务指标非常重要，它就像一辆汽车的仪表盘，随时展示着公司的经营状况。

1. 现金净流入

现金好比一家公司的血液，现金流断了，公司也就玩不转了。作为企业家和管理者，须时刻考虑：公司是否有充足的现金流？现金流入的源头有哪些？现金流向了哪里？如何有效的使用手上的现金？

现金流的管理，涉及与客户、供应商的商务合作方式，涉及公司的筹资和投资，也涉及公司的供应链管理、运营效率等。

2. 资本收益率

资本收益率可以通过两个指标来解读，一个是利润率，即公司投入的资本是否盈利，公司的市场表现、销售水平怎么样，公司的成本管控是否合理。这些指标涉及公司的产品组合、价格、渠道、客户等，以及公司的费用控制。资本收益率的另一个指标是周转率，通俗来讲，就是企业的管理效率，比如订单的交付周期、交付时长等。

资本收益率最终体现的是企业的核心竞争力。在产品组合、价格、渠道、客户等方面，是否具有自己独特的优势，是否能快速抢占市场，是否具有成本优势，是否具有快速的市场响应能力。

3. 盈利性增长

增长是组织存续的必然选择，而盈利式增长是组织可持续的终极保障。传统式的高增量时代已经结束了。取而代之的是基于长期主义的“新增量”思维，即微小的、重复的、持久的利润叠加。什么是正确的增长方式？盈利的、有机的、差异化的、可持续的增长才是良性增长。

以永辉超市为例，其盈利性增长战略可拆解为几个层面：

首先，在商品打造上，永辉选择生鲜与服装两大品类。相较于标品，生鲜与服装潜在毛利率更高，符合永辉“盈利”的经营理念。同时，由于经营难度大，多数零售企业并未关注生鲜与服装品类，因而永辉打造了差异化竞争力。

其次，在业态选择上，永辉提出了“先大后小”的选址策略，将大卖场作为未来发展的主流业态。永辉要求优先倾斜资源给销售额高，盈利能力强的大店，希望在所处区域内大卖场市场饱和后再考虑以社区型门店作为补充。

最后，在区域扩张上，永辉强调避开竞争与集中发展。为保证盈利，永辉避开了区域龙头企业，布局市场空白较大的重庆市场。同时为在短期内获得规模效应，提升品牌影响力，永辉选择了在区域内集中发展。

除此之外，为保证盈利，永辉对门店提出了“不赚钱就关店”的要求。据了解，当时门店在九个月内不能实现盈利则需要被关停。

在“盈利性增长”的经营理念以及各项配套的战略、制度推动下，永辉业绩实现了持续稳定增长。

（三）经营者视角

一个企业的管理者还需要具有相应的经营者视角，对企业经营的全景以及企业各组成部分之间的内在关系有深刻的理解，然后调动团队力量，达成企业的业绩目标。具备经营者视角需提升哪些能力?

1. 组织能力

组织能力的打造，简单来讲，一是将合适的人放在合适的位置，二是提升员工的能力。作为企业家或管理者，需要有识人、用人的能力，既要有选人的眼光，也要有用人的胆识。用人的时候，除了岗位技能，还需考虑员工的态度、思维模式、天赋、内驱力等，知人善任，除了关注业务方面的能力，还要考虑行为和思维方面的提升。

2. 协调能力

协调的重点在于如何设计一套有效的沟通交流机制，减少沟通壁垒，让管理更加高效有序。作为管理者，可以通过“对话”和以身作则的方式，营造一个“开放”“坦诚”的沟通环境，通过“非正式”或“会议决定”来促成沟通和决定。

二、增强商业嗅觉

商业嗅觉即能从别人不经意的事物中发现商业价值，并能够利用一系列的商业工具使该价值实现盈利。敏锐的商业嗅觉就是对商业价值的感知能力和判断能力的综合体现。增强商业嗅觉要从以下几方面着手。

（一）学习相关知识、培养商业头脑

当你是外行时，就算机会摆在面前，也可能会视而不见。由于缺少最基本的基础知识，因此很难看出潜在的商机。要想抓住商机，关键在于熟练地了解身边的各个行业，多学习一些商业营销类的知识，明白一些商业上的逻辑，了解基本的运行规则。

（二）尝试拆解分析、建立思考的导向流程

商业嗅觉需要通过长期的学习、观察、思考以及总结，才能慢慢形成。商业思考能力的提升，需要细心观察，通晓商业中的一些最基本的要素。在分析问题时，可以参考下列问题：

（1）顾客需求，受众的核心需求是什么?

（2）盈利模式，对方是怎么持续盈利的?

（3）找切入点，有没有好的市场切入点?

（4）流量来源，顾客在哪？如何吸引他们?

（5）核心卖点，用户为什么要买你的东西?

（6）搞定产品，产品的货源怎么取得?

(7) 分销渠道，怎样让别人帮你卖产品?

这些问题都是进行商业活动时需要考虑的，而这一套导向流程的思考体系需要我们一次又一次地不断思考，不断优化。

（三）保持一颗敏感的心

好奇心和敏感度是商业创新的驱动力，养成用商业思维去观察这个世界的习惯，多思

考，多总结，可以大大提升发现机会和捕捉机会的能力。比如观察交通运输业，可以拓展思维：出租车为什么要定起步价？公交车为什么有很多广告？为什么会有红绿灯？新能源汽车是未来交通的发展趋势吗？未来能有低空飞行的城市公共交通工具吗？超音速交通工具能实现吗？再比如观察商圈，也可以思考：商圈的人为什么而来？商圈中企业的经营模式是什么样的？他们用什么吸引顾客？为什么这家店一直有很多人在排队？老店是如何保持持久活力的？等等。

（四）验证假设、提升自身商业嗅觉

除了学会观察，还需要学会分析和推演，验证自己的假设，不断总结经验，提升自身的商业判断力。例如，一家新店铺开张，可以分析它的成本、客源、利润等要素，根据分析结果对店铺经营做预判，在经过一段时间后再去验证自己的预判，验证前期的假设。如果与自己的预判不相符，就要反思之前的分析策略，重新分析判断。在不断预判、不断验证、不断总结的过程中，商业思考逻辑就会逐渐形成。

同时，要多研究一些优秀的商业案例分析，从中吸收营养，然后分析身边的事物，通过一些小项目实践，验证假设，最后提升自身的商业嗅觉。

（五）可行性分析、小额测试和落地

当发现一个商机后，还要学会做调查，进行数据分析，判断这个商机的可行性和适用性。商业项目要靠实践才能得到最好的验证，在做重大决策之前可以先做小的尝试，比如，先拿别人的产品卖卖看，先借别人的平台做做看，来判断这个商机是不是真的有价值。这个思考判断的过程其实是一层一层逐步向下的，先是战略上，然后是战术上，再然后是执行上。先通过小额测试，验证这个项目能不能做，好不好做，值不值得做。

真正的商业意识，不仅需要敏锐的商业嗅觉，更需要深度分析和思考，从而获得持续盈利的能力。从事商业经营，要有意识地积累相关知识，如基础财务知识、经济学知识、行业领域知识、心理学知识、管理学知识等，凡事多思考，多提问。多与各行各业的人打交道，了解最新信息，通过与不同社群内的人交流和探讨，增长自己的见识，发现商机和竞争对手的弱点。同时还要站在整条商业链上，观察上下游企业，以便提供差异化的产品和服务，用自己学习到的理论知识来实现自己的目标和想法，这样的实践更容易提升自己的商业意识，也能帮助自己找到兴趣点。

三、培养商业思维

商业思维本质上就是解决商业问题的思维，是一种带有经济目的，提供产品和服务的思考方式。管理学学者查兰在《客户说：如何真正为客户创造价值》中曾经讲过："商业思维就是把握经营本质的能力，包括利润率、投资回报率以及增长率等。"培养商业思维并不仅在商业活动中，在日常的经济行为、个人的事业发展以及人际交往中，都蕴含着丰富的商业思维。培养商业思维要注意以下几点：

（一）付诸实践

提升商业思维能力最重要的是采取实践性行动，任何能力的提升都要付诸实际行动，商业思维能力的提升更是如此。

（二）读书学习

阅读企业管理、商业理论等书籍，掌握基本的商业管理逻辑和思维，理解企业家的独特视角和思维。如用宏观、系统的视角去思考企业，它完成了什么创新？它更高一层的系统是什么？是什么使得它能够持续存在？

（三）与人交流

无论是家庭还是学校，都是社会的一个缩影，在这些相对较小的范围内，我们可能会遇到各种需要应变能力才能解决的问题。提高在小范围内的应变能力并推而广之，在面对更为复杂的社会问题时才能得心应手。多与人交流，扩大自己的变化范围，吸取经验和教训，就是一个不断提升商业思维和实践能力的过程。

（四）复盘总结

不断复盘和总结自己在商业思维能力提升方面的进步与失误，对于进步，在肯定的基础上不断加强，尽量避免失误。经过不断复盘总结，促使思维认知随之迭代更新，从而形成自己的认知框架和一个完成的知识体系。商业思维逻辑逐渐形成，才能真正提升自己商业思维能力。

拓展阅读

太二酸菜鱼经营的底层逻辑

太二酸菜鱼是一家你可能听过，也去吃过的餐厅。但是为什么太二酸菜鱼，没有圆桌，没有6人座、8人座，只有4人座呢？

从底层逻辑出发。餐厅的底层逻辑是什么？是坪效。门店租金是餐厅最主要的成本之一。因此，人们常常用“坪效”来衡量一家餐厅的运营效率。坪效就是门店每平方米每年创造的收入。坪效做得越高，经营效率就越高，盈利能力也就越好。用一个公式表示就是：坪效＝店铺总收入 ÷ 单店总面积。因此，一家门店想要盈利，就要做到让每平方米的坪效>租金。提高坪效就是经营好餐厅的底层逻辑。

那么该怎么做呢？一家餐厅的营业额高峰，一般只有两个时间点：午饭和晚饭。午饭和晚饭的营业额越高，坪效自然越好。但是，怎么提高营业额呢？拼命推销菜单，天花乱坠地让顾客点最贵的菜吗？当然不是。看到这里，我想你心中应该浮现出了一个答案：想要提高午饭和晚饭时间的营业额，核心是提高翻台率。在饭点的时间里，翻4桌的营业额，几乎一定比翻2桌的营业额要高。那么现在问题来了，什么样的顾客，可能会吃很长时间，影响到翻台率呢？答案是聚会的。6个人、8个人一块来的。晚上6点，先有人来拿号排队，占个位子。到了6点半，陆陆续续来了两三个人，大家见面打个招呼，先聊着，玩会儿手机。到了7点，其他人终于下班，来到餐厅。等吃上饭，可能要7点半或8点了。这还不算，吃完了，大家还得再聊会儿天，休息休息。一顿饭，可能从晚上6点，吃到晚上9点。你又不能赶客人走，怎么办？这个时候，你就知道为什么太二酸菜鱼只有4人座了。不是因为店面小，不是没办法换圆桌，只是不想让客人在这里做太重度的社交。4个人，大家简单吃顿饭，聊聊天，挺好。吃完之后，大家还可以去逛逛街，看看电影。其核心就是为了翻台率。

为什么餐厅会主打“酸菜鱼”这个品类？还是为了翻台率。我的招牌菜，就这一道酸菜鱼。我帮你决定，就挑这个了，你也不用花时间想来想去了。如果餐厅还有中央厨房，提前做好预制菜，那么制作的时间成本又会大大降低，上菜速度更快。这就是从“底层逻辑”出发来思考问题。

视 频

商业意识

单元二 商业道德

任务一 商业道德的含义

一、商业道德的内涵

“道德”是通过行为规范和伦理教化来调整个人之间、个人与社会之间关系的意识形态，是以善恶评价的方式调整人与社会相互关系的准则、标准和规范的总和。道德规范的调控作用几乎体现于人们的所有活动领域，既体现在日常生活中，也体现在有组织的社会活动中。道德是社会意识形态之一，是人们共同生活及其行为的准则和规范，道德通过社会的或一定阶级的舆论对社会生活起到约束作用。

商业道德是职业道德在经商活动中的体现。商业道德从分析商业的本质、商务活动的前期行为入手，为人们提供了判断商务活动是否符合道德规范的行为准则。中国古代就有经商要合义取利、价实量足等要求。商业道德是一个历史范畴，作为一种意识形态，不仅为一定的社会经济和文化所决定，而且也反作用于一定的社会经济，对商业活动具有重要的指导意义。改革开放以来，我国进入从计划经济到市场经济的转型期，经济建设取得巨大成就，社会生产力逐渐提高，商品经济日益发达。在这种情况下，从事商业活动的商业主体更应讲究商业道德，具备良好的商业信誉，树立正确的商业道德价值观，使企业和社会经济可以持续健康发展。

二、商业道德的表现形式

加强以商业道德为核心的文化建设，可以约束人们的行为，倡导人们坚持正确的义利观、正确的荣辱观、积极的竞争观。应以“爱国守法、明礼诚信、团结友善、勤俭自强、敬业奉献”为基本道德规范，以规范市场经济秩序和建立良好商业信用体系为目标，大力倡导“守法、诚信、公平、敬业、服务”的商业职业道德准则，培养并造就有理想、有道德、有文化、有纪律的商人队伍，努力建立与社会主义市场经济发展要求相适应的商业信用体系。此意见中明确指出商业职业道德的建设和培养的主要内容有以下五个方面：

（一）守法

遵守法律是商贸流通企业经营活动的基础，企业的一切经营活动，包括所经营商品的质量、商品价格、广告宣传、经济合同等必须严格按照国家的法律法规和标准，进行规范和约束。企业和职工要切实做到知法、懂法、守法，严格依法管理、依法经营，杜绝有法不依、违法经营的现象。

（二）诚信

诚信是商业道德建设的核心内容。企业要以“德、诚、信”为出发点，以“货真价实、买卖公平”为经营原则，牢固树立以德经商、以信兴业、诚信为本的企业理念和价值观，塑造奋发向上、与时俱进的企业精神。

（三）公平

公平是企业经营的最基本要求，特别是商品的价格必须公平、合理、做到货真价实，杜绝价格欺诈和缺斤少两等不良行为。同行之间的竞争要公平，不以非法或非道德手段来排挤、打击、损害竞争对手或垄断市场。

（四）敬业

要大力倡导敬业奉献的职业精神，积极开展职业观念、态度、技能、纪律、作风、责任等方面的教育，树立正确的职业观念。通过开展岗位培训、岗位练兵等活动，鼓励员工争当“文明职工”“职业能手”“服务明星”“敬业标兵”，培养造就一批职业道德水平高、业务素质过硬的职工队伍。

（五）服务

服务是商业活动的最终落脚点。商业经营的宗旨是一切为了方便人民群众，全心全意为人民服务。企业必须强化服务意识，不断创新服务内容，提升服务质量。要大力倡导热情服务、微笑服务、真诚服务，想顾客所想，急顾客所急，最大限度地满足消费者需求。对不同消费层次和消费水平的顾客要一视同仁，切实做到童叟无欺。要不断完善服务设施和服务功能，为消费者创造快捷、舒适的购物环境。

三、商业道德的特点

商业道德在市场经济条件下，既具有道德的一般特点，又具有职业道德的共同特点，体现为商人的道德规范在具体商业情景和商业活动中的应用，为人们提供了判断商业活动是否符合道德规范的行为准则。

（一）商业道德的服务性

商业道德的服务性是由商业性质决定的。商业是最直接、最广泛与消费者打交道的行业，服务性强。商业从业者要做到以满腔热情的工作态度为消费者提供最优质的服务，其服务质量的好坏是检验和衡量其商业道德水平高低的基本尺度。

（二）商业道德的公平性

商业道德的公平性是商业从业人员的基本要求。在市场经济条件下，商业领域必须实行等价交换，公平是买卖双方共同的要求，只有如此，才能体现出生产者和消费者在流通领域的平等关系。商业道德的公平性还体现在：商品必须是合乎道义的，是在法律允许的范围内进行交换，并且商业从业人员所提供的商品必须是合格的，不能是伪劣商品。

（三）商业道德的媒介性

商业在商品交换和流通中起着中介作用，因此商业道德也具有媒介性。媒介的双方是消费者和生产者。一方面，商业经营者应该如实向生产部门反映消费者的需求，包括对商品的质量、品种等方面的意见；另一方面，商业经营者应如实向消费者介绍商品的性能、质量、

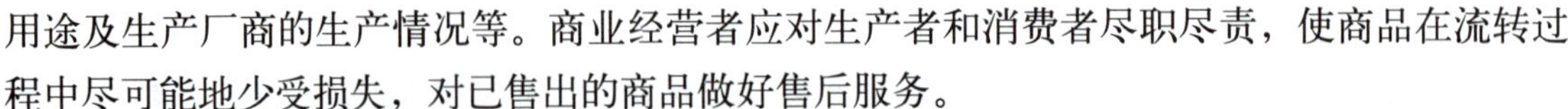

用途及生产厂商的生产情况等。商业经营者应对生产者和消费者尽职尽责，使商品在流转过程中尽可能地少受损失，对已售出的商品做好售后服务。

（四）商业道德的多层面性

商业作为市场的纽带和中介，其涉及面非常广。在商业领域中，商业采购、储运、销售、管理、广告宣传等各个岗位的工作人员都应遵守其岗位的道德要求。比如采购人员的道德素质决定其能否提高企业的信誉和经济效益；储运人员的道德素质影响商品的收储待销和运输中商品、设备、工具及人员的安全性。

拓展阅读

明晰商业道德，“助攻”正当竞争

2022年3月17日，《最高人民法院关于适用〈中华人民共和国反不正当竞争法〉若干问题的解释》（以下简称《解释》）发布，自2022年3月20日起施行。值得注意的是，《解释》对反不正当竞争法第二条的适用条件进行了细化，并重点强调了“商业道德”。

《反不正当竞争法》是一部鼓励和保护公平竞争、制止不正当竞争行为、保护经营者和消费者合法权益的重要法律。其中，该法律第二条已成为人民法院认定新类型不正当竞争行为的主要法律依据之一，然而，裁判标准不统一的现象时有发生。《解释》对第二条规定特别是“商业道德”进行细化很有必要。

第二条规定是：经营者在生产经营活动中，应当遵循自愿、平等、公平、诚信的原则，遵守法律和商业道德。第二条规定对本法所称的不正当竞争行为和经营者进行了定义。但何谓“商业道德”，法律未进一步明晰。从字面意思来理解，商业道德是指商业活动中公认的道德规范。不过这种字面解释仍然显得笼统。

在司法实践中，“商业道德”一词频繁出现。假如某些司法人员不能全面、准确地理解“商业道德”的内涵和标准，不排除会影响司法公正。此次，《解释》对“商业道德”进行了重点强调和细化，这不仅有利于市场主体准确理解这个词，更有助于每个司法人员在实践中科学判断某些行为是否遵守商业道德。

《解释》第三条明确规定，特定商业领域普遍遵循和认可的行为规范，人民法院可以将其认定为反不正当竞争法第二条规定的“商业道德”。这表明了商业道德有其特定标准，不能简单等同于日常道德标准。在司法实践中，该如何判断经营者是否违反商业道德呢？《解释》给出了较为明确的指导意见，可助司法人员判断。

一方面，法院应当结合案件具体情况，综合考虑行业规则或商业惯例、经营者主观状态、交易相对人选择意愿，对消费者权益、市场竞争秩序、社会公共利益的影响等因素。另一方面，可参考行业主管部门、行业协会或自律组织制定的从业规范、技术规范、自律公约等。

也就是说，今后判断是否违反商业道德，既要参考相关的多种因素，也要参考相关的规则。这样一来，对“商业道德”的认识会更深入、更全面，判断也会更准确。对涉案当事人来讲，有望心服口服地接受判决结果。于司法机关而言，准确理解“商业道德”，准确判断是否违反商业道德，可提升司法公正性。

《解释》明晰“商业道德”，既有利于保护没有违反商业道德的行为，也能让违反商业道德的行为受到法律惩罚。从某种意义上来讲，这相当于让《反不正当竞争法》第二条规定更接地气，使“商业道德”不再停留在概念层面，而是有了具体判断标准。

对各级司法机关来讲，在司法实践中也面临不少考验，比如在判断某个市场主体的行为是否违反商业道德时，既需要考虑多种因素，也需要了解相关规则，此时，人力、物力以及办案效率等方面都面临考验。如果能够成功应对考验，对于反不正当竞争、促进正当竞争就会有重要作用，司法价值、市场意义也不容小视。

市场经济无疑需要正当竞争，只有反不正当竞争，才能为正当竞争创造良好环境。此次司法解释明晰“商业道德”，对于市场正当竞争相当于一次“助攻”。

任务二　遵守商业道德

一、商业道德的重要性

从阿里巴巴、腾讯、小米等这些成功的企业身上，人们可以看到作为一个企业该有的商业道德观。阿里巴巴一直秉持客户第一、团队合作、诚信负责的价值观，在社会公益项目上也一直走在前端。从蚂蚁森林的植树活动到蚂蚁庄园的爱心捐赠活动再到乡村教师爱心活动，只要能涉及公益的项目，阿里都会参与进来。腾讯基金是中国互联网第一家在民政部注册的全国性非公募基金会，执行了立体救灾、捐赠北大等平台项目，推动互联网与公益慈善事业的深度融合与发展。这些企业在自身发展壮大的同时，时刻不忘记作为企业该有的社会责任，取之社会也回报社会，是对商业伦理道德观的一种正确的体现。反观一些企业没有意识到商业伦理道德的重要性，因一时的利益，做出夸大功效的虚假宣传广告、恶意诋毁竞争对手等行为，不仅对企业形象和利益造成损害，也给人民和社会造成严重的伤害。

二、遵守商业道德标准

加强自身修养，养成良好的商业道德是每个商业经营者的立身之本。2019 年，中共中央国务院印发的《新时代公民道德建设实施纲要》指出：“推动践行以爱岗敬业、诚实守信、办事公道、热情服务、奉献社会为主要内容的职业道德，鼓励人们在工作中做一个好建设者。”而“爱岗敬业、诚实守信、办事公道、热情服务、奉献社会”正是遵守商业道德标准的基本要求。

（一）爱岗敬业

“干一行爱一行”这是人类社会所有职业道德的一条核心规范。它要求从业者既要热爱自己所从事的职业，也要以恭敬的态度对待自己的工作岗位。

爱岗敬业是职业道德的基础，是社会主义职业道德所倡导的首要规范。爱岗就是热爱自己的本职工作，忠于职守，对本职工作尽心尽力；敬业是爱岗的升华，就是以恭敬严肃的态

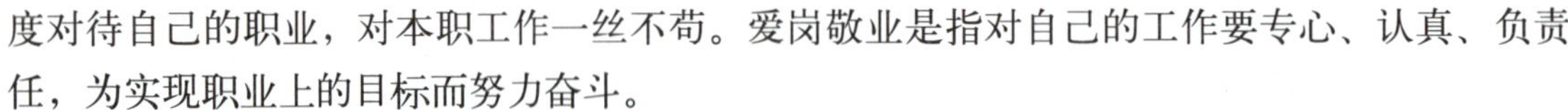

度对待自己的职业，对本职工作一丝不苟。爱岗敬业是指对自己的工作要专心、认真、负责任，为实现职业上的目标而努力奋斗。

（二）诚实守信

诚实守信是社会主义市场经济对道德建设的一个重要要求，是人和人之间正常交往、社会生活能够稳定、经济秩序得以保持和发展的重要力量。

诚实就是实事求是地待人做事，不弄虚作假。在职业行为中最基本的体现就是诚实劳动，全面、充分地履行与消费者的约定义务，守诺践约，反对规避自身义务及各种商业欺诈行为。守信要求讲信誉、重信誉，信守诺言。守信要求每名从业者在工作中严格遵守国家的法律、法规和本职工作的条例、纪律，做到秉公办事，坚持原则，不以权谋私。诚实守信要求人们实事求是、信守诺言，对工作精益求精，注重产品质量和服务质量，同弄虚作假、坑害人民的行为进行坚决的斗争。

（三）办事公道

办事公道是指从业者在处理事务和与人交往时，要不偏不倚、客观公正、公平公开，对不同的服务对象一视同仁、秉公办事，不因职位高低、贫富亲疏的差别而区别对待。

比如服务人员在接待顾客时不以貌取人，不嫌贫爱富，对不同国籍、肤色、民族的顾客都能一视同仁，提供同样热情周到的服务，这就是办事公道。

（四）热情服务

热情服务是指听取顾客意见，了解顾客需要，为顾客着想，端正服务态度，改进服务措施，提高服务质量。商业为顾客提供的就是产品和服务，在服务中要注重仪表、仪容、仪态和语言、操作的规范，热情周到，发自内心，让顾客产生舒适感、安全感、宾至如归感。企业的服务水平和质量，直接关系到企业的生存和发展，关系到声誉和经济效益，是经营成败的关键。

（五）奉献社会

奉献社会是社会主义职业道德的最高境界和最终目的，是商业道德的出发点和归宿。奉献社会就是要履行对社会、对他人的义务，自觉地、努力地为社会、为他人做出贡献。当社会利益与局部利益、个人利益发生冲突时，每一个人都应把社会利益放在首位，商业从业者更是如此。

在有些人的传统观念中，追求最大化的利益，是商人的根本信条。但自古以来，在商业道德体系中，在获取利润的同时兼顾社会责任、奉献社会才是为人推崇的商业品德。奉献社会是一种对事业忘我的全身心投入，这不仅需要有明确的信念，更需要有实际的行动。商业经营者们回馈桑梓、兼济天下是奉献社会，认真纳税、诚信经营是奉献社会，研发新技术、投资教育事业也是奉献社会。一个人在从事某种职业时，之所以能够任劳任怨，不计较个人得失，那是因为他关注的其实是这一事业对人类、对社会的意义。

三、建立良好商业道德的环境

商业道德是一个国家或地区在长期商业实践活动中形成的能够被交易双方接受的，并对其商业行为具有约束和影响作用的各种规范与准则的总和。在我国经济体制转型过程中，充分发挥商业道德的作用，培育与社会主义市场经济体制相适应的商业道德环境，对于有效规范各种商业主体的行为，净化市场环境和商业环境，都具有十分重要的现实意义。建立良好的商业道德环境应该做到以下几点：

（1）以商业道德准则为切入点，全面推进商业道德建设。“守法、诚信、公平、敬业、服务”是商业必须遵循的职业道德准则。守法是基础，诚信是核心，公平是最基本要求，敬业是本分，服务是落脚点。商业要以“十字”职业道德为中心内容，大力开展商业道德建设，为建立良好商业信用体系打下坚实基础。

（2）以诚信为核心，重塑商业新形象。中国商业历来就有以德经商、诚信为本的传统美德。在市场经济条件下，诚信显得极为重要。要牢固树立以德经商、以信立业、诚信为本的企业经营理念和价值观，激活中华优秀传统商业诚信文化基因，激发中华优秀传统商业诚信文化的现代力量，更好地弘扬社会商业道德风尚并繁荣我国经济。

（3）以商品质量为重点，坚决杜绝假冒伪劣商品进入商品流通领域。社会和人民对假冒伪劣商品深恶痛绝，当前以打击假冒伪劣商品为重点内容的整顿和规范市场经济秩序的活动已深入到生产与流通的各个环节，然而假冒伪劣“整”而不死，“打”而不绝，这说明从根本上制止假冒伪劣现象还有许多工作要做。商业领域要自觉站在整顿和规范市场经济秩序的前列，提高职业道德意识，加强商品质量的管理，建立商品的质量管理、质量监督和质量保证体系，严格把好商品的进货关、检验关和销售关，杜绝假冒伪劣商品进入商贸流通领域。

（4）以服务为手段，不断创新服务内容和服务方式，全面提高商业服务水平。服务已成为企业参与市场竞争、扩大市场销售的重要手段。随着第五代移动通信、物联网、人工智能等技术的推进，给消费者提供智慧化的体验场景已经成为未来趋势。智能商业服务的探索带来了不少积极效益。如依托手机应用和自助结账机的服务模式，一些超市的排队时间和人工成本显著降低，受到消费者欢迎，近两年得到迅速推广。与此同时，一些智能商业模式的发展依然受制于消费习惯、技术成本以及政策法规等因素的制约。面对新的市场形势，商业的服务内容和服务范围要有新的要求，要强化服务意识，创新服务内容，提升服务质量，用服务来吸引顾客，用服务去占领市场。

（5）以公平为杠杆，与上下游企业建立良好的合作关系。与各大上游供应商和下游客户建立长期的资讯和订单交付、管理体制、人才培养、技术交流等联盟，实现相互取暖、资源共享和对接。要正确筛选优质、可信赖的供应商，不能一味注重低价格，对上、下游客户必须给予公平合理的利润，实现客户、企业供应商多赢的局面。

（6）以建立商业信用体系为目标，推动商业道德建设的深入开展。商业信用是一切经济活动的基础，市场经济越发达，商业信用越重要。要从重点企业、重要岗位、重要部门入手，逐步建立起商业企业、员工个人的信用档案，建立不良信用记录制度和失信惩戒制度，建立科学的商业信用等级评定体系，逐步完善商业信用的认证和防范机制。

（7）培育典型，不断深化商业道德建设。积极树立商业道德典型，大力弘扬劳模精神，发挥“百城万店无假货”示范单位、“青年文明号”“职业道德双十佳”等先进集体和先进个人的典型示范作用。积极探索“品牌服务”“星级服务”“诚信服务”等活动开展的有效形式，营造加强商业道德建设的良好氛围。通过培养、树立商业道德建设的先进典型，不断扩大和

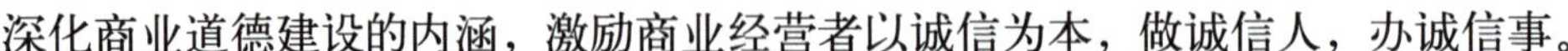

深化商业道德建设的内涵，激励商业经营者以诚信为本，做诚信人，办诚信事。

拓展阅读

同仁堂历经三百多年不倒的秘密

以“济世养生”为宗旨的北京同仁堂创建于清康熙八年（1669年），由于“配方独特、选料上乘、工艺精湛、疗效显著”，自雍正元年（1721年）起，正式供奉清皇宫御药房用药，历经八代皇帝，长达近二百年。

老一辈创业者不敢有丝毫懈怠，造就了同仁堂人在制药过程中小心谨慎、精益求精的企业精神。

在三百多年的历史长河中，历代同仁堂人树立“修合无人见，存心有天知”的自律意识，确保了“同仁堂”这块金字招牌的长盛不衰。有一次当经销商在广告中擅自增加并夸大某种产品的药效时，同仁堂郑重登报予以纠正并向消费者道歉。

同仁堂品牌作为中国的一个驰名商标，享誉海外。目前，同仁堂已经受到国际组织的保护，在世界50多个国家和地区办理了注册登记手续，成为国际知名企业，实现了良性循环。

视频

商业道德

单元三　商业素养

任务一　商业素养的含义

一、商业素养的定义

在汉语中，“素养”一词的内涵是丰富的，自中国古代以来，就已经产生了。《汉书·李寻传》：“马不伏历，不可以趋道；士不素养，不可以重国。”《后汉书·刘表传》：“越有所素养者，使人示之以利，必持众来。”《上殿札子》陆游（宋）：“气不素养，临事惶遽。”元刘祁《归潜志》卷七：“士气不可不素养。如明昌、泰和间，崇文养士，故一时士大夫，争以敢说敢为相向。”

《新华词典》将人在后天教育或环境影响下形成和发展的品质称为“素养”，是“平时的锻炼和教养”。“素养”可以理解为是一种由自身长期的练习以及生活中的实践而形成的道德修养，也可以理解为是修习涵养。人们并非生来就具有不同类型的素养，而是通过后天的练习逐渐获得的，具有强烈的主观能动性。素养并非单一的形式或技能，而是不断多次重复产生的结果，它不单纯意味着知识和技能，作为一种能力，它能够充分地使用知识、技能、动机、情感和态度等以应对不同复杂情况中的需求。

在各类标准下，素养可以分为诸多种类。从个人的素养角度，可以分为自然素养、心理素养、社会素养等；从素养的内容角度，可以分为人文素养、科学素养、商业素养等。

商业素养是指当人们活跃在商业活动中时，需要具有一些基础的经营商业、参与商业活动的能力与技巧，同时也强调人们在复杂的商业往来中应该具有的一些良好品德以及需要遵守相关的道德准则。总的来讲，“商业素养”是指人们参与商业活动的过程中需要具有的商业才能与优秀品质，这其中不但包含了各类专业技能，如营销技能、商业规划、客户管理、产品服务、市场竞争意识、规避风险意识等，而且包含了各类良好的商业道德品质，如真诚守信、互利互惠、大局意识、目光长远、勤于思考、努力坚持等。对于商业素养的理解，还可以理解为商业素养是特定职业固有的内在需求和行为规范，是具有参与商业活动身份的个体在进行商业活动时所体现出来的综合品质。商业素养是人们在参与的商业活动中与时间和地点上相契合的素养，比如具备专业的技能、对事物的热爱、良好的商业品行和良好的谈判技巧等多维度的素养。商业素养有时可以作为商业活动的内在要求，是在商业活动的过程中所需要的具有一定规则的基本商业知识、技能、意识等的综合归纳，是商业活动中的参与者能综合展现的素质水平，如商业道德、商业意识、商业技能与习惯等。要全面理解商业素养的内涵，应当从以下几方面入手：

第一，商业素养以人为载体，人是商业素养产生和发展的主体。商业素养是人们从事和参与商业活动中形成的产物，由于人们从事的商业活动不同，所需要的商业素养也有所不同，随着人们商业活动的不断深入，商业素养也随之变化和发展。

第二，商业素养自始至终存在于商业活动中，没有商业活动，也就没有商业素养的产生与发展。不同的商业活动对商业素养的要求也有所不同，更高层次、更复杂的商业活动对人们所具备的商业素养的种类及要求更高。

第三，随着时间的发展，不同时期的商业活动对人们所具有的商业素养的要求是不同的，但又有一些共同之处，不管是什么时期，诚信经营、遵纪守法、勤劳刻苦等都是对人们的普遍要求。中国的商业活动产生于先商时期，于秦汉时期进行了初步发展，进一步的发展则是在隋唐时期。在先秦时期，人们进行货币交换，货币的数量庞大，种类繁多，货币的产生促进了城市的繁荣，同时也要求人们掌握货币使用和换算的技能。两汉时期，开通了陆上及海上两条丝绸之路，逐渐发展出了中外的贸易商业活动，这就要求商人掌握当地的语言知识、风土人情、人文习惯等，以更好地进行商业活动。

拓展阅读

“素养”的由来

《汉书》是中国第一部纪传体断代史，“二十四史”之一，由东汉时期史学家班固编撰。《汉书》是继《史记》之后中国古代又一部重要史书，与《史记》《后汉书》《三国志》并称为“前四史”。《汉书·李寻传》中有“马不伏历，不可以趋道；士不素养，不可以重国。”翻译过来的意思是：马匹没有得到足够的营养，是没有力气在路上奔驰的；人没有足够的能力，是没办法使国家强盛的。因此“素养”一词由来已久。

二、商业素养的影响因素

在商品经济不断发展的当下，商业活动对从业者的商业素养有着更高层次的要求。拥有相同商业技能与能力的人很多，但是提供的商品和服务却各有不同，这些细节决定了人们商业素养水平的高低。影响人们商业素养的因素很多，从而使得商业素养的内容不断变化与发展。商业素养是商业文化与商业活动中不可或缺的一部分，传统的商业素养的培养往往只偏重个人某一商业技能方面的培养，不重视人才的综合性商业素养的培养，现代商业对复合型人才需求增多，对从业者的商业综合素养要求也有所提升，因此注重培养从业者的商业素养，使之具备较强的商业能力与文化底蕴，从容应对商业活动，成了培养商业人才的重要内容。

商业素养是从业者是否具备适应商业文化活动能力的一种综合性表现，它主要受商业活动经历、教育水平、社会环境及个人成长等因素的影响和限制。影响商业素养的因素，大致可以总结为以下几个方面：

（一）个人因素是影响商业素养最重要的内在因素

个人因素可以分为以下几个方面：人格特性、职业知识、职业技能、学习能力、社会能力、职业理想、职业道德等。这些要素的强弱对商业活动中的参与者所具有的商业素养产生着重要影响。在这些个人因素中，职业理想是影响商业素养的重要因素，它能够让个人的职业认同感更强，从而使其在参与商业活动中更具有主观能动性，也更能积极主动地提升自身的商业素养。

商业活动的参与者是否具有商业活动经验也使其在商业素养水平上存在着明显的差别。初次参与商业经营活动的参与者，由于职业知识、技能等的储备量相对较低，社会参与能力较弱，因此对商业素养的意识感并不强烈，也就导致其商业素养水平较低。经常参与商业经营活动的人，由于知识、经验的增加，同时也意识到商业素养是衡量个体能力综合的重要标准，因此随着其商业活动的参与度逐渐增加，商业素养也随之提升。

（二）家庭环境因素对个体的商业素养水平起着一定的影响

家庭环境下的教育是学校教育以及社会教育的重要基础，家庭环境内，如果家长缺少科学的教育方法和有效沟通，就不易帮助孩子养成良好的行为习惯、思维方式以及健全的人格，也就难以养成良好的素养。家庭成员内自身的商业素养也存在着互相影响的情况，如果父母本身具有长期稳定的商业素养水平，那么子女的商业素养也将优良，同时父母的职业意识、职业技能等也将潜移默化地影响着家庭成员。

（三）社会环境因素也是个人商业素养的影响因素之一

首先，个人的商业素养与社会环境有着密切的关系，良好的社会环境能够带给从业者积极的影响，使从业者更加积极主动地提升自身商业素养以更好地参与商业活动，良好的商业素养也有利于形成良好的社会环境，从而形成一个良性循环。

商业素养体现的是个体对商业的尊重，有较高商业素养的从业者能将所从事的商业活动与自身发展目标紧密结合，而社会实践可以促进商业素养的后天培养。商业理论和商业实践对商业素养的涵养作用也不相同，部分以抽象语言表达的商业素养诸如服务意识、团队合作意识、沟通意识等，如果不参与到具体、现实的商业活动环境中，而仅依靠语言的描述来理解，那么其商业素养将具有低价值性。实践活动是商业素养培养的有效载体，实践活动的过程更加注重从业者的行为模式等的塑造，很好地解决了仅仅依靠书本来培养商业素养所产生的弊端。社会环境本身的思想导向也值得重视。随着市场经济的建立和发展，人们的竞争意识、法律意识、效益意识等逐渐加强，随之带来的是对世界观与价值观的影响，这些都对商业素养的形成与发展产生了极大影响。在社会转型过程中，传统商业素养与现代商业素养进行着碰撞，形成了适应新时期商业发展的素养标准和要求。

拓展阅读

《中华人民共和国家庭教育促进法》

2021 年 10 月 23 日，第十三届全国人民代表大会常务委员会第三十一次会议通过《中华人民共和国家庭教育促进法》，自 2022 年 1 月 1 日起施行。家庭教育是教育的三大支柱（家庭教育、学校教育、社会教育）之一。家庭教育以立德树人为根本任务，培育和践行社会主义核心价值观，弘扬中华民族优秀传统文化、革命文化、社会主义先进文化，促进未成年人健康成长。

三、商业素养的基本特点

商业素养的表现形式是多种多样的，既能够以实体状态体现在外在形态上，也能够以内在状态体现出来。与商业从业者在商业活动中进行接触，就能感受其商业素养水平的高低。商业素养的特点可以体现在以下几个方面：

（一）社会性

要明确商业素养的社会性特点，首先要理解“社会性”这一概念。社会性是人作为集体活动中的一员，在参与活动时所表现出的有利于集体和社会发展的特性，社会性表现为：人是社会的产物、人的生产活动具有社会性、人的生活具有社会性。社会性是人不能脱离社会而孤立生存的属性，商业素养具有社会性使得参与到商业活动中的人们能够为个人、集体、社会的发展做出一定的贡献。

（二）稳定性

商业素养是商业从业者在长期的商业实践活动中慢慢形成的，这种素养一旦形成，就具备了相对的稳定性。例如，一位一直从事汽车销售行业的销售员，在销售商品的过程中，渐渐养成了一系列与其工作相关的商业素养，如关于商品的专业的知识储备、熟练的销售技巧与有效的沟通方式、行业政策法规的掌握等，同时这些素养也保持着一定的稳定。此外，随着汽车销售员不断学习以及所处商业环境对其的影响，他的商业素养也将稳步提升。

（三）发展性

商业素养是通过自身接受教育、不断参与商业活动以及受到社会的影响而逐步形成的，虽然具有社会性及稳定性，但是从长期来看，随着商业活动及商业环境的变化，对从业者也不断提出更多更高的要求。从事商业活动的人为了更好地适应、满足和促进商业社会发展的需求，也需要持续地提升自身的商业素养。

（四）内在性

商业活动的从业者在长期的商业实践中，通过自身的学习、认知以及亲身实践，能够感知自己的做法是否合理有效。商业素养的内在性体现在有自我意识地进行思考、沉淀和升华。商业素养的内在性决定了不能对其进行直接测评，需要借助其他手段和工具进行间接测评。

（五）整体性

人的商业素养是一个综合性的考量，具有整体性的特点。当我们提到一个人具备良好的商业素养时，不仅是指他的商业道德高，同时他的商业意识、商业技能、商业习惯等都有着较高的水准。如果一个人没有良好的道德意识，即使他的商业技能水平再高，我们也不能称其有良好的商业素养。

四、商业素养的基本内容

（一）商业素养的冰山模型

1895 年，弗洛伊德与布罗依尔合作发表《歇斯底里研究》，这也是最早提出的“冰山理论”，但“冰山理论”并不能够量化与评估个体的素质。1973 年，美国心理学家麦克利兰提出“冰山模型”，该模型将个体素质所体现出的不同表现划分为“冰山以上部分”的显性素质和“冰山以下部分”的隐性素质，以此来对人员素质进行量化及评估。美国学者莱尔.M.斯潘塞和塞尼.M.斯潘塞从特征的角度提出“素质冰山模型”（见图6-1）。该模型将个体素质比喻为漂浮在海洋上的冰山，并将冰山分为水面上的部分和深藏于水下的部分。水面上的部分也就是显性素质又称基准性素质，例如，知识与技能等就是显性素质，这部分素质容易量化及模仿，也不容易将个体进行区分。深藏于水下的部分也就是隐性素质又称鉴别性素质，内驱力、动机、意识等均属于这类素质，这是区分素质优异者的关键因素。

图6-1　素质冰山模型

依据“素质冰山模型”，如果将商业素养比作一座冰山，那么浮在水面上的部分就是显性商业素养，隐藏在冰山以下的部分就是隐性商业素养。

1. 显性商业素养

显性商业素养体现在商业参与者所展现出的与商业活动相关的专业的知识与技能，商业知识、商业技能展现特征明显，容易被衡量，是商业素养中被关注的重点素养，可以通过提升学历获得相关证书、考取各类职业资格证书、参加各种专业技能考试和通过完成商业任务来体现。

2. 隐性商业素养

隐性商业素养是一些不能够被轻易察觉到的潜在特质，如商业观念、自我形象、个人的品德品质、商业目标等。一般来讲，隐性商业素养能够影响着显性商业素养，是显性商业素养的内在动力，隐性商业素养的持续提升能够让人在商业活动中自然地展现出良好的显性商业素养，与显性商业素养相比，隐性商业素养并不能够通过等级考试或取得相关证书来被证明。

（二）商业素养的基本内容

商业素养可以通过后天训练，在商业实践中养成，我们可以从以下四个方面的训练来提升商业素养：商业道德、商业意识、商业习惯以及商业技能。前三个方面是商业素养的基础，属于隐性商业素养，商业技能受前三项的影响并且属于显性商业素养。

商业道德、商业意识和商业习惯这三项不是一蹴而就的，而是在长期的学习实践中慢慢获得，并逐步完善，同时也涉及个人的人生观、价值观、世界观的范畴，时间跨度相对较长。商业技能则是可以通过短期的学习或商业实践活动来获得，如掌握一门外语、掌握计算机技能并考取等级证书、学习某种产品的制作等，这些技能都可以在可预测的、有限的时间内达成想要的效果。商业技能是以商业道德、商业意识、商业习惯为基础的。即使从业者当前无法掌握高水准的商业技能，但只要有着良好的商业意识、商业习惯与道德品质，随着时间的推移，其技能也会逐渐得到提高，慢慢也能够被商业活动中的个体与群体所认可。反之，没有商业道德、商业意识、商业习惯为基础，商业技能无论强弱，都无法被商业活动中的个体与群体所认可。

任务二　养成商业素养

一、商业素养的形成与发展

在我国工商业发展历程中，学徒制是长期存在的商业素养培养形式。在近代学校教育没有成型之前，能力和素养的培养主要是通过师徒传承的传统学徒制。这种制度以师徒共同工作为主体，在传统手工行业中，师傅在劳动中教授徒弟各种知识和技能。对于徒弟而言，这是一种情景化的学习方式，可在实践的过程中养成各种专业素养。学徒制被认为是早期的一种教育形式，学徒制模式产生于家庭手工作坊之中，与生产实践紧密联系，也与商业活动有着不可分割的关系，随着学徒制的传承和发展，商业素养也产生了与时代相适应的变化。

早至先秦时期，学徒制就在中国产生了。自此以后，学徒制的历史可以分为三个时期，分别是古代学徒制时期、近代学徒制时期以及现代学徒制探索时期。

（一）古代学徒制时期

这一时期的学徒制又称“艺徒制”，人们的商业素养与生产活动紧密联系。早在西周时期，人们的训练和培养就产生了专门的行业分工。到了春秋战国时期，随着商业的发展，民间手工业者普遍拥有高超的技艺。由于商业上的竞争，这一时期技艺的传承仅限于家族内部传授，慢慢才由家族内有限地延伸到家族外，这使得当时商业素养的养成和发展受到一定的限制。到了盛唐时期，产生了由官府主管的手工业生产体系，官府选拔人才并实施对人才的培养与管理，这一时期的商业技能与知识有着相对统一的标准，受众范围也更广泛。宋朝时期，对商业素养的培养产生了一些规范性的要求与技术指导，各行业开始采用“法式”来规范人才的培养。如《营造法式》一书是由宋代李诫创作的一本建筑学著作，是一部在建筑设计、施工方面的规范书籍。明清时期随着资本主义萌芽的产生，商品经济走向繁荣，各行业凝聚力增强，形成能与官营作坊抗衡的行会组织，这些行会组织对人员培养有着更加规范化的管理，也象征着商业素养的培养走向了规范化与统一化。

总体而言，古代学徒制时期，师徒关系比较稳定，商业素养的培养采用的是言传身教的方式，师傅传递给徒弟的除了高超的技能与丰富的知识外，也将商业品德传递给了下一代，这一阶段对商业道德、商业意识等内容尤其重视，并且重点强调“尊师重道”的品德。我国古代往往有着严肃的拜师学艺的仪式，同时匠人们也在工艺技巧、品德素养方面精益求精，这使得我国的手工制品享誉世界。

（二）近代学徒制时期

这一时期是中国社会发生巨大变化的时期，自鸦片战争后，中国社会性质发生了深刻变化，农业经济遭受巨大打击，农业社会逐渐向工业社会过渡，生产方式由家庭本位过渡到社会本位，在这个过程中需要大批高素质的产业技术工人。一大批有识之士开始尝试变法改革，因此这一时期的商业素养的培养带有鲜明的时代色彩。传统的学徒制逐渐向学校教育转化，清政府在 1866 年创办了福州船政学堂即中国第一所近代高等实业学堂，这是近代中国职业教育的开端。政府开始介入学徒教育，具体表现为增加设厂授徒的场所和学徒数量。晚清时期，学徒制得到清政府的大力支持，原有的学徒制也得到了改造，学徒制在这一时期也得到了飞速发展。由于西方大量的科学文化知识的进入，人们变得更加务实，更加重视商业技能等显性素养的提升。对商业精神、商业意识也有意识地加以强化，如要求人们有强烈的服务意识、责任意识、爱国主义精神、健全的人生观与价值观、勤劳乐观的商业态度、良好的商业习惯和科学的态度等。在商业素养的培养中，不仅强调个人素养的培养，同时也重视个人素养的提升能够给社会带来的意义。

（三）现代学徒制探索时期

21 世纪，社会需要的是复合型人才，因此对商业素养的全面发展提出了更高的要求。现代学徒制是教育部根据《国务院关于加快发展现代职业教育的决定》，借鉴西方学徒制经验在我国职业教育领域推行的一项试验，以校企双重主体育人为根本，以“学生”“学徒”双重身份为保证，以岗位成才为路径，是一种全新的深层次职业教育工学结合人才培养形式。这是一种将传统学徒培训方式与现代学校教育相结合的一种校企合作式的职业教育制度。现代学徒制开启了我国学徒制发展的新时期，也意味着商业素养的发展来到了新时期。目前，高职院校越来越注重工学结合，这种基于工作和实践的体验能够使学习有明确的目标和针对性，充分激发学生商业素养培养的主观能动性。学生在校企场景互换中滋养爱岗敬业、精益求精、坚韧不拔、合作共赢、求实创新的职业精神，提升职业规划、价值追求、行为判断、执行能力的水平和品质，在全面发展的基础上，具备可持续发展、自主发展的内驱力，形成终身发展的能力和素养，使学生成为现代企业和经济转型所需的高素质人才。

拓展阅读

《营造法式》

《营造法式》是宋代李诫创作的建筑学著作，是李诫在两浙工匠喻皓所著的《木经》基础上编撰而成，是北宋官方颁布的一部有关建筑设计、施工的规范书籍（见图 6-2）。《营造法式》是中国古代最完整的建筑技术书籍，标志着中国古代建筑已经发展到了较高阶段。

图 6-2 《营造法式》

北宋时期，自上而下大兴土木，修建大大小小的宫殿、庙宇，数量庞大，造型奢华。由于工程量的浩大，监管产生了难度，大大小小诸多官员产生了贪污腐败的风气，使国库收支不能达到平衡。在此背景下，急需节约开支，规范各类建筑设计标准、材料施工情况、房屋建筑等级规范、建筑形式、用料额度等，以防范贪污腐败现象。这便是《营造法式》的诞生背景。

李诫以个人多年来在工程方面的丰富经验为基础，在参考了大量文献典籍，了解了民间工匠的各种操作技术与规范、各种建筑物的建造构成后，最终编成流传至今的《营造法式》。

二、商业素养的培养方法

商业素养作为每一个商业活动参与者都需要具备的素养，对于个人提升并实现自我价值有着重要意义。商业素养的培养应立足于商业整体环境，依托商业企业的实践环节，建立商业资源共享模式和平台，关注商业人才商业道德、商业意识的引导与教育过程，鼓励商业人才广泛地参与到商业实践活动中来。

（一）企业会加强对商业人才的培育与指导

1. 企业重视商业人才创新实践能力的培养

商业企业比较重视商业活动中的创新环节，以便为培养商业人才创新实践意识与素养奠定基础。企业擅长整合资源，打造创新平台，为商业人才提供资金与经验支持。在商业实践的过程中，企业广泛组织商业人才，协调配合，掌握商业知识，提升商业人才在商业决策、市场分析和判断方面的商业能力，对开拓创新的商业精神以及团队合作能力予以鼓励等。

2. 企业会帮助商业人才对商业环境进行有效评估与分析

企业能够帮助商业人才在商业现状方面进行客观理解与评估。在对商业环境、行业特点进行深入分析的过程中，商业人才可以充分了解当前商业行业发展的状态、未来商业的发展前景等。在对个人和商业环境进行分析之后，商业人才能够进一步确定在商业活动中自身商业素养的培养方向和目标，能够发展出适应时代要求的商业素养，也能够让自身在商业活动中抢占先机。

3. 企业会为商业人才建立科学合理的培养体系

企业在培养员工的过程中也会建立和完善一个商业素养规划辅导体系。商业素养的规划与培养贯穿于商业人才的整个学习时期，不同阶段的商业人才对商业素养的培养的侧重点的需求是不同的。如刚进入商业领域的人对商业中的一切事物都具有极大的好奇心和新鲜感，这一时期是培养商业素养，养成商业意识最好的时期，商业企业会通过交流研讨等方式，让经验丰富的企业家、专家学者与行业内新人进行讨论，给新人提供有效的指导规划，阶段性地培养新人的商业素养。迈过了新人这道门槛，接下来在商业素养的培养上，企业就会有针对性地对员工进行商业个性化测评，让员工明确自身的短板与劣势、长处与优势，以此进行适当调整。当员工成为商业内的有一定商业经验的人时，随之而来的是商业人才自己的商业意识、商业思考等，企业也会用合适的方法来将商业素养进行进一步升华，帮助员工学习各类商业技巧并将其应用到现实的商业活动中来。

在企业的帮助下，优秀的商业人才也会为自身制定科学合理的工作计划，比如实时地关注商业最新动态和新闻，开展职业生涯规划工作的研究与调查，掌握行业内对商业人才的需求状况以及对商业素养的具体要求，以达到自身有目的性地改进。

（二）商业人才会在商业实践中提升自身商业素养

（1）在商业实践的开展过程中，商业人才不仅关注自身显性商业素养的培养，同时也重视隐性商业素养的培养。

在商业实践环节中，商业知识、商业技能等固然重要，但更为重要的是商业活动中的处事之道以及商业意识的培养。商业意识是一个人对于商业活动认知的体现，商业人才在实践中将知识学习与商业意识的培育相结合，能够帮助自身更详细地了解商业活动的内核，也能够有针对性地处理商业活动的需求与反馈，进而改进自身在商业素养培育过程中出现的问题，及时进行自我反思、自我调整。

（2）商业人才也会有意识地寻找或创造良好的商业活动实践条件，比如寻找或建设一个集商业知识教学、商业技能培训等功能为一体的开放性资源共享平台，在该平台内，可以进行商业模拟实践活动，丰富商业实践经验。通过深化各类平台及实践基地的合作建设，开拓更多的商业实践基地，扩大商业实践平台的合作层次、合作范围、合作区域，从而扩展商业素养培养的视角。

（3）在商业素养培育环节中，导师的培育起着相当大的作用。

专业知识与技能的传授和商业素养的培育是紧密联系的，导师们自身具备的商业素养对于商业新手来说至关重要。导师们能够精准把握商业活动的实时动态和理论前沿，了解商业活动的发展规律，积极主动地适应商业活动的发展需要，掌握商业活动需要的商业技能、商业习惯、商业意识等。结合创新的思维，导师们也会创新商业素养培养的内容，让前沿的理论知识走入商业实践环节，把商业素养的培养引入到专业技术的层面，并在商业实践中注入商业道德培养。

（三）商业环境对商业道德和商业意识的引导

从事商业活动的目的之一是获取利润，这是一个客观的情况，古人对此也直言不讳。“天下熙熙，皆为利来；天下攘攘，皆为利往。”这句话最早出自先秦的《六韬引谚》中，后来在西汉著名史学家、文学家司马迁的《史记·货殖列传》中出现并流传下来。本意是指人们为了利益而奔走。商业活动中必然会出现对财富的追求，这是不可否认的。孔子也曾说过：“富与贵，是人之所欲也。”古人对于“利”有着一定的认识，但是在传统的商业素养及观念中，重义轻利是相当重要的思想，这也使得商业实践活动与商业道德和商业意识相挂钩。

在整个商业行业中，对于从业者的商业道德和商业意识都十分看重，也会努力加强从业者这些隐性商业素养的培养与教育，引导商业人才有意识地、自主地培养具有大局观、前瞻性的商业意识及思维，以一个良好的心态步入商业实践当中来。培养良好的商业习惯与行为，应从点滴做起，不畏艰难，不惧怕失败与磨练，积极应对商业环境中的挫折与考验，能够虚心接受批评并进行自我反思。商业人才应锻炼在竞争中合作、合作中竞争的心态，拥有社会责任感与使命感，和企业共同进步，形成良好的商业环境和氛围。

三、商业素养与商业文化的关系

商业素养的养成与商业文化的发展是相互促进、互相影响的，商业素养与商业文化是协调发展的。一方面，商业素养丰富了商业文化，让其具有多样性的特征；另一方面，商业文化的传承和发展也会提升商业人才的商业素养。中国的“和”文化源远流长，这其中就有“和商”文化。自古以来，中国就有和气生财、以和为贵等说法，“和”字也体现了商业文化中商人们良好的商业素养，彰显了商人的良好品质。“和”文化展现了商业文化的优秀内核，也对商人的商业素养提供了指引和方向。

商业文化及其价值具体可以涉及商业风俗、商业历史与法律、商业价值观等，对于商业活动参与者而言，掌握商业发展的历史，了解商业法律法规，掌握不同时期商业形态的变化情况和各类商业习俗文化，拥有正确的商业观等，都是相当重要的。商业素养是个体参与商业活动是否顺利以及能否成功的关键因素，也是身处商业文化中的人们所必须具备的基础，商业素养与商业文化的关系是紧密联系又互相产生着影响。

（一）文化理解和素养养成对国家和民族的发展具有深远影响

文化是一个国家和民族的灵魂和生命，是一个国家和民族综合实力的重要体现。文化兴则民族兴，文化强则民族强。人类发展的历史经验表明，古今中外的一切大国都是文化大国和文化强国。实现中华民族的伟大复兴，必须实现文化的高度繁荣兴盛，提高中华文化在世界范围的综合竞争力和影响力。建设文化强国是当前国家发展战略和任务的重要组成部分。中华文明源远流长，博大精深，中国人有着悠久灿烂的历史和丰富的文化遗产，中华民族拥有世界上最早的文字、最早的书籍、最完整的经典和其他珍贵文献资料。因此，在21世纪商业素养培育的框架中，应引入商业文化理解与传承这一理念。把文化理解和传承素养作为21世纪人才素养的核心，对于建设人力资源强国和文化强国具有深远意义。每个中国公民都应有一定的文化理解和素养传承，这是人类社会发展的基本规律，也是现代公民的素质要求。因此，在全球化时代，培养和提高人们的文化理念、价值观和行为方式，已成为教育层面的重要课题之一。“人”既是知识的创造者和消费者，又是精神的创造者和文化传播的主体力量，更是建设社会主义新文化的基础。培育商业素养是促进人在商业文化中全面发展的关键。

文化的理解和传承，本质上是立德树人的过程。良好的商业文化对个人良好的商业道德、商业意识、商业思维和商业行为习惯的形成具有不可替代的作用。培养人们对商业文化的理解，帮助人们传承商业素养，就是培养具有商业文化使命感和社会责任感的商业人才。

（二）提高个人商业文化理解和传承商业素养促进社会和谐发展

从社会发展角度来讲，商业文化中蕴含的价值取向和行为准则，是凝聚人心的基石，可以促进社会群体中的个人共同建设精神家园。提高商业文化的理解，传承商业素养，对社会发展具有重要价值，而社会的良性发展反过来又对个人的美好生活具有重要意义。

以全球化的视角来看，虽然各地区的经济、资源和科学技术已进入一体化时代，但不同地区和民族的文化形态和结构仍有很大差异。在当前现实下，这种文化差异的存在也可能带来一些矛盾，因此不同文化传统和文明形态之间能否相互尊重、相互理解，能否进行有效地沟通和交流，是值得研究的一个重要议题。

培养人们对商业文化的理解，帮助人们传承商业素养，有利于增进个人对文化的差异和共性的认识与理解，增加多元文化之间沟通的有效性，促进文化间的良性互动。

拓展阅读

转换成本：忠诚度来自“背叛”成本太高

关于留住顾客、提高他们的忠诚度，很多人首先会想到提升自己的产品质量，然后会想到用更多的优惠折扣和福利来吸引和回馈老客户。但是竞争对手和他们的福利优惠是层出不穷的，更多可以看到这样的情况：哪个店或者平台有优惠，用户就去哪个店和使用哪个平台。

有时候，顾客对产品和服务并不十分满意，却一边抱怨一边坚持用；有时候，顾客号称非常喜欢某个产品，却说走就走，头也不回，这是为什么？因为顾客没有忠诚度。什么是忠诚度？忠诚度其实还有一个“学名”，叫“转换成本”。

用户更换产品的动力＝（新产品价值－原产品价值）－转换成本

客户的忠诚度是企业的护城河，因为人都有趋利避害的本能，所谓忠诚度只有一个来源——背叛成本太高。用通俗的话讲，“新产品价值－原产品价值”就是“受到的诱惑”，“转换成本”就是“背叛的代价”。用户之所以说走就走，就是因为受到的诱惑大于背叛的代价。比如某人在百度云上有 800 GB 的存储内容，虽然腾讯出了“腾讯云”，好用的同时价格甚至更优惠，但他不会轻易放弃百度云，而去使用腾讯云。原因就在于把 800 GB 内容从百度云搬家到腾讯云，转换成本太高。

程序性转换成本：指更换品牌和产品必须付出的时间和精力，以上提到的不轻易转换到腾讯云的原因就是程序性转换成本过高。

财务性转换成本：航空公司、酒店集团的积分和会员身份，就是顾客的财务性转换成本。用户想退出会员时，想到那些即将过期的积分，就会有很大可能选择留下。对苹果公司来讲，用户在应用商店购买过的 App，就是他们的财务性转换成本，因为如果换用安卓机，就还得重新购买一次软件。

关系型转换成本：比如一个人和某一群人一起旅行习惯了，换一个旅行社时的“依依不舍”，就是他的关系性转换成本。销售员如果和自己的客户建立起了良好的友谊，客户换供应商时，就会产生一种“情感背叛”的感觉，这种感觉就是客户的关系性转换成本。

优秀的产品质量是吸引用户的第一步，真正能留住用户的是高转换成本，企业想要尽可能地留住用户，不妨从转换成本方面入手。

视频

商业素养

单元四　商业技能

商业技能是一个相对独立的概念或者范畴。商业技能作为商业素养的重要内容之一，影响着商业素养的方方面面。进入 21 世纪以来，我国商业发生了翻天覆地的变化，经历了由传统商业实体行业到线上互联网行业再到互联网线上与线下并行模式的发展历程。其中最突出的表现之一，就是传统实体零售行业向互联网电子商务行业的转型与发展。这种变化不仅改变了消费者的消费方式和购物习惯，也改变了商品的销售渠道和营销模式。对于商业素养中的商业技能来讲，商业行业的巨大发展，对于人们所具有的商业技能也提出了新的要求。这是一个更复杂和更综合的问题，因为它涉及广泛的知识，而且会随着时间的推移而变化，所以在很多情况下，我们不仅要学会如何去做，还要掌握其他技能，以适应不断变化的商业环境。

任务一　商业技能的含义

一、什么是商业技能

（一）技能

技能是掌握和应用专门技术的能力，也可以说是一种活动方式或动作方式。《辞海》将技能定义为运用知识和经验从事某种活动的能力。通过反复练习而达到速度、精度和移动自如的能力称为熟练或技巧。《教育词典》将技能定义为通过重复学习和反省获得的体能、心能和社会能力，个人可以不断提高。《教育大辞典》对技能的定义：一个主体根据现有知识和经验，通过实践对一项任务采取行动的方式。这种观点突出了通过活动或运动获得技能的方式，并对如何获得技能提供了更明确的答案。然而，技能属于知识的范畴，技能的获得与知识的传授是分不开的，这一定义忽略了技能与知识之间的联系，没有提出技能与知识之间的必要联系，因此，在技能训练方法上，这将有可能导致机械性地模仿和重复性地练习。尽管对技能的定义不同，但这些定义是共同的，不难发现它们之间的共同点：

首先，技能是通过一定的方式在后天获得的。外显的动作类型技能和隐性的心智类型技能是能通过一定的方式来进行表达的。同时，技能的发展与提升是一个不断熟练化的长期过程，因此对于人们的技能培养是具有可操作性的，而且将要贯穿人的一生，同时要考虑职业的复杂性对商业技能培养的影响。

其次，技能与知识是相辅相成的。知识的本质是存在或者不存在，而技能是以熟练和不熟练来衡量的。在练习和掌握一项技能时，有必要使用大脑中存储的一些先决知识来指导活动进行，从而增强解决问题的能力。知识不能直接转化为能力，而技能则是将知识转化为能力的一环操作，也是知识与能力之间的桥梁。

（二）商业技能

从概念的角度来讲，商业技能是由商业与技能的相关概念引申出来的，是一个人在意识的控制下所具有的从事商业活动的能力，这种能力可以分为两个方面：一方面是指在从事商业活动的同时，通过自己以往的经验和学习所获得的知识与技能；另一个方面涉及日常交往中形成的文字语言、面部表情和肢体动作等表达技能。其中，表达技能是传递信息沟通信息的最基本、最直接的手段，是学习者获取信息的重要方式之一，是掌握商业技能的关键。

具体到微观层面，商业技能可以理解为是一个商业活动参与者追求商业成功的多种能力的综合。商业活动参与者通过多角度学习能力的培养，将自主学习能力、电子信息应用能力、商业生涯规划能力、沟通表达能力、团队合作能力、创新创业能力和商业工作态度有机结合。它是一个学习、教学、实践的循环，可以加深对知识和经验的理解，提高自身的综合素质，最终实现自我价值。

二、商业技能的内容

（一）营销技能

商品是用于交换的劳动产品，在商品丰富的社会，商品具有交换形式丰富的特点，因此商品营销的技能被认为是最基础、最重要的职业资格标志。在商业经营中，营销技能可以把客户吸引到自己的业务中来，使用销售技巧可以把他们变成回头客，增加客户黏性，提高交易量。

（二）沟通技能

沟通是商业人士的必备技能，是指商业从业者具有收集和发送信息的能力，能通过书写、口头与肢体语言，有效与明确地向他人表达自己的想法、感受与态度，同时也能较快地、正确地解读他人的信息，从而了解他人的想法、感受与态度。沟通技能涉及许多方面，如简化运用语言、积极倾听、重视反馈、控制情绪等。善于沟通也能使商业人士在处理复杂的商业环境方面具有一定的优势。对于企业管理者来讲，良好的沟通可以增加员工的信任度和忠诚度，与伙伴建立更深的合作关系；对于一线销售人员来讲，有效的沟通可以形成更好的人际关系，促成交易达成。虽然拥有沟通技能并不意味着就能成为一名成功的商人，但缺乏沟通技能一定会使商业经营者遇到许多麻烦和障碍。

（三）客户管理技能

客户管理并非字面意义上的“管理你的客户”，而是要清晰地掌握客户的需求并想办法最大限度地满足客户对企业产品的需求。最终目标是吸引新客户、保留老客户以及将已有客户转为忠实客户，增加市场。企业赖以生存的本质内容是解决一切问题，提供客户所需要的产品，想客户之所想，急客户之所需。优秀的商人会花大量的时间了解客户的思想并与其进行最直接的沟通，不管客户反馈的情绪是正面还是负面。具有良好的客户关系意味着商人将每一个客户都当作是促进企业长期发展与成长的良好动力。

客户关系管理近年来被应用在各类企业中，已经从最初的销售服务扩展到营销、财务等各个领域，也包括人力资源、市场调研等相关活动。从双方关系来看，客户管理实质上是对企业客户资产的增值管理，是一种企业发展的整体战略观，是企业决策的重要基础，涉及企业的各个层面，甚至决定企业未来的发展前景。

（四）服务技能

商业是一个与人打交道的行业，人们之间会有服务者与被服务者这样的关系。那么作为提供服务的一方，就要具有专业的服务技能。具体到不同的企业、不同的岗位，对商业从业者的服务技能有着不同的要求，甚至在最基本的买卖活动中，也无时无刻不蕴含着服务技能。当商人向顾客售卖商品时，也就同时在提供着服务，对商品的解答，与顾客的一来一回之间，均体现着服务技能的运用。可以说，商业活动天然包含了对商业技能中服务技能的要求。

（五）规划技能

在商业活动中，每一步都至关重要，有时甚至是一步定成败，特别是当企业处于早期发展阶段。优秀的商人会仔细考虑每个决策的风险、每种产品的成本和收益，制定一个切合实际的计划并坚持下去，把时间、预算等因素都考虑在内，一步步让计划成为现实。

（六）写作技能

除了以上技能外，写作技能是一个略微冷门、容易被忽视却又在商业活动中有着一定作用的技能。与沟通技能不同，沟通技能以语言的方式展现，而写作技能以文字的方式体现。在商业活动过程中，商品的销售买卖，在正规的情况下最终都会落实在文字上，口头承诺是有着较大风险的，而文字则将一切条款体现的清晰明了，因此逻辑通顺、文笔流畅的写作技能是必不可少的。

三、商业技能的特点

（一）理论性

商业技能具有较强的理论性，理论性是商业技能的基础特点。理论是指导实践的科学，是人们认识事物的本质和规律的总结。商业技能的实践应用需要具有一定的专业理论与专业基础知识。由于商业技能本身的复杂性、多样性和灵活性，使得它并不像其他学科那样具有严密而系统的体系结构，因此，需要打好理论基础，用理论指导实践。理论与实际是相互联系、相互交叉的，是推动历史发展的强大力量。

商业技能是相关理论的实践化以及具体应用，不具有专业扎实的理论基础的任何一项商业技能，都是经不起推敲及时间检验的。因此，在商业活动中，需要全面学习和应用自己的专业知识、专业技能和技术，在商业活动中保证有足够的专业素养和综合竞争力。随着我国市场经济的不断完善和发展，越来越多的人开始关注和投资商业活动，要想在日益激烈的商业环境中立于不败之地，就必须要有较强的专业知识水平作为支撑。

（二）创新性

创新性是商业技能中最突出的特点。创新意味着持续性地学习与实践，在商业活动中，需要人们具有较强的自我创造能力、独立思考与解决问题的能力以及对商业文化的深刻理解和对商业环境的强大适应能力。创新的过程包括：知识的获得、技能的产生、知识的传递与扩散、信息的采集与消化、信息的二次加工和传播。创新的重要性受到人们的广泛关注，创新能够促使个体和企业由低层次走向较高层次发展，提高生产率，改进生产方式，同时可以促进市场的竞争，增强企业的独特竞争优势。但需要注意的是，创新并非万能的。创新也有其局限性，如果企业资金链并不强势，缺少相关的专业领域的人才或者其他一些重要条件，就不能达到商业活动预期的计划。因此，需要根据企业的实际情况选择合适的创新思路与模式，才能确保商业企业的长期稳定发展。

商业技能的创新性也给商业带来了诸多变化，如移动支付的飞速发展以及其广泛的应用场景和覆盖范围让商业进入了一个新的阶段，这大大提高了商业活动的效率，给买卖双方带来了极大的便利。5G时代的到来，网络直播技术的发展给传统的营销模式赋予了新的形式；商业技能的创新，让销售不在局限于特定的地点，大大拓展了商业活动的场所，将销售从线下发展到了线上，扩大了销售渠道，增加了影响范围。

（三）规范性

任何行业或者职业都有一定的对于技术、技能等方面的确切要求，或严格的、具有衡量尺度的规范操作与评估的系统。在对商业技能进行辨别与认知时，规范性可以将商业技能清晰地分出类别并合理地运用到最适合的商业活动中去，这将极大地提高商业活动的效率，并能够有效地进行资源的配置与利用。由于商业技能可以分为各种类别，且不同的商业技能之间对于实际运用中的规范是有区别的，因此在实际商业生产中，会具体到某项技能，所具有的具体工艺、流程、技术手段就会各不相同，就会有着不同的操作规范与方法，从而意味着商业技能的规范性在不同行业、不同企业有着各自特点。

（四）专业性

专业性是商业技能最内在的特性。商业技能的专业性就是对于商业活动中某个专业领域或某种技能工艺的实际操作，同时也能够体现商业活动参与者其商业素养的专业、理论功底的扎实、实践经验的丰富。它包含了从事该项商业活动所需要具备的知识、技能和经验等，这些知识和技能以及经验都是商业活动参与者在一定时间内学习并且积累起来的，并且一直持续地更新着。

（五）系统性

商业技能具有系统性的特点，这一特点是从整体情况出发的。商业技能的产生、学习与培养是一个连续的过程，并不能将各个阶段分解开来，从而形成了商业技能系统性的特点。商业技能的产生是一个系统性的过程，不是一蹴而就的。商业技能的学习也是一个系统地学习过程，各类理论知识的学习是逐步推进的，并不能够产生跳跃性地学习状态，而各类实践性的学习与思考也是在理论学习的基础上进行的。同时商业技能的培养也并非短暂的培养过程，短期的培养或许能暂时性的获得一定的商业技能，但是从长远考虑，想要有着稳定且扎实的商业技能，就必须通过系统性的培养过程。对于企业管理者来说，也应当系统地学习并掌握各种知识和技能，以便更好地适应商业活动。

（六）应用性

商业技能具有应用性的特点，这是从实践角度与实际的商业活动角度出发的。商业技能在养成创新思维和提高实践动手能力方面有着很大作用，同时商业技能对于个人在就业方面起着积极作用。个人在商业环境中会经历各种类型的商业竞争，在这种情况下，拥有一定的应用性的商业技能就能保障个人的就业机会。学习理论知识能够更理性地认识社会、适应社会，商业技能则能够更加高效、准确地完成商业活动所给予的任务，以便能获得更好的商业收益。当下我国经济社会处于高速运转时期，商业活动与环境十分活跃，各企业之间在商业中的竞争也非常激烈。这就意味着，随着商业竞争的发展，从业者也面临着更多的决策问题，在这个过程中，就需要为自身制定合理有效的商业发展计划，通过商业技能的实际运用来提高自身的商业核心竞争力。在商业活动中，通过理论学习获得的商业技能能够运用到商业实践中，并且具有很强的应用性，因此商业技能对于商业素养的培养具有很强的实用性。

拓展阅读

企业直播是企业家必须掌握的基本商业技能

2020 年，企业直播平台呈现出前所未有的爆发力。随着业态不断发展，如今的直播已经度过了草长莺飞的起始阶段，演进为一种兼具强互动性、即时性、兼容性的大众传播渠道，并成为电商行业备受青睐的新销售模式。近期越来越多的企业家也加入到企业直播的行列中来，掀起了一波直播带货热潮。

直播带货行业崛起了一股“新势力”，各路企业家纷纷下场，展现带货能力。据媒体不完全统计，2023 年上半年，共有超过 100 位企业家亲自上场直播带货，品类涵盖旅游、家电、图书、数码 3C、消费品等领域，企业直播俨然成为全社会的共识。

数据显示，2022 年中国直播电商市场规模达到 3.5 万亿元，同比增长 48.21%，2023 年上半年，中国直播电商市场规模约为 19 916 亿元。相关分析师认为，中国直播电商市场规模仍呈现持续上升的趋势，未来，直播电商行业的发展会进一步推动“人场货”中的“人”，即主播这一重要环节的发展。

广告有“促销广告”和“品牌广告”，而直播一直以来只有“促销直播”，没有“营销直播”，促销直播的巅峰是曾经的主播三巨头，玩法非常统一：全网最低价、极致优惠、大量赠品、各种抽奖。促销直播和促销广告非常相似，着重优惠和赠品，喜欢高频重复讲价格和卖点。同理，营销直播和品牌广告非常像，着重品牌价值传递，包括产品 UPS，设计亮点，背景故事，情感表达等。东方甄选直播间是以双语直播吸引关注，人文情怀引发兴趣，高品质产品促进购买，知识教育带来黏性，正好论证了“AIPL 营销模型”。当“促销直播”和“营销直播”两大阵营出现的时候，直播电商才真正走向完整。

是什么吸引 CEO 们纷纷入局到直播电商的行列。企业家直播带货是昙花一现，还是能持续进化的新零售模式？企业家直播又能给企业带来哪些价值体现呢？

（1）探索新的商业模式，打造线上营销体系。当前，直播电商成了企业家们的群体选择。他们试图通过直播带货带动企业营销方式转型，由市场营销向品销合一的企业直播电商探索，直播已经从“亚文化”变为整个互联网生态的重要组成部分，“粉丝经济”也成了未来每个企业组织必备的营销和传播途径！

（2）直播不仅仅是卖货，更多的是传递企业的经营理念、品牌价值和企业文化。企业家直播，除达到销售产品的目的以外，更多的是在传递品牌价值、企业文化、展现企业家人格魅力，带货的销量不是唯一的评判标准。当下传统媒体成本越来越高，网红直播的方式既可以低成本获得用户，又可以培养一大批认同企业文化，认同或欣赏企业家人格魅力、经营理念的忠实粉丝，这对于企业无疑是一笔巨大的财富。

（3）借助企业家直播话题赋能、企业直播平台流量赋能、公关传播预热赋能、主播的粉丝赋能，企业家亲自上阵直播带货已然变成企业的一次营销活动，并且同时产生的广告效应、产品展示、销售转化都超出了常规广告的价值。通过多位企业家亲自上阵直播也凸显了一些问题，未来企业家亲自上阵直播可能不会是一个常态，但企业家要有直播意识和基本技能，因为直播电商将成为企业的标配。

直播电商的下半场有了更多可能性，各企业开始进行“直播 BAT 三角布局”，抖音有大体量的用户，是内容直播场；淘宝有海量的产品，是消费直播场；微信有无穷的私域流量，是社交直播场。三位一体，人货场会更稳定。所谓“沉舟侧畔千帆过，病树前头万木春”，未来的直播电商看似风云莫测，但依旧未来可期。

任务二　锤炼商业技能

一、商业技能培养的必要性

商业技能的培养，有助于商业技能与其他类型的商业素养的融合，如与商业意识、商业精神的融合，也有助于提高商业人才素养的质量与水平，帮助商业人才全面发展。在当前商业经济形势下，商业技能的培养是十分必要的。一些企业对员工商业素养的提升并没有很高的重视程度，有的企业把商业技能训练等同于岗位技术培训，有的企业把商业技能当作商业素养培养的唯一指标，而忽略了商业技能的综合性以及与其他因素的关联性，从而导致商业技能培养方面出现了一些问题。

（一）对商业技能的培养是新时期的商业形势对商业人才的需求导向

在实际的商业活动中，企业对商业人才的需求是有一定的基本要求的，多数情况下，企业需要员工具有较高的商业素养，能够有熟练的商业技能为企业创造价值，同时也要掌握新时代的商业思路与商业意识。在新的经济形势下，企业对于技能型商业人才的需求量是大大增加的，这就要求商业人才不能仅拘泥于理论知识的学习，而应加强对商业技能方面的塑造，以满足社会的需求。

（二）对商业技能的培养是帮助商业人才提高商业适应力的过程

“纸上得来终觉浅，绝知此事要躬行”。重视商业技能的培养，原因之一是帮助商业人才在未来的阶段能够更好地适应复杂多变的商业环境。在对企业和员工的调查中发现：有些员工对于企业存有不满，他们并不适应企业的工作环境，也不适应商业的节奏变化；而部分企业认为这些员工并没有足够的能力胜任企业的相关工作，在商业环境的实践中显得比较局促。造成这种情况的原因是多方面的，对于员工来讲，存在着在踏入真正的商业环境前，忽略了商业技能的实践性与培养，对于商业技能的把控并没有十足的把握；对于企业来讲，没有意识到商业技能的重要性，在筛选求职者时没有对商业技能方面的素养引起重视。

（三）商业技能的培养对于商业文化的发展有着重要意义

商业文化作为文化的一种类型，对于商业的发展有着深远影响。商业文化包括物质文化和精神文化，而这些文化需要商业人才通过施展商业技能去创造。创造出来的商业文化需要传播和发展，商业人才在商业技能的培养过程中，就无形的传播着商业文化，商业技能逐渐走向成熟的过程也体现了商业文化的发展。因此，商业技能的培养已经不仅局限于技术与能力的培养了，而是可以理解为对商业文化的传承和创新。培养出一批批优秀的、具有高水平的商业技能的人才是传播商业文化的有效途径之一。商业文化可以经过人们的口口相传进行传播，也可以通过真实的示例展示在世人面前进行传播，具有高水平商业技能的商业人才就是商业文化传播的良好示范。

（四）重视商业技能的培养能够提高商业人才的整体质量

重视商业技能的培养有助于提高商业人才的素养。在不断地练习与实践中，商业技能的提高能够对人的商业意识提升产生重要的影响，也能够对培养商业人才的素养产生积极的心理暗示。商业技能水平的提高能够让培养主体产生更多的自信，从而产生更多的创新意识与新的商业意识，并且产生参与商业实践的勇气与自信。当商业意识得到肯定与正向反馈后，又能够反作用于商业技能。商业意识一旦被验证为有效的思路，那么在现有的思路基础上，商业素养的培养主体就会按照这种思路进行商业技能的提高与学习。

拓展阅读

提高自信的几个小技巧

1. 直面恐惧

恐惧是一把双刃剑，恐惧既能保证自身的安全，提醒身边可能出现的危险，也能将自己放在保护罩之内，从而屏蔽了一些好的事物，因此不要被恐惧支配。

2. 认识自身优点

自己是自己的最大敌人，人们很容易因为过度在意自身的某些缺点而忽视了真正的优点，多花时间关注自身的优点，就能获得自信。

3. 设定能达到的目标

通过设置小目标的方式一点点达到最初预期，从而帮助自己提高自信。

4. 帮助他人

做志愿者或者帮助他人能体会到成就感与自豪感，通过帮助他人能与他人建立良性关系、释放自身压力，从而获得幸福感。

5. 认识自我

在找到自身优点并建立自信后，应清楚认识到自己的不足。

6. 停止攀比

每个人都是独一无二的，都能取得自身的成功，每个人都不能成为别人，因此攀比是没有意义的。

二、商业技能培养的方法

商业技能作为职业技能中的一种形式，是人们在商业活动中所必备的基本素质。它包括了熟练掌握商品知识、灵活的销售技巧和商业管理的方法等多个方面，是一门复杂的综合技能，也是衡量一个人商业素养水平的重要指标之一。如财务人员的商业技能包含了凭证的归纳与整理、账目报表的编制、财会法律法规的熟练掌握等。

学习商业技能不仅是提高企业竞争力的关键，而且具有重要的经济意义。商业技能与社会发展需求密切相关，随着社会经济的快速发展和人民生活水平的不断提高，消费观念和消费行为正逐步从物欲转向精神层次，现代市场的供给结构和消费结构正在发生变化。商业技能与人才培养模式创新相辅相成，随着我国市场经济体制改革的不断深入和社会经济全球化进程的加快，企业之间的竞争将越来越激烈，企业对人才的要求也逐渐提高。商业技能的培养方法有如下几个方面：

（一）学习专业知识、具备扎实的理论基础

理论来源于实践，也要运用于实践。在专业知识学习的过程中，商业人员要注意两个问题：理论知识的掌握和如何将专业知识运用到商业实践活动中来。这就要求商业人员在学习专业知识时，能够将知识与商业实践联系起来，充分发挥理论的先导作用。只有知行合一，才能深化理论。因此，学好理论的关键不仅在于书本上的内容，还在于能够从具体的情况出发。只有掌握商业的基本理论，了解企业生产与销售等环节中的实际操作经验，才能科学、客观地掌握商业的技能。

1. 了解商业理论体系

了解商业理论体系的具体内容，把握企业在商业经济中的地位和作用。了解公司的产品、服务、价格、广告等战略，提高自身的综合商业参与能力和商业素养，为今后的各项商业活动打下坚实的基础。

商业理论体系是学习和理解商业技能的基础和前提，它有助于商业人才正确认识和分析商业需求，把握商业发展方向，制定科学的商业活动策略。同时，也开辟了新的就业渠道，增加了就业创业机会。了解商业体系，对于促进自身商业技能水平的快速提高具有指导意义，对在长期的商业生活中创造和传承商业文化也有重要的理论意义和现实意义。

2. 善于发现商业理论体系的内在联系

掌握商业理论各方面之间的联系对于商业技能的培养有着很大帮助。熟悉商业经济学各分支领域，通过查找资料、编制流程图、采用合适的商业技术对原始数据进行进一步的分析和建模，可以对商业模式、商业逻辑、商业经济等商业理论体系进行综述、总结和梳理，进而发现其中的内在联系，综合运用商业理论。

3. 把握商业理论体系的重点和难点

一旦掌握了商业理论体系里的重点和难点，商业人才就可以在学习商业理论、培养商业技能的同时，提高创新意识，表现出一定的思考能力。学习商业经营管理方法，掌握商业发展趋势和竞争状况，通过阅读大量的书籍，在应用中不断总结，努力把自己培养成一个具有较高商业素养的商业人才。商业理论体系是商业文化与商业技能之间的一座重要桥梁，是掌

握商业技能的关键，也是商业技能测试的重点。通过对商业理念、价值观的理解，使商业人才的思维方式、判断能力得到锻炼，从而帮助商业人才充分认识商业理论体系在学习商业技能中的作用，充分认识商业技能在实践中创新性发展的重要性。

4. 对商业理论与商业实践的关系进行梳理

对商业理论的具体操作性和规范性进行深入的思考，才能使人在商业活动中有一个良好的学习环境。对于商业经济发展水平不同的地区，可以根据当地的实际情况，选择合适的商业素养培养模式来进行商业技能的培养，同时达到培养高素质人才的目的。

（二）不断锻炼与练习商业技能和技术本领

商业技能的养成过程就是不断地锻炼与获得的过程。在生活中，会存在着这样的情况：有些商业人才对于一个知识点的理解并没有达到客观标准，但在自我认知上却认为自己已经掌握了该知识点的大部分内容，结果在实践中就出现了问题，此时这些商人就会对这种现象感到无法理解，很难找到原因。事实上，如果加以分析，不难发现，这其实是由于商业人才在平时的学习中对知识点理解不透彻、掌握不牢固造成的。如果在进行复习或者练习时能够加以思考，反复练习，将知识点充分消化，进行巩固训练，那么这种现象就不会发生了。商业技能能够通过参与商业技能教育得到，参与商业技能教育的目的就是要熟练地运用和掌握专业性的商业技术与技能。为了能够获得熟练的商业技术与技能，需做到以下几点：

1. 提高训练意识与观念

这是一种学习商业技能的态度。态度决定一切，无论学什么，只有思想上高度重视，才能学得认真、细致、到位。

2. 不断地思考以及钻研

人类的学习总是会有阶段性的瓶颈，而这个“瓶颈”就是知识的积累。经过一段时间的学习，商业技能将达到一个难以提高的阶段，这并不意味着已经到了商业技能学习的“天花板”，也不意味着商业技能不能继续提高了。这个时候需要做的是：好好思考自己的商业技能关键点，以及阻碍自己进步的困难，找到它，突破它。

3. 保持不断练习的习惯

这是一个有趣的过程，如果想要成功，就必须通过不断的实践来练习已经掌握的商业技能，练习中断会导致商业技能退化。

4. 不要怕失败

在学习的初级阶段，失败是非常正常的。如果能战胜自己的畏难情绪，迎接挑战，坚持下去，终将获得成功。“路漫漫其修远兮，吾将上下而求索。”遇到失败不可怕，寻找问题、发现问题、主动解决问题、纠正错误，才会得到意想不到的进步。

5. 向专业人士请教与学习

站在巨人的肩膀上看问题，问题就能够清晰明了、迎刃而解。在学习上保持着谦虚谨慎的态度，善于总结自己的不足之处并及时改正，才能获得熟练的商业技术与技能。自主学习有其存在的优势和意义，但专业人士的帮助能为处在困境中的人点拨思路，帮助其学习到没有接触过的知识，掌握不曾掌握的商业技能，加快学习的效率。同时也能够产生更多的思维碰撞，启发更多的创新思维，创造更多的商业机会。

（三）掌握前沿的商业技能理论

为了能及时掌握商业的发展动态、更新商业文化的理念和商业技能技术，应当关注国内外的商业理论、商业学科分类和技能设备上的研究成果与理论走向，同时要通过一切可能的途径掌握商业的最新动态。

有以下几种途径能够帮助人们掌握前沿的商业技能理论：阅读最新的杂志报纸，掌握最新的资讯；关注商业经济类网站；通过新出版的商业类书籍进行理论学习；充分发挥媒体、媒介的力量进行信息资源的获取等。始终关注商业的发展变化趋势，特别要关注新兴商业类型的产生，牢牢把握商业发展趋势，与时俱进、不断学习。了解国家对商业发展的要求与期许。商业技能的发展不仅影响着个人、企业、行业，同时也影响着商业经济的发展，关系到民生以及我国在国际上的技术优势、地位、竞争力水平等。

拓展阅读

提高沟通能力的七个实用小技巧

1. 态度要真诚

与他人沟通时，态度一定要真诚，要让对方感受到你是真心待人的，这一点很重要。

2. 看沟通、访谈类节目

当今社会，电视和网络的访谈类节目有很多，在看节目的同时，可以学习节目的沟通模式，然后将其运用到自己的生活当中。

3. 多与人交流

实践出真知，想提升沟通能力，就一定要实践，否则再多的沟通技巧都是纸上谈兵。

平时可以多跟家人、朋友促膝谈心，分享自己平时的生活，通过与家人、朋友经常交流，提升自己的语言表达能力。

4. 善于倾听

善于倾听也是提升沟通能力的途径之一。只有多听，多思考，才能更好地表达自己的见解。

5. 适当控制语速

在沟通的过程中，要注意控制语速，不要过快。放慢语速能让自己输出的信息更加井井有条，同时也能让他人听得更加清楚明白。在自己的沟通能力还有待提高时，放慢语速是一种非常好的沟通技巧。

6. 懂得换位思考

懂得换位思考，让他人有平等交流的机会，这也是对人最起码的尊重，懂得站在他人角度去思考问题，才能让沟通更加顺畅。

7. 经常给自己充电

在空余时间多看书、多学习，增加自己的知识储备，这样才能在交流过程中有内容。

列夫·托尔斯泰说过："与人交流一次，往往比多年苦思冥想更能启发心智。"

基层销售代表经常滔滔不绝，而销售总监说话简短利索。因此，言辞的质量远比数量重要，话贵精不贵多。不是所有的行业都需要高超的口头表达力。在某些行业或岗位里，口头表达能力不佳没关系，一样会有发展空间。增强自信心，适当的培养主观能动性和自主意识，解放思想，方能轻装前行。

视频

商产技能

测试与思考

一、单选题

1. 正确处理义与利的关系是商业道德的基本要求，我们要做到（　　）。

A. 先利后义　　B. 以利制义　　C. 利义合一　　D. 以义制利

2. 道德行为的指导是（　　），没有它便不会产生相应的道德行为。

A. 道德情感　　B. 道德意志　　C. 道德观念　　D. 道德认识

3. （　　）是职业道德在经商活动中的体现。

A. 行为规范　　B. 道德规范　　C. 职业道德　　D. 法律规范

4. 企业在追求利润的同时，必须坚持可持续发展的战略，负担起（　　）的社会责任。

A. 合法经营　　B. 保护环境　　C. 诚实守信　　D. 创造利润

5. 以下说法错误的是（　　）。

A. 素养是先天就具有的　　B. 素养可以理解为修习涵养

C.《汉书》中已经有素养一词　　D. 素养是“平时的锻炼和教养”

6. 在商业素养的影响因素中，最内在的因素是（　　）。

A. 个人因素　　B. 家庭因素　　C. 经济因素　　D. 社会因素

7. 商业素养的（　　）体现了商业活动中的人们能够为个人、集体、社会的发展做出一定的贡献。

A. 社会性　　B. 发展性　　C. 稳定性　　D. 整体性

8. 以下说法错误的是（　　）。

A. 隐性素养能够被量化及区分

B. 商业技能是以商业道德、商业意识、商业习惯为基础

C. 商业素养能够体现个体对商业的尊重

D. 个体对商业活动的参与度逐步增加，其商业素养也能够逐渐提升

9. 以下对于商业技能的说法错误的是（　　）。

A. 商业技能是一个人在意识的控制下所具有的相关行动的能力

B. 商业技能是一个商业活动参与者追求商业上的成功的多种能力的综合

C. 提高商业技能是成功解决商业问题、完成商业任务的有效途径

D. 商业技能是通过重复学习和反省获得的能力，一旦获得就不再变化

10. 以下对于商业技能培养的必要性说法错误的是（　　）。

A. 可以提高商业人才素养的质量与水平，帮助商业人才全面发展

B. 能够帮助商业人才提高商业适应力

C. 商业技能是由商业和文化的相关概念引申而成

D. 对商业文化进行传承与创新的同时也能够积极传播优秀的商业文化

二、问答题

1. 什么是商业道德?
2. 如何理解商业道德的特征？
3. 什么是商业素养?
4. 商业素养的影响因素有哪些?
5. 怎样理解商业技能培养的必要性?

三、案例分析题

孟信不卖病牛

北魏孝武帝时，赵平太守孟信为政崇尚宽厚仁和，收效极佳，豪绅大家都无人违反法纪。老百姓对他的执政方式十分感激。一次，山里有位老人给他送来了烤制好的猪肉和酒，以表敬意。孟信和颜悦色地接待了他，并关心地询问起了老人的状态。吃饭时，孟信却拿出自己的酒，用铁挡（温酒器）温好了，并让人用木盘端来了下酒菜（只是些韭菜花、腌咸菜一类的清淡菜肴，仅此而已)。他和老人，各执一杯，自斟自饮。酒过三巡，孟信举杯对老人说："我来贵郡任职，从无任何人送礼给我，只有您给我送来了这些礼物。我很久只吃素不沾荤了，如今我为了收下您老人家这份深情厚意，就收下您一只猪腿吧。但酒我这里有，就不劳您破费了。"老人一听，十分高兴，又向孟信拜了一次，就撕下一条猪腿献给了孟信。然后，又喝了些酒，差不多尽兴了，才分手告别。

孟信后来不做官了，由于平时没有积蓄，家中十分清苦，以至于连饭也吃不上。他只有一头老牛，这天他侄子把老牛卖了，准备买些柴米，一切手续都办妥了。当时市场管理法规定，买方应知道卖方的家住在哪里。正当买牛人跟着孟信的侄子在孟信家呆着的时候，正好被外出归来的孟信碰上。孟信见到了买牛人，才知道老牛被卖掉。

他当即告诉买牛人："那是头病牛，一使用病就发作，你就不要买了。"并因此将侄子打了二十杖，以示惩罚。买牛人被孟信高尚的品德震惊，连连赞叹，过了一会，又对孟信说："孟公，我一定要买你这头病牛，病了也不要紧，因为不需要它出多大的力气。"面对买

主的苦苦请求，孟信只是不依，买牛人只得作罢。后来才知道，买牛人原来是周文帝手下的人，周文帝听说此事后，也因孟信诚实敦厚、不贪便宜的高尚风节而深为感慨。后孟信被举为太子少师，后又升为太子太傅，当时的学士都引以为荣。后来孟信又做到车骑大将军、仪同三司、散骑常侍。

请回答：

1. 孟信在老人送来食物这一事情中体现了什么素养？

2. 孟信由无官职再到被赏识，是因为什么？

实训安排

参与商业技能实践活动并拜访相关企业。

一、实训目标

1. 理解商业技能的含义。

2. 加深对商业技能的认识。

3. 通过实践的方式切实感受商业技能的养成。

二、实训内容

1. 根据学生所学专业的实际情况，对校企合作的企业进行实地拜访与参观。

2. 了解企业的概况（企业的成立与发展历程、企业文化、在售商品、企业的规章制度、企业人力资源管理等）。

3. 了解企业的工作流程和相关岗位所需要的专业技能与技术等。例如，在对企业各岗位的了解过程中，学习专业知识在商业实践活动中的运用，了解企业在新媒体转型过程中的做法，如电商网站的建立与维护、信息数据处理与流量的运营、客户服务保障、产品前期的咨询环节、产品售后的服务、退换货的处理等。

4. 了解企业发展过程中的典型案例，并进行思考总结。

三、实训要求

在实训过程中，学生应积极了解与自身专业和课程相关的知识，具体要求如下：

1. 注意礼仪礼貌，体现大学生的良好形象。

2. 应当明确实训的目标及内容，按照要求认真完成实训任务。

3. 教师应当在实训开始前，做好实训准备工作，包括与企业对接，保持良好沟通，掌握企业的基本情况，带领学生根据模块教学目标准备相关的资料和内容，对企业基本情况有一定的基础了解，指导学生进行商业技能的实训。

4. 在实训过程中，学生应积极配合工作人员的工作，认真听取现场工作人员、企业管理者、导师的讲解，实训结束后，编写实训报告并上交。

5. 在实训过程中，学生应注意安全，不得随意走动，听从指导教师与现场工作人员的安排，遵守企业规章制度和相关规定。

四、实训成果

实训结束后，学生上交实训报告，要求实训报告格式规范，内容完整有条理。

五、评价标准

教师根据实训成果，进行“优、良、中、及格、不及格”打分。

参考文献

[1] 范文澜 . 中国通史（1-3 册）［M］. 北京：人民出版社，2004.

[2] 黄仁宇 . 明代的漕运［M］. 北京：新星出版社，2005.

[3] 中国信息通信研究院 . 中国数字经济发展白皮书（2020）［M］. 北京：中国通信研究院，2020.

[4] 尹进 . 中国古代商品经济与经济管理研究［M］. 武汉：武汉大学出版社，1991.

[5] 成光琳，杜柳 . 中国商贸文化［M］. 北京：高等教育出版社，2018.

[6] 王茹琴 . 中国商路［M］. 北京：高等教育出版社，2017.

[7] 张桂平 . 中国商业文化实践与理论［M］. 北京：经济科学出版社，2019.

[8] 王兆祥，刘文智 . 中国古代的商人［M］. 北京：商务印书馆，1995.

[9] 国家文物局 . 海上丝绸之路［M］. 北京：文物出版社，2014.

[10] 刘云华 . 红帮裁缝研究［M］. 杭州：浙江大学出版社，2010.

[11] 林文益 . 中国商业简史［M］. 北京：中国展望出版社，1985.

[12] 彭信威 . 中国货币史［M］. 上海：上海人民出版社，2007.

[13] 童书业 . 中国手工业商业发展史［M］. 北京：中华书局，2005.

[14] 李浚源，任乃文 . 中国商业史［M］. 北京：中央广播电视大学出版社，1985.

[15] 沈光耀 . 中国古代对外贸易史［M］. 广州：广东人民出版社，1985.

[16] 陈广，任正非 . 华为的冬天［M］. 深圳：海天出版社，2015.

[17] 吴慧 . 中国古代商业［M］. 北京：中国国际广播出版社，2010.

[18] 余鑫炎 . 商业经济学［M］. 北京：中国财政经济出版社，2003.

[19] 王婉芳 . 中国商贸与文化传承［M］. 北京：中国人民大学出版社，2015.

[20] 王忆萍 . 中华老字号故事［M］. 济南：山东画报出版社，2012.

[21] 吴晓波 . 激荡三十年：中国企业 1978—2008［M］. 北京：中信出版社，2017.

[22] 王宝民，王智，范爱明 . 晋商翘楚乔致庸用人、经商、处世之道［M］. 北京：清华大学出版社，2006.

[23]《环球人物》杂志社 . 商道［M］. 北京：现代出版社，2016.

[24] 黄文锋 . 企业家精神［M］. 北京：中国人民大学出版社，2018.

[25] 翟玉忠 . 中国商道：中国商人的长生久富之道 [M] . 北京：中央编译出版社，2012.

[26] 赵耀华 . 商贾奇谋：财富背后的传奇 [M] . 北京：中国经济出版社，2013.

[27] 夏东元 . 郑观应全集 [M] . 上海：上海人民出版社，1982.

[28] 张继焦，丁惠敏，黄忠彩 . 中国“老字号”企业发展报告 [M] . 北京：社会科学文献出版社，2011.